다섯 번째 꿈,
봉주르 파리

year
1971–2025

다섯 번째 꿈, 봉주르 파리

Le cinquième rêve
The Fifth Dream,
Bonjour Paris

파화 오천룡

 동학사

책으로 엮어 펴내며

* 일러두기 _ 책에 실린 이미지 저자의 작품입니다.
* 외국어 단어를 한글로 표기하며 서로가 조금 다르게 된 점도 간혹 있습니다.

이 책을 펴내며 녹아버리기 전 눈밭의 발자국 모양을 한, 나의 인생을 뒤돌아본다.

나는 중학교 미술 교사직을 사퇴하고, 작가의 꿈을 실현시키기 위해 1971년 프랑스로 떠나 파리에서 보헤미안 생활을 시작했고, 결국 정착하게 된 50년여 년간 파리 생활에서 내 나이 어언 80살을 넘겼다.

이젤에 올려져 있는 캔버스 앞에서만 작업한 나는 나이 70살이 되자 건강에 자신이 없어진 느낌을 받으며 좋았던 건강을 되찾아보려고 본격적인 걷기 운동에 나섰다. 혼자 걷자고 아틀리에에서 에펠탑 아래까지 왕복 5km 코스를 만들고 매일 새벽에 걸었는데 혼자 계속하기에 지루해져 지쳤다. 프랑스 랑도네 협회를 알게 된 나는 쉬지 않고 오래 걷는 '일–드–프랑스 랑도네 사람들' 클럽 회원이 되어 함께 걸었다. 앞뒤 옆에서 묵묵히 걷는 프랑스인들도 내가 왜 왔고 무엇을 하는 사람인지 알고 싶어 했다.

너는 어느 나라에서 왔느냐? 극동에 있는 꼬레(Corée)라고 하는 나라 한국에서 왔다 대답한다. 그러면 남쪽 꼬레냐 북쪽 꼬레냐하고 꼬레에 대해 아는 척 묻는다. 나는 남쪽 꼬레에서 왔다. 그러면 언제 왔느냐, 왜 왔느냐고 묻는다. 하도 같은 질문이기에 짜증이 나지만 이제는 찬찬히 대답한다. 50년이 넘었다, 나는 화가인데 화가로 유명해지기 위해 파리에 왔다. 많은 외국인 작가들이 온다고 알고 있는 그들은, 그러면 예술 활동으로만 생활하느냐? 했고, 내가 그럭저럭 살며 살아왔노라 하면 놀라며 그러면 너는 성공한 화가로구나 한다. 자기 직업으로 먹고살 수 있는 사람을 프랑스 사람들은 성공했다고 여긴다. 그런 대답에 나는 아니다 나는 화가로서 이름을 남기는 화가가 되려고 왔고 유명해지려고 왔다. 처음에는 그렇게 될 것이라고 믿고 바랬었다. 그러나 나는 결코 유명해지지 않을 것이란 것을 지금은 안다. 이제는 유명해지는 것을 더 이상 바라지 않는다, 죽어간 모든 화가들처럼 말이다. 죽어야 유명해지든지 아니든지 간에 그 결판이 날 것임을 알게 됐다. 유명과 무명은 이제는 나에게 아무 의미가 없다. 다만 이렇게 당신들하고 걷고 건강을 지키는 것이 나의 남은 인생의 목적이다. 이런 말을 하면서 나는 혼자서 묵묵히 슬퍼졌다.

1941년에 태어난 나는 이렇게 살아온 까닭을 알고 싶었다. 난 도대체 누구였는지 과거를 회상하고 후회한 것들을 생각나는 대로 2002년부터 일기 쓰듯이 조금씩 적었고 그것을 내 블로그와 홈페이지에 옮겨놓기 시작했다. 이혼한 직후였고, 작업도 아무것도 할 수 없는 파탄 난 외톨이 인생이 된 슬픈 상황에서의 탈출의 길로, 그 이용을 매우 증오했던 컴퓨터 배우기를 시작했고 프랑스어 좌판에서 장님 눈으로 한글 키 낱말 하나하나를 찾아 찍으며 나의 역사를 더듬더듬 적었다. 30여 년의 외지 생활에 내가 쓰는 한글 단어를 세어보니 100여 개 단어로만 되풀이되고 있다는 것을 알았다. 철자법도 엉망이며 띄어쓰기는 더 형편없었다. 이러한 엉터리 문장의 글과 수많은 작품들이 실린 홈페이지 방문자 수는 76만 명, 621개의 글이 있는 블로그 방문자 수는 25만 명을 넘어섰다. 어떤 글은 무시당하거나 어떤 글엔 방문자가 들끓었다.

2019년 말 인류사에서 처음 일어난, COVID-19 팬데믹 사태는 지구상 모든 인류를 휩쓸어 없앨 것 같은 위력으로 공포와 고통과 고립 속에 몰아넣었고, 그 무서운 고난은 지속되고 있었다. 모르긴 몰라도 언제든 끝나고 말 것이라고만 믿었고 지구상 모든 사람들 모두 자가 감금을 당하는 동안 나는 내가 쓴 글들을 다시 읽기 시작했다. 20년 동안 써놓은 글들을 추려서 정리하여 엮어서 책으로 만들어 보기로 한 것이다.

이 회상 속에서 나는 54년 전 내가 경쟁하면 이길 수 있다며 으스대며 선뜻 유럽에 왔고, 이 책에 적힌 흔적처럼 나의 길을 걸어왔음을 알게 했다.

지금부터 내가 태어난 날까지 거꾸로 거슬러 올라가 보는 것은 과거 속 현실이었지 꿈이 아니었지만, 내가 자라면서 미지의 오늘을 생각해 본 것은 꿈일 것이다. 내가 꾼 꿈은 그대로 이루어지지는 않았지만 비슷하게는 이루어진 것 같았다. 그렇지만 그 꿈이란 것은 꿈 깨면 없어지는 것이고 꾼 꿈은 꿈대로 결코 실현되지 않는 것임을 알았다.

프랑스어는 유치하게도 숫자 80을 4x20이라고 센다. 80을 80이라고 금방 말하는 단어가 없다. 그래서 4곱하기 20이라고들 읽고 말한다. 20살이 네 번 되풀이되면 80살이다. 20살은 꿈꾸는 나이다. 나는 꿈꿀 수 있는 나이 20살을 4번이나 먹었고 지금 또 한 번의 20살을 살기 시작한다고, 그해 내 생일날 생각했다. 그 4번의 꿈은 그냥 꿈으로 끝나고 말았지만 이 5번째 꿈을 시작하기로 하면, 이제부터라도 앞을 보며 꿀 꿈이 또 얼마간 남아있다. 그래서 미련하게, 이 책을 펴내며 그런 또 하나의 꿈이라도 꾸려고 한다.

그리고 나는 지금도, 언제나 그러했듯이, 내 꿈이 실현되는 찰나에 있을지도 모른다고 생각한다.

2021년 첫 출판에 이어, 두 번째 출판을 허락해 주신 동학사 유재영 사장님에게 감사드린다.

Paris 아틀리에에서, 2025년 8월 2일
오천룡

CONTENTS

책으로 엮어 펴내며   5

1. 나의 지난 이야기

01 잊지 못할 나의 은사, 정 옥(鄭 沃) 선생님   12
02 뤼브케 서독 대통령과 나의 수채화 한 점   21
03 고교시절의 슬픈 기억들   24
04 반환치 못한 출품작 _ 당한 모욕   30
05 50년 파리, 나의 오디세이아 시작   36
06 미술 동창생 윤건철의 죽음   43
07 김부연 작가의 작고를 슬퍼하며   55
08 Mon ami, 베르나르 앙토니오즈   60
09 내 창작을 옹호한 김창세 박사   95

2. 작업 내용과 표현 형식의 변화 이야기

01 온실에서 찾은 색채   102
02 쇼팽 음악과 나의 다섯 그림   108
03 아카데미 그랑드 쇼미에르   118
04 미술 교실에서 쫓겨난 이야기   123
05 화가의 재료와 도구_ 18년간 붓 없는 작업   129
06 Ô선을 예고한 먹과 붓   136
07 내 작업의 단계적 변화_ 색채에서 선까지   142

3

수필과 시

01	내가 키운 오리	150
02	찾아온 중학교 제자	178
03	설경 셋_ 시골마을	182
04	나뭇잎	184
05	아뜰리에 창문	186
06	흙내음	188
07	내 정원의 한 송이 튤립	191

4

미술 이야기

01	숨겨진 미술의 보고, 반스 재단	196
02	루브르 박물관 유리 피라미드	207
03	에펠탑에서 에펠탑이 되기까지	224
04	건축가에 대한 사형제도 부활을 외치는 루치니	231
05	피카소가 그린 꼬레에서의 학살	236
06	피카소의 다섯 번째 여인, 도라 마르	246
07	화가와 모델	254
08	빈센트 윌렘 반 고흐	260
09	진시황 무덤 속 불멸의 병사들, 파리에 오다	274

길을 걷다 _
　홍현아 화가, 조형미술학 박사(파리 8대학 조형미술학과)　277

1
나의 지난 이야기

PART 1 | 01

잊지 못할 나의 은사, 정 옥(鄭 沃) 선생님

나에게 떨어진, 지금도 알 수 없는 어떤 운명에 대해 얘기하렵니다.

서울 퇴계로에 있었던 일신 국민학교(초등학교)를 졸업하며 K 중학교에 혼자 합격했기 때문에 학교에는 친구가 없었습니다. 이름난 국민학교 출신의 학생들이 떼를 지어 입학해 있어서 나는 늘 외톨이였습니다. 그들은 비교적 유복한 가정의 아들들이었고 그들끼리만 어울렸으므로 내가 방과 후 특별활동반 선택에서 조용히 혼자서도 할 수 있는 미술반을 선택했을 것 같은 생각이 듭니다.

1955년, 중학교 1학년 여름방학 직전 몹시 더운 날이었는데, 종례 시간에 담임 선생님이신 영어담당 한순영 선생님께서 차분하신 음성으로 공부를 열심히 하는 것도 중요하지만 각자의 취미를 살리는 시간을 갖는 것 역시 중요하다고 말씀하셨습니다. K 중학교는 공부를 잘하는 학생들로 이름난 학교였습니다. 그렇게 말씀하신 후 교탁에 놓으셨던 붉은 리본에 둥글게 감겨 있는 커다란 상장을 펴고 읽으셨습니다.

그 상장은 내가 얼마 전 홍익대학교 주최 미술 실기대회에 나가서 그린 그림이 입선했기에 보내진 상장이었기 때문에 나는 그만 얼굴이 홍당무가 돼서 반 친구들의 박수 소리를 들으며 수줍음을 감추고 상장을 받으러 나갔습니다. 나는 이때부터 학교에서 그림 잘 그리는 아이로 알려졌습니다.

교내 미술반 활동이 활발했기에 매년 교내 전시회를 화신백화점 화랑이나 동화백화점 화랑에서 개최했습니다. 그런 화랑에서의 교내전은 다른 학교에서는 감히 열지 못하는 행사였습니다. 중학교 2학년 가을에는, 체육관에서 교내 전시회를 열었습니다. 전시회가 끝난 후 며칠 지나서 담임 선생님께서 나를 교무실로 부르셨습니다. 담임 선생님은 아주 까다롭고 무서운 수학 선생님이셨고 더군다나 본교 출신 대선배이셨기 때문에 학생들은 어려워서 꼼짝도 못 했습니다.

이렇게 무서운 담임 선생님이셨고 나는 몹시 수줍은 학생이었습니다. 더불어 나는 미술반 활동에 적극적이어서 가끔가다 공인된 결석을 하였고 그래서 각 과목의 진도를 따라가기가 항상 벅찼습니다. 이 때문에 나는 중고등학교 시절 여러 번 고민하였는데 그때마다 그림을 중단하겠다는 결심도 많이 했었지요. 나는 수업 시간 수가 많은 국어, 수학, 영어 과목에서 항상 성적이 뒤떨어져 있었습니다.

선생님이 부르신 그날 나는 가슴을 두근거리며 무거운 걸음으로 교무실에 갔지요. 공부 못한다고 꾸중을 듣거나 수업을 너무 빼먹는다고 경고를 받든가 아무튼 그런 것 때문에 부르시는 것으로 생각했고, 그보다 더한 것은, 얼마 전에 조퇴 허락을 받기 위해서 교무실에 갔을 때, 나의 내성적인 성격 때문에 혼이 났던 기억이 생생했기 때문입니다. 그것은 이랬습니다. 나는 담임 선생님 책상

앞에 서서 "오늘 조퇴하게 해 주십시오."라고 겨우 말하고 나서는 선생님 허락만 기다리고 있었지요. 답답하신 선생님은 조퇴하겠다는 이유가 무엇이냐, 이유가 있을 것 아니냐 하고 다그치셨지만 나는 땀만 뻘뻘 흘리고 있었지요. 또, 교무실의 많은 선생님들 모두 나를 쳐다보시는 것만 같아 더욱 그랬지요.

겨울 동복을 새로 맞춰 입고 머리도 산뜻하게 깎고 서 있었고 하니 '이 녀석, 집안에 무슨 경사가 있기는 있는 모양이로구나.'라고 짐작하셨겠지만, 상황은 조퇴하겠다는 사유를 똑똑히 말하지 않고서는 안 되게 생겼었습니다. 그렇지만 나는 죽어도 나의 아버지 환갑날이셔서라는 이유를 대지 못하고 있었지요. 나는 지금 환갑이 넘어 그때의 내 아버지 연세보다도 더 많은 나이인데, 아직도 이렇게 젊고 건강하다고 뻐기면서도, 그때 왜 나는 '나의 젊은 아버지'를 '다 늙은 꼬부랑 노인 아버지'로 여겨서 창피해했는지 정말 알 수가 없습니다. 그러나 나는 나의 아버지가 그렇게 늙은 아버지라고 밝히기가 무엇보다도 싫었었습니다.

지금 아이들도 나만 한 나이를 보면 퇴물이고 늙어 없어질 노인이라고 생각할까요? 나는 선친께서 마흔다섯 살에 겨우 보신 2대 독자였습니다. 아무리 진땀을 빼고 서서 기다려도 무뚝뚝하신 선생님은 조퇴 허락을 못 하겠으니 교실로 다시 돌아가라 하시는 바람에 "아버지께서 회갑이셔서 오늘 일찍 집에 오라고…." 하며 말끝을 흐려버렸습니다. 선생님께서는 어처구니가 없으셨는지 "인마, 얼른 가." 하시며 조퇴증을 얼른 끊어 주셨습니다.

이 경험 때문에도 나는 교무실에 또다시 가기가 싫었습니다. 왜냐하면, 수학 방정식같이 바른 분이라 어떤 대답이라도 잘못 나갔다간 큰 벼락을 내리실 것 같았기 때문입니다. 내가 어설피 선생님 책상에 다가가니 시험지 채점을 하시다가 힐끗 보신 후 말씀하셨습니다. "내가 네 그림을 교내전에서 보았다. 미술 선생님에게 물으니 네가 재주가 많다고 하시더라. 수채화 두 장을 새로 그려서 며칠 후 나한테 가져와라. 내가 갖고 싶다. 알겠느냐? 알았으면 이젠 가도 좋다."고 이렇게 간단히 요구하셨습니다. 그때는 조각가로 유명하신 김경승 선생님과 연세가 많으신 화가 공진영 선생님이 미술 선생님으로 계실 때였습니다. 나는 '살았다.'라고 생각한 후 얼른 교무실 문을 나왔고, '다른 게 아니셨고 내 그림을 좋아하신대.' 하며 덕수궁에 가서 풍경 두 장을 열심히 그려서 갖다 드렸지요.

그리고 그 일을 잊고 있었습니다.

몹시 추운 겨울방학, 1957년 1월 14일은 내가 잊을 수 없는 날입니다. 오후쯤 됐을까, 문을 여니 담임 선생님이신 정옥(鄭沃) 선생님께서 서 계셨습니다. 나는 소스라치게 놀랐고 부끄러워 어쩔 줄 몰라 했습니다. 나의 집안 사정을 환경조사서에서 보셔서 다 아시고 계신 양 "자, 나하고 어디 좀 가자." 라고 서둘러 말씀하셔서 반사적으로 선생님을 따라 나섰습니다.

을지로 3가에 있는 한 조그만 상점 속 뒤쪽 일부가 나의 집이었는데, 나의 거처는 누가 나를 찾아올까 봐 항상 근심되도록 너무 누추하였었습니다. 그런데 나는 여기서 아무 말 없이 대학까지 다녔습니다. 나는 나의 친구들을 단 한 번도 우리 집에 데려온 적이 없으며 알게 하지도 않았습니다. 내가 어렸을 때 가장 가까웠던 K도, 또 하나의 K도 우리 집에 온 적은 없었습니다.

얼마 전에는 사십여 년 만에 우연히 소식 교환이 된, 시카고 근처에 산다는 동창생이 "내가 왜 자네를 기억하지 못 하겠나? 나는 고등학교에 다닐 때 문학에 뜻을 두었었지만, 을지로를 지날 때마다 그림 그리는 자네가 부러워 '여기 어디쯤엔가 오천룡이가 산다고 하는데….'" 했다는 이메일을 받고 내가 거기에 살고 있었다는 사실을 그 또한 어떻게 알고 있었더란 말인가 하고 참 놀라워했습니다.

이러니 나는 정신이 없었습니다. 그러나 정옥 선생님께서는 나에게 미술 재료를 파는 데가 어디에 있는지 거기에 같이 가자고 하시며 나를 앞세우셨지요. 그사이 나는 별별 생각이 다 났지만 '선생님께서 미술도구를 사려 하시는구나.' 하고 안심했고 그래서 학교에서 단골로 미술재료를 구입하는 가게인 명동 화방까지 걸어서 모시고 갔습니다. 명동 공원 앞에 있는 유명한 명동 화방은 노련한 민씨라는 분이 경영하는 전문점으로, 거기에 가면 항상 가지고 싶은 것이 많았습니다.

　도착할 때까지 아무 말씀이 없으시던 선생님께서는 가게에 들어서자마자 "천룡이, 너 유화 그리고 싶지? 내가 오늘 너에게 유화 도구를 사주려고 하니 필요한 도구를 모두 사라. 어서 골라라." 하시는 것이었습니다. 나는 그제야 상황을 알아차렸습니다. 마음씨 좋은 민씨는 웃으셨고 나는 마침내 선생님께서 시키시는 대로 도구들을 골라잡았습니다. 우선 유화물감(수채물감 튜브에 비하면 크고 묵직한), 여러 자루의 붓들(뻣뻣하고 탄력 있는 둥근 붓과 평 붓), 붉은 밤색의 멋쟁이 유화 박스와 나무 팔레트, 어느 아뜰리에에서나 나는 독하지만 정다운 냄새의 투명한 휘발성 테레핀 오일 한 병, 노랗고 맑은 린시드 오일 한 병과 팔레트에 끼우는 얄미운 스테인리스 기름통, 접었다 폈다 하는 야외 이젤 그리고 화가들을 기다리는 흰 캔버스 등등을 욕심 없이 집었습니다. 나는 신데렐라와 같이 모든 것을 일시에 갖는다고 생각했습니다. 나와 같이 미술반을 시작한 Y가 이젤을 펼쳐 놓고 유화를 그리는 것을 보고 나와 나의 단짝 L은 "우리는 쭈그리고 앉아 수채화 그리는 화가나 되자. 어떻게 저 비싼 유화를 그릴 수 있겠니." 하고 부러워하며 기가 죽어 있던 참이었습니다.

　화방에서 포장해 준 빛나는 도구를 껴안고 나온 뒤 선생님께서는 "저기 맛있는 설렁탕집이 있는데 같이 가서 먹고 가자."고 하셨습니다. 식당에서 나를 마주 보고 앉으시더니 "오늘 사준 유화 도구는 네 수채화를 우리 반 어느 학생의 그림 좋아하시는 학부형께 드리고 사례로 받은 돈으로 산 것이니 그렇게만 알아라. 그러니 앞으로도 그림을 더 잘 그렸으면 좋겠다. 그분이 누구인가는 네가 나중에 성공하면 말해 줄 수 있을 것이다."라고 말씀하셨습니다. 나는 선생님이 고맙고, 하도 우러러 보여서 얼굴을 파묻고 설렁탕 그릇만 들여다보았지요. 그러고는 선생님과 헤어져 집에 돌아왔습니다. 집에 돌아와 얼마나 기쁜지 유화 도구를 펴 놓고 밤새도록 어루만졌습니다.

그런데 유화는 기법을 익히기가 쉽지 않았습니다. 기름 범벅이 되면서 미끈거리고 끈적거리는 것이 체질에 맞지 않는 것 같고, 그림을 시작하려는 준비와 진행 과정이 아주 복잡하고 어려웠습니다. 더구나 유화를 그린 다음에는 도구를 정리하여야 하고 팔레트 청소, 특히 붓을 모두 잘 빨아 놓아야 했는데 시간이 오래 걸렸습니다. 유화의 기법을 완전히 익히려면 10년도 모자란다고 선배들이 겁을 주기도 했습니다. 그러나 이제부터 나도 정식으로 렘브란트와 같은 서양화가가 된다는 생각에 기쁨이 넘쳤습니다.

그러면서도 물그릇과 붓 한 자루와 양철 팔레트만 있으면 어디서든지 할 수 있는, 쉽고 익숙한 수채화를 계속 그렸고 유화는 틈틈이 조금씩 기법을 익혀갔습니다. 마침내 4년 후 고3 때, 서울 미대 주최 전국 미술 실기대회에 나가 끈기 있게 익힌 유화 기법을 잘 발휘해 인물화로 대회 최고상을 받았고 선생님께 처음으로 조그만 기쁨을 드릴 수 있었습니다.

한번은 선생님께서 나를 서대문 근처에 있는 댁으로 데려가시더니 대청마루 꼭대기에 오래도록 걸려있었을 조그만 정물을 가리키시며 전혀 어울리지 않게 수줍으신 듯이 "저거 내가 그린 유화다. 어때?" 하셨습니다. 그러고는 "나는 옛날에 그림을 그리고 싶어 했는데 못 하고 말았으니, 네가 완성해다오." 하고 덧붙이셨습니다. 아! 그때서야 선생님께서 어째서 나를 지목하고 계셨나를 조금씩 알기 시작했습니다. 그 후 말씀이 더 없으셨던 선생님은 다음 해 다른 학교로 전근을 가시고 말았습니다.

그런데 3년 후인 고2 때, 나에게 다시 올 행운이었는지, 선생님께서 이번에는 고등학교 수학 선생님으로 또다시 우리 학교에 부임해 오셨습니다만 나는 다시 한번 그분의 수업을 직접 받지는 못했지요. 아무튼 고3이 되고 나는, 당연히 화가의 길을 준비하기 위해서 미술대학 회화과를 지원하기로 마음을 정했는데 집안에서도 별다른 반대를 하시지 않으셨지요. 반대하셨어야 했는데 나의 맹렬한 미술반 활동을 보시고 오히려 신통하게 여기셨던 듯합니다. 나는 지금도 나의 길을 반대하지 않으신 두 분께 감사드리고 있습니다.

S 미술대학에 지망 원서를 내고 졸업이 가까워졌는데, 어느 날 오후 선생님께서 또다시 나를 교무실로 부르셨습니다. 이제는 어른스러워져서 '무슨 일로 부르실까?' 하고 당당히 달려갔지요. 선생님께서는 여전히 5년 전 모습으로 앉으셔서 "미술대학으로 간다지?" 하시며 맨 밑 책상 서랍을 열어 누렇게 바랜 봉투에서 케케묵은 저금통장과 도장을 꺼내 보이셨고 "이거 그때 유화 도구 사고 남은 돈이니 대학에 붙거든 등록금에 보태라." 하셨습니다. 나는 한순간 목이 메어 무슨 말씀을 드려야 할지 몰랐습니다. 겨우 기어들어가는 목소리로 "네." 하고만 말았던 것 같습니다.

나는 대학 생활을 그렇게 즐겁고 뜻깊게 지내지를 못하였습니다. 내가 그렇게 불태우던 열정적 분위기는 미술대학엔 없었습니다. 모두 다 그림을 장래의 직업으로 다지려고 모인 학생들이었건만 학교는 그 주춧돌 역할을 해주지 못했습니다. 원래 그 학교나 다른 모든 학교가 다 그런 것이었을 텐데 내가 기대를 너무 크게 했었는지 모르겠습니다. 간혹 뜻을 나눌 수 있는 친구가 생겼더라도 오래가지 못했습니다. 나의 미술반 단짝 L은 응용미술과로 가서 도예를 전공하고 있었습니다.

졸업이 가까워지자 나의 고민은 '어떻게 하면 학교 졸업 후에 교단에 서지 않고서도 작품 활동을 지탱할 수 있겠느냐' 하는 문제에 부닥쳐 있었습니다. 그림에만 전념하려면 미술대학에서 졸업할 때 받는 중등학교 미술 교사 자격증을 찢어버리고, 대학원에도 진학하지 말아야 한다. 그래야만 미술 교사나 대학 강사 또는 교수가 되는 길이 막힌다. 그렇게 해서 그림만 그리게 될 것이라는 독한 마음을 먹었습니다. '좋은 선생과 좋은 화가는 겸할 수 있는 것인가? 결코 겸할 수 없는 것인가?'라는 명제를 가지고 교정 잔디밭 구석에 앉아 미대 친구들과 자주 열띤 논쟁을 벌였었는데 나는 어리석게도 무위도식하는 것으로 보일 수밖에 없는, 위험하기 짝이 없는 길인 '좋은 화가' 쪽을 선택해 버렸습니다.

'좋은 화가가 되려면 작품을 끊임없이 많이 하자. 그리고 발표전시회도 계속 열어야 한다.'라고 다짐했습니다. 나는 새로운 작품을 발표하는 개인 전람회를 최소한 매년 열겠다고 결심하였고 그래서 두 번의 전람회를 연달아 잘 해냈습니다. 졸업한 다음 해 1966년 첫해엔 세종문화회관 뒤쪽에 있었던 예총 화랑을 빌려서, 두 번째 해엔 태평로 서울신문사 앞 신문회관 화랑을 빌려서 매번 추상화 50여 점씩을 발표한 개인전을 열었지요. 그러나 개인전을 나 혼자의 힘으로 자꾸 연다는 것은 만용을 부리는 짓이라고 여기기 시작했지요. 비용도 비용이려니와 전시회가 나의 창작 의욕을 부추기지를 못했습니다. 화가로 존재하는데 필요한 귀중한 용기를 얻거나 쓴 채찍을 맞는 경우가 전무하였기 때문에 오히려 서서히 풀이 죽고 있었습니다. 더구나 자칫 그 놈은 돈이 있어서 자기 전시회를 스스로 자주 열 수 있다고 할 것이 분명했고, 그림을 보러 오는 사람은 한정돼 있었으며 품평을 해주기는커녕 아무런 반응도 얻을 수 없는, 글자 그대로의 '맹랑한 일'이 아닐 수 없었습니다. 괜히 친구들의 부러움이나 사게 되는 사치스러운 혼자만의 잔치일 뿐이라는 것을 알아차려야 했습니다. 당시 상업화랑은 한 군데도 없었고 설사 있었더라도 나같이 추상화를 한다는 데뷔땅을 상대해 줄 리는 만무하였었을 것입니다.

우렁찬 박수 소리와 함께 연주회가 끝난 후에 관중들이 썰물처럼 물러간 텅 빈 관람석을 바라보면 한없는 허탈감이 엄습하여 정말 허무하다는 말을 음악인들로부터 듣곤 하였는데 음악회와는 절대로 비교할 순 없지만(음악은 허공에 사라지지만 그림은 남지 않느냐 한다면) 전시회가 끝나는 저녁은 참으로 애달파지곤 했습니다. 이런 나의 전시회는 하나의 미친 짓이니 그만하련다 하고 스스로 깨우치지 않고서는 누구 하나 그렇다고 알려주는 사람이 없을 거였습니다. 나는 이런 상황을 지키다가는 자칫하면 미치지 않으면 아무것도 못 하는 무능력자가 되고 말겠다고 겁이 덜컥 났습니다. 비겁한 겁쟁이였지요. 더구나 대학 졸업반 때부터는 일체의 공모전이나 국전을 나쁜 인식을 갖고 외면하기 시작하여서 작품 발표의 기회도 없어졌습니다.

  미술사가 적어 놓은, 절망하기 시작한 작가가 겪는 필연적 고통의 시초였겠지요.

  아마도 주변 상황을 덜 인식하는, 좀 더 무딜 수 있었던 청년이었다면 화가의 이 길을 끝장내려고 죽이 되든 밥이 되든 계속 밀고 나갔을 텐데, 나는 세상의 삶을 너무 얄밉게 먼저 의식했고 늙으신 부모님을 향해서는 체신이 말이 아니었습니다. 부모님은 고생스러운 화가보다 고생스러운 선생이 더 낫다고 생각하고 계셨겠지요. 완전히 미칠 것 같았습니다. '이러한 고민 탓에 그림을 제대로 못 그릴 바에야…' 하면서 눈물을 머금고 서울시 교육위원회에서 공개 모집하는 중등학교 교사 채용 시험을 자진해서 보러 갔습니다. 그리고 뚝섬 변두리 저 넓은 배추밭 한가운데에 신축 중이던, 그 해에 신설된 성수공립중학교 미술 선생으로 발령을 받았습니다. 나는 그 학교에서 2년간 근무를 했습니다.

  이러할 즈음, 나는 또다시 정옥 선생님을 광화문에 있는 교육회관 아래층 다방에서 우연히 마주쳤습니다. 그때 나를 바로 보시며 "너 선생 할 거야?" 하신 한마디 말씀이 나의 폐부를 찔렀고 그때부터 나는 파리로 떠나야 한다는 간절한 희망을 되살려냈습니다.

PART 1 | 02

뤼브케 서독 대통령과 나의 수채화 한 점

쾰른 대성당 부근에 위치한 안 화리나(An Farina) 화랑에서 1988년 4월 열린 나의 개인전 오프닝 리셉션에서 화랑 주인의 남편 디트리히 씨는 개막식 손님들에게 잠시 소개할 말이 있다며 말했습니다. 오늘 이 화가가 한국을 방문한 독일 뤼브케(1894-1972) 대통령에게 그림을 증정했었다는 어렸을 적 일화를 소개했습니다.

내가 고등학교 2학년 때인 1959년 가을, 서독의 뤼브케 대통령이 우리 학교를 방문했습니다. 독일 제2대 대통령 뤼브케 대통령이 한국을 공식 방문한 길이었는데 어떻게 해서 우리 학교가 대통령의 방문 일정에 포함되었는지는 잘 모르겠습니다. 아마도 우리나라 중등학교 교과과정에 독일어가 제2외국어로 들어가 있었기 때문에 그것을 치하하는 의미로, 독일어를 수업하는 고등학교 중 우리 학교가 선택된 것이 아닐까 생각합니다.

그때 우리 학교 김 교장 선생님은, 우리 학교는 유명한 영국의 '이튼 스쿨'을 닮아야 하고 우리나라는 서독의 '라인강의 기적'을 본받아야 한다고 월요일 운동장 조회 때마다 귀가 아프도록 강조하셨던 분이셨습니다.

영어 선생님이셨던 그분은 늘 우리에게 영어공부를 더욱 열심히 하여 세계의 모든 지식을 직접 받아들여서 학문을 닦고 넓히는 준비를 철저히 하여야 한다고 누누이 강조하셨습니다. 그분은 영어를 엉터리로 배워서는 안 된다면서, 그 엉터리 실례를 이렇게 들었습니다. 영어 시험문제로 출제한 'Winter is over, spring has come.' 번역을 어느 학생이 '겨울엔 오버를 입고 봄에는 스프링을 입는다.'라고 했다 하셔서 언제나 심각한 훈화를 듣기만 하던 전교 학생들은 잠시 웃음을 터트렸던 적도 있습니다.

뤼브케 서독 대통령이 학교를 방문하는 날은 야단법석이었습니다. 그냥 방문만이 아니고 연세가 많으신 분이 교단에 올라가 학생들을 사열하고 연설도 하게 되어 있었습니다. 학교에서는 그분께 드릴 선물을 준비하는 가운데 나의 수채화 한 점을 택했습니다. 뤼브케 대통령이 학교에 도착하여 학교 브라스 밴드의 연주 속에 환영행사를 할 때 나는 액자에 넣은 나의 수채화를 가지고 사열대 밑에 서 있다가 올라가 그분에게 증정했습니다. 뤼브케 대통령은 나의 수채화를 받고 아름다운 작품이라 칭찬하시며 고맙노라는 인사를 해 주셨습니다. 그 수채화는 경복궁에서 그린 고궁을 담은 풍경화였습니다.

그때 나는, 내 그림이라서가 아니라, 선물치고는 멋있는 선택을 했다고 생각하였었습니다. 김 교장 선생님은 서양 사람들에게 그림 선물은 최고의 선물이고, 더구나 방문하는 학교의 학생이 그린 그림이라면 더욱 뜻깊은 선물이 될 것이라는 멋쟁이 생각을 해내신 것입니다.

이 이야기를 전시회 개막전 날, 화랑 주인 부부와의 저녁식사 때 지나가는 여

담으로 이야기했더니 화랑 주인 부부는 아주 놀라워하면서 그런 일이 있었느냐, 대단한 일이다, 뤼브케 대통령 기념관에 가면 반드시 그 수채화가 있을 것인데 언제 한번 같이 가보자고 손뼉을 쳤습니다.

다음 날 저녁, 전시회 오픈 행사장에서 화랑 주인의 남편 디트리히 씨가 여러 초대손님에게 "오늘 전시회를 하는 이 화가는 중학생 때부터 벌써 그림 솜씨가 유명해서 독일의 뤼브케 대통령이 한국을 방문했을 때 이 작가분이 그린 수채화 한 점을 학교에서 주는 선물로 받았습니다. 뤼브케 대통령은 방한 중 이분이 다니던 한국에서 유명한 학교를 방문했는데, 그때 이분이 직접 자기 그림을 대통령께 드렸다는 것입니다. 우리도 이 희한한 이야기를 어제 저녁때 처음으로 들었습니다." 하면서 이 일화를 아주 자랑스럽게 초대객에게 소개했습니다.

이런 영광된 일화로 인해 그림에 몰두하도록 어린 나를 더욱 부추겼으며, 나의 부모님도 신통하게 여기셔서 화가의 길을 걷겠다는 나의 희망을 꺾기 어렵게 되셨던 것입니다. 더구나 나의 조부 쪽 항렬에는 서예가 위창 오세창과 동양화가 오일용 같은 분들이 계셨고, 그리고 오세창의 외가 쪽으로는 단원 김홍도가 있습니다. 그리고 보면 나의 그림 재능은 조상으로부터 물려받은 것이자 운명이었다고 생각됩니다.

그러나 나의 빛나던 청소년 시절이 이렇게 송두리째 통과하고 있던 중고등학교 재학 시절은 이처럼 영광되고 좋게만 흘러가고 있지는 않았습니다.

PART 1 | 03

고교시절의 슬픈 기억들

　상급생이 되자 점차 세상의 이치를 깨우쳐 조금씩 조금씩 더 알기 시작하면서 슬픔과 기쁨에 대한 생각도 다시 해 보고 있었습니다. 그때 우리 모두가 장난꾸러기 악동들이었다면, 악동들의 장난도 또한 심해져서 교내의 규율 문제로 발전하면 곧잘 골치 아픈 일이 벌어지기도 했었지요. 그러나 다들 인생에서 가장 넘기기 어려운 시점인 사춘기를 각자 나름대로 위태위태하게 잘 넘기고 있었습니다.

　고등학교 3학년에 올라가니, 3학년 아홉 개의 반이 문과반 넷과 이과반 다섯으로 나누어져 재편성됐습니다. 1반부터 4반까지는 문과 대학교 지망생, 5반부터 9반까지는 이과 대학교 지망생으로 나누어 졌고 나는 미술대학교 지망생으로 문과반으로 분류돼 3학년 3반이 됐습니다.

　학교에서는 어쩐 일인지 1학기 동안의 수업만으로 고등학교의 최종시험을 보고 이를 졸업 성적으로 확정한 다음, 대학교 진학을 위한 수업시간표를 새로 만들어 발표했습니다. 즉 앞으로 학교 수업을 본인들이 지원할 대학 시험과목만을 수업받게 했습니다. 그래서 그때부터 각자 진학할 대학별 입시 과목만을 공부하기 시작했습니다. 예능계 지망 학생은 몇 없었지만, 미술대학과 음악대학의 입학 필기시험은 국어, 국사, 영어 이렇게 3과목뿐이었습니다. 그래서 그 이후 나는 국어, 국사, 영어 수업만 받으면 되었고 나머지 시간은 나 스스로가 실기시험에 대비한 실기연습을 하면 되었습니다.

전인교육을 목표로 하는 인문 고등학교가 이런 식으로 완전히 시중의 입시학원이나 마찬가지로 바뀐 것인데 이것은 중등학교 교육 프로그램을 분명히 어기는 것이 돼 버렸습니다. 학교는 단지 대학 입시에서의 합격률만을 높이는 데 그 목표를 세운 것입니다. 이렇게 수업 시간이 입시 위주의 수업시간표로 바뀌고 나서 나는 아주 억울하게도 담임선생한테 혼이 난 일이 벌어졌습니다.

우리 반 담임 선생은 본교 출신의 수학 선생님이셨습니다. 내가 받은 그 혼은 말이 혼이지 수업이 진행되어야 하는 신성한 교실에서 반 친구들이 보는 앞에서 공개적으로 심한 체벌을 당한 것이어서 지금까지도 그때의 슬픔을 잊지 못하고 있습니다. 그 선생님이 왜 그렇게 심한 체벌을 나에게 가했는지 지금도 그 영문을 알 수가 없습니다. 졸업성적을 졸업 학적부에 다 올리고 난 후의 우리는 각자 지원하는 대학의 입학시험 과목만을 수업 받는다는 오리엔테이션이 있었기 때문에 나도 학교 방침에 따라서 나의 입학시험 과목이 될 국어, 국사, 영어 시간만 들으면 되었고 그 외 학교 수업의 나머지 과목 시간에는 미술반에 가서 혼자서 실기연습으로 석고 데생을 하기 시작하였습니다.

어느 날 오전 둘째 시간은 국어 시간이었고 셋째 시간은 수학 시간이었습니다. 그런데 깐깐하기로 유명한 국어 선생은 출석부에 붙인 좌석표를 일일이 대조하며 출석을 점검하다가 걸상을 치우고 자기 책상을 앞 책상에 딱 붙여서 교단 위에서는 눈에 잘 안 띄도록 해놓고 도망친 G의 자리를 발견하였습니다. 국어시간이 끝난 후 G가 무단 결강한 사실을 우리 반 담임선생에게 곧바로 알렸던 모양이었습니다. 국어시간 다음은 수학 시간이었으므로 나는 의례적으로 미술반에 갔고 아그리빠 흉상을 놓고 석고 데생을 막 시작하려고 하는데 C가 헐레벌떡 뛰어왔습니다. "너 큰일 났다. 담임 선생님께서 너를 빨리 데리고 오라 하니 빨리 가자." 했습니다. 무엇 때문인지 짐작을 할 수 있었으나 나는 잘못한 게 없다고 생각하면서 C를 따라 수업 교실로 갔습니다.

교실 문을 열자, 수업을 시작하지 않고 나만을 기다렸다는 듯이 기다리던 선생은 나를 보자마자 교단에 무조건 올려 세우더니 "네가 미술대학에 간다고 수학 시간에 안 들어오는 모양인데, 수학을 모르고서야 앞으로 무슨 사람 구실을 할 것이냐"면서 다짜고짜 마구 구타하기 시작했습니다. 평소에 성미가 급했고 이성을 잃은 듯한 노여움을 여러 번 겪어서 학생들은 담임선생을 모두 다 조심하며 경계하고 있었습니다. 뺨부터 얻어맞고, 출석부로 때리고 몽둥이로도 때렸습니다. 그것도 모자라서 머리를 칠판에 계속 떠밀어 부딪치게 하였습니다. 이마는 온통 멍이 들었습니다. 50분 수업 시간 동안 한시도 쉬지 않고 나를 때리며 고함을 질렀기 때문에 우리 반 바로 양쪽의 학급은 수업을 중단했어야 할 정도로 요란했습니다.

수업을 전폐하며 나를 선택해서 체벌을 가한 것은 다른 학생들이 수업을 빼먹는 경우에 대비해서 본보기를 보여준다는 뜻이었는지는 모릅니다. 그러나 그것 때문에 나를 선택해 때리는 것은 그 이유가 합당치 않음을 우리 반 급우들이 모두 알고 있었을 것입니다. 미술대학을 지망할 오 군은 수학 시간에 들어오지 않아도 된다는 것을 모두 알고 있었습니다. 급우들 모두는 펄펄 뛰는 담임 선생님의 기세에 눌려 쥐 죽은 듯 조용하기만 했습니다. 그 교실은 더 이상 교실이 아니었고 공포로 가득 찬 공개 체벌장이었을 뿐입니다. 수업 종료종이 울리자 담임선생은 분이 다 풀렸는지, 안 풀렸는지 모르지만 쏜살같이 그냥 나가 버렸습니다. 나는 선생님이 그때 이성을 완전히 잃어버렸다고 생각했습니다.

　창피한 것은 둘째 치고 하늘이 무너져 내리듯 슬펐고 서러웠습니다. 수업을 받지 않아도 되는 수학 시간을 빼먹은 것과 수학을 모르고서야 어떻게 앞으로 사람 구실을 하겠느냐는 것이 죄목이었습니다. 학교의 입시 준비 방침이 그랬기에 나는 나의 시험 준비를 하러 갔던 것이지, 수학 시간을 빼먹기 위해서 일부러 수업을 기피한 게 아니지 않았나요? 그 사나운 번개 천둥과 같은 야만스러운 체벌 소리 때문에 수업을 중단할 수밖에 없었던 옆 교실 2반과 4반 학생들이 종이 치자마자 도대체 무슨 일이 일어났었나 하고, 그리고 누가 그렇게 두들겨 맞았나 하고 교실 창문에 구름같이 몰려와 들여다보았으며 나는 책상에 얼굴을 파묻고 울고 있었습니다.

　나중에 우리 반의 말썽꾸러기였던 G에게 그의 무단결석을 이유로 내게 혼냈던 것과 같은 벌을 담임선생이 내리지 않는 것을 보고 급우들은 모두 불평등하다고 생각하였을 것입니다. 가정 배경을 감안하여 벌에도 차별을 둔다는 것을 예민한 우리들이 모를 리가 없었습니다. 나는 처음부터 변명이나 항변을 포기했고, 끝까지 아무 말 없이 울음을 참고 그 벌을 감수했습니다. 그것이 그 선생을 더욱 역정나도록 했는지도 모릅니다. 나는 그만한 사리 판단을 할 수 있는 이성의 나이에 와 있노라고 자랑스럽게 생각하고 있었으며 매를 맞으면서도 참으로 떳떳하게 맞겠다고 이를 악물었었습니다.

　그 후 나는 반년 이상 그 선생의 담임 반 학생으로 남아 있었지만, 선생님으로부터 그 비참했던 체벌과 관련하여 슬며시라도 타이르시는 그 어떠한 정다운 말씀 한마디도 들어 보지 못했습니다. 나와 선생은 복도에서라도 지나치게 될 때면 매 순간마다 서로 시선만 피한 채 졸업을 했습니다.

　그로부터 7년 후 나는 서울시 교육위원회 중등교육과 인사과에 가야 했습니다. 인사과에서 미술 교사로 지정된 학교로 부임하는 발령장을 받으러 오라고 해서였습니다. 인사과를 찾아가서 발령 담당자를 찾았을 때 나의 그 고교 3학년 담임선생이 거기에 앉아 나를 기다리고 있었습니다. 나는 소스라치게 놀라지 않을 수가 없었습니다. 옛 담임 선생님을 거기서 만나니 다른 사람들 같았으면 사제지간에 너무 기쁘고 반가웠을 텐데 나는 정반대였습니다. 나는 그 선생의 얼굴에서 '네가 수학을 무시하고 그림을 그린다더니, 결국 나한테 왔구나.' 하는 표정을 본 것입니다.

나는 화가의 길 만을 가리라던 무서운 결심을 접고 교사 채용 시험을 보러 갈 때도 그랬고 오늘 발령장을 받으러 올 때도 너무도 마음이 착잡하여 발걸음이 무겁기만 했는데 놀랍게도 그 옛날 나를 두들겨 패던 선생을 외나무다리에서 정면으로 만나다니 온몸에서 기운이 쑥 빠져나가는 느낌을 느꼈습니다. 선생님은 내가 오늘 자기 앞에 나타날 것이란 것을 알고 있었을 것입니다. 그는 아무 말 없이 힐끗 비웃는 표정으로 나를 보더니, 발령장 인사 장부를 몇 장 들추는 척한 후 곧바로 그 해 신설된 변두리 성수중학교로 발령을 냈습니다. 산간 오지로 보내지는 것이었습니다.

나도 모든 희망이 사라진 마음으로 아무 말 않고 발령장을 받아 들었습니다. 고개를 쳐들어 보니 거기 교육위원회 사무실 정면 중앙 벽에는, 내가 언젠가 미술반 창문에서 내려다보고 그린 인왕산 아래의 경복궁 풍경이 걸려 있었습니다. 왜 내 그림이 여기에 걸려 있을까 하는 생각을 해 볼 틈도 없이, 그 그림을 만난 기쁨을 잃은 채 쫓겨나듯 고개를 숙여 인사하고 물러 나왔습니다. 교육위원회에 들어가면서 혹시 운이 좋으면 미술 교사 자리가 비어 있다고 하는 청운동의 경복중학교로 발령을 받을 수 있으면 좋겠다는 희망을 품었었는데, 결과는 그 해에 서울 왕십리 밖 뚝섬 변두리 배추밭 가운데에 신설된 3차 모집 중학교로 발령을 받은 것입니다. 그 신설 성수중학교는 교사를 신축 중이었고 신당동에 있는 성동 중고등학교의 강당을 임시로 빌려 칸막이를 치고 8학급의 신입

생을 받은 학교였습니다.

성수중학교의 김 교장 선생은 내가 처음 일선 교사로 부임했듯이, 그분도 일선 교장으로서는 처음 부임한 젊은 분이었습니다. 하루는 나와 음악 선생을 교장실로 불러서는 "나는 국어, 수학 혹은 영어 선생님이 결근하시는 경우보다는 두 분 미술, 음악 선생께서 결근하신다면 그 결근을 더욱 가슴 아프게 생각하렵니다. 왜냐하면 우리 학교 아이들은 2차 시험에서도 떨어지고 3차 시험을 치르고 겨우 들어온 학생들이고 변두리 학교이다 보니 모두 가정 사정이 어려운 아이들뿐입니다. 우리 학교 학생들에게는 국어, 수학과 영어 시간보다도 미술과 음악 시간이 더 필요합니다. 이 아이들에게는 무엇보다도 정서적인 교육이 지식을 주입하는 교육보다 중요합니다."라고 결근하지 않도록 간곡히 당부하는 것이었습니다.

나는 큰 감동을 받고 이 학교에서 2년간 정말 열심히 학생들을 가르쳤습니다.

김 교장 선생은 2년 후 시교육위원회로 전출을 갔고, 새로 부임한 교장의 교육방침은 정반대였습니다. 그런데 설상가상으로 2주일에 한 번씩 돌아오는 숙직 때 도난 사건이 발생하였고, 교장은 상부에 보고하는 대신 나에게 도둑맞은 학교 비품인 전화기와 녹음기 등을 물어내게 했습니다. 나는 그것이 도둑을 안 맞은 것처럼 위장하려는 처사라는 것을 알고 항의를 해 보다가 도둑맞은 비품 값을 다 물어내고 사표를 낸 후 교사직을 영원히 떠났습니다.

꿈꾸던 프랑스 파리로 떠나는 비행기 안에서 나는, 만약 고3 담임선생이 나를 그때 너그럽게 봐서 내가 원했던 경복중학교에 발령을 냈었더라면, 그리고 김 교장이 나를 시교육위원회 미술 장학사로 한사코 데려갔었더라면 나는 지금 이 비행기를 못 탔을지도 모른다고 생각하고 있었습니다.

PART 1 | 04

반환치 못한 출품작 _ 당한 모욕

1971년 프랑스로 떠나는 수속을 밟던 해, 나는 한 가지 해결을 못 한 일 때문에 속이 몹시 상해 있었습니다.

알리앙스 프랑세즈에서 프랑스 말을 배우고 있을 때, 나의 고등학교 총동문회는 최경한 선배를 통해서 부탁해 왔습니다. 모교 개교 70주년 기념행사인 역대 미술반 출신 미술가 전람회 개최를 주관해서 진행해달라는 내용이었습니다. 중학교 때부터 미술 선생님이고 미술대학 동문인 최 선배는 내가 그 일을 할 수 있는 적격자라고 적극 추천하신 것 같았습니다. 모교 동창회 행사를 도와 달라는 일이라 사양하기도 어려웠지만, 그것은 나에겐 별로 어려운 일이 아니었고 또한 나의 청소년기를 불태운 정들고 아름답던 미술반 활동을 기쁘게 회상할 기회여서 기꺼이 그 일을 맡았습니다.

경기중고등학교는 구한말 대한 제국이 1900년 10월 3일 우리나라 최초의 관립 중등학교로 관립 한성중학교를 설립한 학교이며 일제강점기를 거치며 여러 번 교명이 바뀌었다가 현재의 교명으로 개칭된 것은 1938년입니다. 이와 같은 학교 역사와 같이 미술반 전통도 오래되어 미술반 출신 미술가도 많았습니다. 미술반은 매년 개교기념일 전후해서 교내전을 열어 미술반 학생들의 활동을 보여주었는데 교내에서도 열렸지만, 동화화랑(현 신세계백화점 내)과 화신 화랑(종로 종각 건너편 옛 화신백화점)과 같은 시내 미술 전시장에서도 열렸습니다.

총동문회에서는 전시회를 기획하며 전시회 장소로는 조흥은행 본점으로 정했습니다. 당시 광교에 신축된 조흥은행은 모교 출신 건축가가 설계했고 은행 간부 중에는 모교 출신이 있었기 때문에 전시장으로 사용해 빌리는 데에 아무 문제가 없었습니다. 은행 2층 로비를 전시장으로 꾸미니 장소가 넓고 유리창이 많아 밝았으며 우리나라 최초의 에스컬레이터가 설치된 최신식 건물이었습니다.

이 일의 착수는 미술반 출신 미술가들의 명단부터 만드는 일이었습니다. 졸업 순으로 32회 박상옥, 42회 이용환, 47회 최경한, 49회 한용진, 최만린 52회 김종학, 53회 이만익, 56회 김남진 57회 조국정, 임무근, 김원, 오천룡 58회 최영보, 김장호 61회 신광석, 김홍배, 성완경 62회 박충흠, 정기용 65회 박영국, 김민기였습니다. 그 외 미술인 아닌 동문으로는 열성 미술반원이었지만 집안 내 반대로 전공을 바꾼 동창생들 59회 강홍빈, 최민, 김진균, 김순삼, 권용현도 있었습니다. 그 외 지금 제 기억에 없는 몇 분 동문 작가도 참여하였을 것입니다. 연락된 동문 미술가들은 모두 기꺼이 참여해 주었습니다. 흩어져 있는 선후배들을 수소문해서 찾아내고 작품을 출품 요청하는 일이 시간도 오래 걸리며 예상외로 번거로운 일이 많았지만 순조롭게 진행돼 잘 개최됐습니다. 역사가 오래된 학교라 전체로 보면 출품자 수가 제법 많다고 할 수 있어서 모교 미술반과 조각 반의 빛나는 전통을 과시하기에 훌륭한 전시회였습니다. 총동문회가 이런 학예행사를 적극적으로 지원하는 것은 학교가 학생들에게 공부벌레로

만 키우지 않고 예술가 자질도 키웠었다는 자랑된 역사를 과시하기 위한 의미가 있었습니다.

그렇지만 속상했던 이유가 전시회를 끝낸 다음부터 발생했습니다.

전시회 끝난 다음 날 전시 작품 철거와 철수를 위해 전시장에 가보니 작품이 이미 모두 철거되어졌습니다. 어떻게 된 것인지 모르는 나는 학교로 가서 서무과장에게 물었고 교장 선생이 시키는 대로 철거해서 학교 교실에 보관했다 하면서 그 보관 교실 열쇠는 교장 선생이 가지고 있다고 했습니다. 교장은 모교 37회 출신 교장이었습니다. 그리고 총동문회 간부 임원이었습니다.

나는 곧 교장실에 갔습니다. 나를 기다렸다는 표정을 한 서 교장 선생에게 작품을 이제 출품 작가에게 돌려줘야 하겠으니 열쇠를 달라고 말하는 중에 나의 말을 가로막고, 그때부터 나를 어떻게나 어리게 보았던지, 전람회를 하느라 전시 비용을 많이 썼다면서 작품들을 팔아서 그 비용을 충당해야겠다는 것이었습니다. 그러면서 책상 서랍에서 동창회 유지들 명단 리스트를 꺼내 주며 여기 적힌 명단의 유지들을 찾아다니며 작품을 팔아 오라고 명령하듯 당당히, 멀쩡한 말을 나에게 했습니다.

출품 작품을 작가들에게 돌려주지 않겠다는 것입니다. 작품이야 또 만들면 되는 것 아니냐, 동문회에 작품을 기증하라는 그런 뜻이 애초에 있었다면 출품 의뢰를 할 때 '출품작은 모교 동창회에 기증하는 것'이라는 출품 조건을 달았어야 옳았습니다. 내가 연락하고 돌아다니며 작품 출품을 요청했을 때 출품자들은 당연히 반송해 줄 것을 약속한 일입니다. 이때부터 전시회를 주관한 나는 작품을 돌려줘야 하는 책임감으로 가슴이 무거워졌습니다.

교장실에서 지금 내가 듣고 있는 서 교장의 말이 무슨 말인지 잘 몰랐던 나는, 그만 어처구니가 없어서 망연자실해 있다가, 정신을 차린 후 나는 그런 일은 못 합니다 하고 뒤돌아 교장실을 박차고 나왔습니다. 서 교장은 동문 전람회를 준비하고 종료하느라 수고했다는 치사는커녕 나에게 외판원 짓을 시켜 그림을 팔러 다니게 하려는 것이었습니다. 교장실을 나오면서 몰아친 수치감 때문에 나는 몸을 떨고 있었습니다. 서 교장이 말하는 전람회 비용이 많이 들었다는 것은 이치에 맞지도 않는 거짓말입니다. 전시장 장소 임대료를 낸 것도 아니고, 팸플릿을 돈 들여 만든 것도 아니며 전람회를 위해서는 쓴 비용이 전혀 없었고 동문회를 빛나게만 한 자랑스러운 행사였을 뿐이었습니다.

동문 전시회라는 미끼로 동문 미술가들의 소중한 작품들이 졸지에 압수를 당했고 작가의 허락도 필요 없이 무단으로 어디론가 팔려 가 버린다는 처지에 놓인 것입니다. 출품자 중에 그럭저럭 작품을 판다는 작가는 단 한 명뿐이었고 나머지 작가는 배고픈 작가들이었습니다. 이런 작가들의 작품을 돌려주지 않고 팔아서 동창회에서 쓸 돈으로 만들겠다는 것은 참으로 염치없는 몰상식한 일이 아닐 수 없었습니다. 일을 시키고 나서 유지 동창들을 찾아가서 구걸하듯 판매해오라는 명령을 어떻게 나에게 내릴 수 있었을까요?

오래도록 생각다 못한 나는, 안되겠기에 얼마 후 다시 서 교장을 찾아갔습니다. 다른 작품은 몰라도 고인 박상옥 선배 작품은 꼭 돌려 드리겠다고 약속했으니 그 작품만이라도 내 손으로 반드시 돌려 드려야 한다고 버텼습니다. 여러 시간을 버티며 아무 말 않고 기다리고 기다리니 서 교장은 못 이긴 채 박 선배 작품만을 꺼내다 주었습니다. 내가 가지 않고 끈질기게 기다렸기 때문만이 아니라 박 선배가 그 교장이 가볍게 볼 수 없는 서열의 선배였기 때문이었을 것입니다. 그 박 선배는 바로 내가 몇 년 동안 붓을 줄곧 빨아 준 고등학교 때의 그 미술 선생이었으며, 꼭 반환해 드리겠다고 한 미망인과의 약속을 지키기 위해서였습니다. 서 교장은 박상옥 선생과 모교에서 같이 근무했던 시절 빨리빨리 그린 그림을 학부모들에게 판다는 소문이 교무실에서도 자자했었기 때문에 나를 그런 박 선배의 버릇에 길든 제자일 것이라고 여겼을 것입니다.

　나는 미술반 선배들에게 교장의 옳지 못한 처사를 호소하며 작품 반환 요구에 동참해 주기를 바랐지만, 선배들은 아무도 이렇다 저렇다 하는 의견을 내놓지 않았습니다. 더구나 나에게 그 일을 맡아 하라고 적극 권했던 선배도 모르는 체하며 끝까지 무관심했습니다. 그리고 동문들은 작품을 되찾을 생각도 안 했습니다. 나는 그 후 이 작품들이 어떻게 됐는지, 어디로 사라졌는지 모르며, 선배들도 그 행방을 알고자 하지 않았습니다. 나는 그때 미술반 모든 선배들에게 서운했으며 자존심이 매우 상했습니다. 동창회에서 선후배 관계라는 것이 이처럼 선배에게 아무 말도 못 하고 대꾸조차 못 하는, 완고하고도 일방적인 무서운 관계라는 것을 그때 다시 너무나 잘 알게 됐습니다. 그 교장 선생은 20년 차 대선배라는 입장에서 한참 후배인 나를 마구잡이로 얕잡아 본 것입니다. 당시의 나를 이미 사회에 나가서 이런저런 쓰라린 경험을 쌓고 있는 사회인으로서의 후배로 생각하지 않았고 몰상식한 교장의 눈에는 내가 만만했던 그 학생 시절의 학생으로만 보였던 것이고 명령하면 복종해야만 하는 일방적 관계로 취급했던 것입니다. 더구나 나는 경기중학교가 1966년 학교 평준화로 폐교되었을 때 서 교장의 요청으로 2년간 중학교 미술강사로 봉사했습니다.

　불의에 대항하는 청년이었고 창작에 대한 열정에 불타는 맹렬한 화가 인생 초년생에게, 생각지도 못한 그림을 팔러 다니라는 것은 그야말로 너무나 큰 모욕이었습니다. 당시 나는 그 당한 일 때문에 얼마나 약이 오르고 분했는지 모릅니다. 서 교장은 선후배 학생들 간에 대단한 인기를 누렸던 선생이었고, 우리에게 사회에 나가서 올바른 시민이 되라는 과목인 공민을 가르친 법대 출신이었습니다. 그렇기 때문에 그런 일을 그에게서 그렇게 당하고 서는 나는 그를 이중인격자로 보지 않을 수 없었습니다.

　그 후 나는 파리에서, 여행 중인 서 교장을 두 번 마주쳤는데 그는 그때의 출품작 처리 문제가 잘못되었던 점에 대하여 한마디 언급도 없이 변함없는 이중인격자들의 태연한 태도였고 그때 나도 이십여 년 지난 지금 이역만리 떨어진 타향 파리에서 '그것을 다시 서 교장에게 묻다니. 그렇다, 다시 꺼내 묻지도 말자.'라고 마음을 굳게 먹고 입 밖에 내지 않았습니다.

나는 이와 같은 나쁜 기억 때문에 그로부터 30년 후 2000년 개교 100주년 기념 두 번째 총동문 미술 전람회에 출품요청을 받았지만, 동문 중 나 혼자만은 그 출품을 단호하게 거부해야 하는 아픔을 스스로 가졌습니다.

PART 1 | 05

50년 파리, 나의 오디세이아 시작

　대 조각가 로댕(1840-1917)이 조수로 삼겠다고 부르자 큰 나무 밑에서는 나무가 자랄 수 없다는 이유로 거절한 일화를 만든 부랑쿠지(1876-1957), 그는 조국 루마니아를 떠나 뮌헨 미술학교에 다녀보더니 부카레스트(Bucarest) 미술학교와 별다른 것이 없다는 것을 알고는 기어코 파리에 가야겠다고 결심을 합니다. 그는 가장 어려운 방법을 택해 도보로 뮌헨을 출발하여 몇 십일 동안 끝도 없는 시골길, 숲과 마을을 걷고 걸어서 파리에 입성하자 환희의 탄성을 질렀습니다. 장장 두 달 동안 걸어야 하는 긴 도보 길을 택한 이유는 그렇게 어렵게 도착해야 파리 생활을 쉽사리 포기하지 않을 것이라고 생각했기 때문입니다. 그의 나이 28살 때인 1904년이었습니다.

　나는 내 나이 30살 일 때, 1971년 8월 29일 파리 오를리 공항에 내렸습니다. 공항 로비에는 생전 처음 맡는 골르와즈 담배 냄새와 에스프레소 커피 냄새가 코를 찔렀습니다. 지금도 그 진한 냄새를 맡으면 50년 전 비행기 트랩에서 내린 날이 상기됩니다. 나를 꼭 마중해 주겠다던 얄미운 K는 갑자기 여행을 떠난 다면서 어떤 S 선배에게 부탁했으니 파리 도착 일정을 그에게 알리라는 간단한 편지를 출발 일주일 전에야 받았습니다. 나는 즉시 그 부탁을 모르는 그 사람에게 급히 편지로 부쳤습니다.

엑스 앙 프로방스에 2년 전부터 와 불문학을 공부하는 K는 여름 바캉스 동안 파리에 올라와 있을 거라며 나를 마중해 줄 테니 걱정하지 말고 오라고 했는데, 급하게 예정에 없었던 스위스 여행을 훌쩍 떠나가 버린다는 것입니다.

파리 남쪽 오를리 공항에 내리니 마중 나온 사람이 없었습니다. 그럴 수밖에 없는 것이 내가 내리기로 예정된 공항은 파리 북쪽 부르제 공항이었습니다. 비행기의 연착으로 암스텔담에서 갈아타야 할 비행기인 파리 부르제 공항행 KLM을 놓치고 다음 편 에어 프랑스를 탔기 때문에 도착 공항이 바뀌고 말았습니다.

그때는 유럽 행 비행기의 항로가 앵커리지를 거치는 북극 경유 노선이 있었습니다. 그런데 지금 생각하면 좀 멍청한 짓이었지만, 나는 서울을 떠날 때 되도록 먼 코스를 일부러 택해 천천히 가고 싶었습니다. 노스웨스트 편으로 출국해서 홍콩에서 KLM 항공편으로 바꾸어 타고, 거기서부터 방콕, 뉴델리, 카이로, 쥬리히 그리고 암스테르담을 거쳐 파리로의 기나긴 항로였습니다.

홍콩을 거치게 된다는 것을 알자마자 K는 프랑스는 모든 기계제품이 비싸니 홍콩에 들를 때 그냥 오지 말고 이왕이면 라디오와 사진기 등을 사가지고 오는 것이 좋다는 정보를 주면서 그것을 살 때 자기 캐논 사진기의 커다란 줌 렌즈도 하나 사다 달라는 부탁을 했습니다. K가 나를 파리에서 마중하겠다는 친절은 나중에 보니 줌 렌즈를 사다 달라는 심부름을 시키기 위한 것이었지요. 홍콩에는 마침 홍콩 외환은행 지점에 근무하는 고교 동창생 이종완이 있었고, 입덧으로 고생하는 그의 부인에게 친정에서 보내는 음식을 전해 준다는 핑계로 그 집에서 하루를 묵으면서 쇼핑도 부탁했습니다.

홍콩 근무를 시작한 지 얼마 안 되는 이종완은 공항에 나갈 때 걸리는 시간을 잘 못 따지는 바람에 내가 타야 할 비행기를 놓쳤는데, 그때 그것이 어찌나 그에게 미안했던지 홍콩 무더위 때문만이 아닌 땀을 더 뻘뻘 흘렸던 기억을 지금도 잊을 수가 없답니다. 그러나 다행히 곧 있었던 다음 편 에어 인디어를 타고 가서 방콕 공항에서 나를 기다리고 있던 KLM을 붙잡을 수 있었습니다. 나의 KLM은 암스테르담 공항에 연착으로 도착했고, 그래서 KLM 직원에게 전화번호를 주면서 나의 파리 연착과 공항변경을 이 마중할 사람에게 알려줄 것을 부탁했으나 그 부탁이 잘 이행되리라고는 생각지 않았습니다.

해외로 처음 나간 사람은 한국 사람이거나 아니거나 도착지 공항에서 처음 자기를 마중해 준 사람을 죽을 때까지 기억합니다. 다른 별(星)에 살던 사람이 또 다른 별나라에 찾아왔기 때문에 책이든지 영화든지를 보고 도착지 별나라 모든 상황을 잘 알고 있는 것처럼 하고 싶어도, 그리고 도착한 별나라의 언어를 좀 할 줄 안다 해도 보이는 모든 것이 어색하고 생소하기 때문에 얼떨떨 바보 같은 자기를 잠시라도 돌보아 준 일에 대한 생각을 잊을 사람은 아무도 없습니다. 파리에 수십 년 살면서 헤아릴 수 없이 많은 별의별 사람들을 마중해 보았습니다만 나는 모두 잊어버렸더라도 그들은 나를 아마도 잊지 못할 것입니다.

어쨌거나 공항엔 마중이 없었으니 아무리 공항이 터질 듯 혼잡하다 할지라도 나에겐 텅 빈 공간이나 마찬가지였으며 '아! 드디어 내가 그렇게도 꿈에 그리던 파리에 왔구나.'하는 기쁨만이 나에게 있었습니다. 그러면서도 마중만 믿고 왔으니 어디로 가야 할지 막막했지요. '이제는 이 별(딴 세상)에서 혼자 모든 것을 풀어야 한다. 나의 오디세이아의 시작은 바로 지금부터!'라고 굳게 마음먹었지요. S에게 편지를 냈으니 서로 엇갈리지는 않아야겠다는 생각에 S 전화번호에 무턱대고 전화를 걸었습니다. 몇 번 신호가 울리니 곧 누군가 받았는데 바로 S 였습니다. 그는 내가 이맘때쯤 오리라는 것을 알고 있었고 친절하게도 금방 나갈 테니 거기서 기다려 달라고 했습니다. 그는 마침 오를리 공항에서 가까운 도시 앙또니에 있는 대학 부부 기숙사에 살고 있었는데 나중에 알고 보니 그렇게 전화를 당사자가 대번에 받기란 쉬운 일이 아니었습니다. 왜냐하면 전화가 귀하던 때라서 기숙사 기다란 복도 중앙 한가운데쯤에 전화(그것도 받기만 하는 전화기)가 한 대 씩 있었고, 누군가가 그 앞을 우연히라도 지나쳐야 울리는 수화기를 들 수 있고, 그래서 몇 호실 기숙사 방에다 전화가 왔다는 것을 알려 주는 그런 고약한 시스템이었습니다. 그날은 화창했던 일요일이라 S는 기숙사 정원에서 몇 가족과 조촐한 피크닉을 즐기고 있다가 무엇인가를 찾으려고 방으로 가는 길이었고 전화기 앞을 지날 때 나의 전화벨이 울린 것이었다니 기적에 가까운 행운이었습니다. 아니 천우신조(天佑神助)였습니다. 그렇지 않았더라면 나의 첫날 스토리가 바뀌었을 테니 말입니다.

내가 부쳤던 마중을 부탁하는 편지는 내가 도착한 며칠 후에야 S에게 도착했습니다.

내가 K처럼 팔팔 뛰는 청년인 줄 알았다가 늙수그레한 점잖은 어른(나는 그때도 벌써 흰 머리카락이 섞여 있었습니다.)으로 보여서인지 S는 약간 머뭇거리는 듯 했습니다. 공항에서 수인사(修人事)를 나누고 보니 학교 문예반에 놀러 가서 보던 고교 시절 선배 얼굴이어서, 그래서 얼른 "형, 그렇게 저에게 존댓말을 쓰지 마시지요." 했더니 금방 그럴까 하며 반말을 곧 쓰기 시작했는데 그게 잘못돼서 지금까지도 그는 나에게 반말을 하고 나는 꼬박꼬박 그에게 존댓말을 해야만 하는 신세가 돼 버렸습니다. 누군가가 지나가는 사람이 우리 대화를 엿들으면 저 머리 까만 저 젊은 녀석이 버르장머리 없게도 머리 하얀 늙은이에게 무슨 말버릇이 저 모양이지 할 터인데도.

나는 곧 공항에서 10여 분밖에 안 걸리는 기숙사 풀밭 가족 피크닉의 파장에 합류했다가 S의 딱정벌레 폭스바겐을 타고 꺄르띠엥 라땡(라틴 쿼터: 대학가)의 소르본 대학에 면해 있는 뤼 데 제꼴(rue des Ecoles)에 있는 조그만 호텔에 여장을 풀었습니다. 호텔은 낡았고 어둠침침하고 공동 화장실이 복도에 있는 허술한 삼류 호텔이었지만 나는 아무렇지도 않게 편안한 마음이 되면서 나무토막처럼 쓰러져 깊은 잠을 잤습니다.

앙또니에서 국도 20번 도로로 해서 뽀르트 도르레앙으로 파리에 입성하여 쌩 삐에르 드 몽루즈 높은 뾰족탑 성당을 정면으로 보며 오른쪽을 향해 〈벨포르의 사자(Lion de Belfort, 자유의 여신상의 바르똘디 작품)〉가 앉아 있는 쁠라스 당페르 로스로를 지나 불르바르 쌩미셀로 해서 꺄르띠에 라땡에 이르는 이 길은 2차대전 때 파리를 수복하기 위해 진주한 르끄레르 장군의 길이었지만, 지금 나도 개선한 장군인 양 거침없이 이 길을 통과하고 있었습니다. 지금도 나는 파리 외곽에서 이 코스에 들어서면 언제나 50년 전에 남모르게 뛰었던 맥박을 느끼며 온몸이 활활 달아오르는 것을 느낍니다.

바캉스가 거의 끝난 8월 말이라서 파리 시내는 온통 사람들로 북적였습니다.

하룻밤 편안한 잠을 잔 후 호텔을 떠나, 그때부터 살 거처를 찾아야 할 때 임시로 있을 방값이 싼 대학 기숙사 방을 얻었습니다. 파리시 남쪽 변경 불르바르 쥬르당(Boulevard Jourdin)에 면해 있는 거대한 정원을 가진 씨떼 인떼르나시오날 유니베르씨떼르(국제 대학 기숙사: 속칭 '씨떼' 기숙사)는 각 나라 기숙사가 산재해 있는데 나는 그 중 튀니지관에서 쉽게 방을 얻을 수 있었습니다. 기숙사에 있으면 그곳에 있는 대형 대학식당까지 이용할 수 있어서 먹는 문제까지도 해결됐습니다.

여름 바캉스 동안은 학생들이 고향에 돌아가거나 여행을 다니니까 씨떼가 비어서 빠사제(旅人)들에게 조금 비싸게 하여 빈방을 빌려주고 있었습니다. 이틀 후, 한 K라는 학생 부부가 시떼 기숙사에 신청한 부부 기숙사 방이 나왔기 때문에 집을 옮겨야 한다는 스튜디오(단칸 아파트)를 소개받았고 그곳을 나의 거처로 정했습니다. K가 제시한 스튜디오 인계 조건은 그가 남기고 가는 물건과 음식 그리고 마시고 남은 음료까지도 당연히 다 사야 했습니다.

그 스튜디오는 파리 15구, 메트로 12번 선 꽁방시용 역을 이용할 수 있는 구역인 뤼 드 라베 그루 119번지로 오래된 3층 집의 지붕 밑 방이었습니다. 그러나 조그만 부엌이 있고 목욕탕과 화장실이 있어 너무나 훌륭한 거처였습니다. 임대료는 500프랑(약 미화 100불)이었습니다. 나는 얼마 후 집값을 덜어 보려고 서독 광부 출신으로 프랑스에 와서 자동차 정비 공장에 다니는 C라는 분과 방을 나누어 쓰면서 거기서 7개월을 살았습니다.

바캉스에서 돌아온 K는 물론 줌 렌즈를 찾으러 내 스튜디오에 왔다가 며칠 밤을 머물다 갔고 그 후부터는 그가 파리에 올라올 때면 그를 맞아주어야 하는, 그렇지 못할 때도 몇 번 있었을 것이지만, 그런 나의 스튜디오가 됐습니다. 내 옆엔 아주 호호백발 할머니가 살고 계셨는데 몇 주일에 한 번인가 자식들이 잠시 왔다 가는 쓸쓸한 분이셨습니다. 그 외로운 할머니는 옆에 사는 젊은 내가 움직이는 것이 너무 보고 싶어서인지 화구를 짊어지고 나갈 때면 부스럭 소리를 듣고 문을 열고 내다보며 잘 다녀오라고 손짓했으며, 사생을 갔다 와 보면 과자와 빵을 나의 문고리에 봉투째 매달아 놓곤 했습니다. 그 할머니 이름은 '앙젤(Angèle)'이었습니다. 내가 살던 추억을 확인하기 위해서 나중에 그 집에 가보았더니 앙젤은 이름같이 천사가 되어 하늘로 올라가 버리시고 거기에 없으셨습니다.

내가 미술학교에 다니기 시작했을 때인 10월 초부터 파리 지하철 파업이 시작되어 점점 크게 확산하였습니다. 그때 파업하면 이것이 프랑스로구나 할 정도로 너무나 빈번히 일어났습니다. 파업이 장기화하면 다른 노동자들도 연대의식을 발휘하여 동정파업을 했는데, 그런 총파업은 화요일이나 목요일에 꼭 일어났습니다. 그런 날은 도시와 행정이 완전히 마비돼 버렸습니다. 그때 아마 보름 이상 지하철이 끊겼던 것 같습니다. 나는 꽁방시용 역에서 메트로를 타고 다섯 정거장을 가서 몽빠르나스 역에서 뽀르트 끄리냥꾸르로 가는 4번 선으로 갈아타고 쌩 제르망 데 프레에서 내려서 뤼 보나빠르뜨(rue Bonaparte) 길로 해서 등교했습니다. 메트로로 걸리는 시간은 약 25분 안팎이면 됐습니다. 그런데 장기 파업 때문에 발바닥이 부르트도록 매일같이 학교에 걸어 다녀야 했는데 오고 가는 데 시간이 3시간 이상 걸렸습니다. 파리의 길 구조는 방사형이어서, 길을 잃어서 한번 빗나가면 헤매기에 십상이었지요.

그래서 그때 길 이름을 달달 외면서 걸었던 덕분에, 또한 그 후에도 걸어 다니면서 파리를 스케치한 덕분에 웬만한 파리 시내의 큰길, 골목길 할 것 없이, 길이름들을 다 알고 있는 택시 운전사 못지않게 잘 알았습니다.

파리에서 이렇게 나의 오디세이아를 시작하고 있는 동안, 부랑쿠지가 에꼴 데 보자르를 다니며 밤에는 접시를 닦고 늦게 돌아와 아무것도 없는 지붕 밑 방에 드러누우면 보이는 높은 벽에 써 놓았다는 글귀,

'너는 예술가임을 잊지 마라! 용기를 잃지 말고 아무것도 두려워하지 말아라! 성공하리니!'

나는 이 '그의 글귀'를 매일 외우며 잠들었습니다.

PART 1 | 06

미술 동창생 윤건철의 죽음

　1968년 성수중학교 미술 교사로 2년간 근무한 시절 출퇴근하며 걷던 배추밭 사이 흙길은 나에게 행복을 주고 있었습니다. 집과 학교 사이의 중랑천 옆 버스 길을 저만치 놔두고 걸어서 등교하려면 40분쯤 걸렸습니다. 길 양편에 펼쳐진 넓은 밭에는 배추와 무가 자라고, 겨울엔 눈이 쌓여 눈부신 설원이 되었습니다. 이 길을 걸으면서 6.25동란, 외삼촌 댁으로 피란 갔던 어린 시절 논밭 농사를 거들던 농촌이 회상되기도 했습니다. 중간쯤 조그만 벽돌 공장을 지날 때면 빨간 벽돌 가루로 빻아 고춧가루를 만들던 동네 여자아이들의 소꿉놀이가 눈에 어른거렸습니다. 싱싱한 야채를 파는 양철 지붕 밑 청과시장과 조그만 마을도 통과했습니다. 도심에 살던 나는 학교 가까운 성수동 변두리로 이사하여 교직 생활을 시작했던 것입니다.

　일정한 수입이 없어 늘 불안하던 전업 작가 생활을 하다가 중학교 미술 교사가 되었고 박봉일지라도 어엿한 직업다운 직업을 얻었습니다. 온종일 그림과 씨름하는 화가이기를 단념하고 나니 마음고생에서 오는 고통도 사라졌습니다. 높고 넓은 하늘과 흙냄새 물씬 나는 너른 들판이 나의 답답한 가슴을 활짝 열어 놓았습니다.

학교 교장 선생님은 매우 낭만적인 분이셨습니다. 새로 부임해온 나와 음악 선생에게 말했습니다. "우리 학교 학생들은 2차에도 떨어지고 3차 시험으로 입학한 변두리의 가난한 집 학생들이어서 다른 무엇보다도 정서교육이 매우 필요합니다. 영어나 수학 선생님이 결근하시는 것보다 미술과 음악 선생님이 결근하신다면 나는 그것을 더 가슴 아파하겠습니다". 이 간곡한 말씀에 감동된 나는 학교 미술 선생이 된 것에 자부심을 느꼈고 그렇기에 나는 매일 묵묵히 오솔길을 걸어 출퇴근하고 있었습니다.

어느 날씨 좋은 봄날, 퇴근길 마을의 어린아이들이 아우성치며 길거리에 나와 길을 가로막고 놀고 있었습니다. 나는 길 가운데를 점령하고 노는 아이들을 피해 여염집 처마 밑으로 피해 지나고 있었습니다. 그때 열린 창문으로 밖을 내다보던 한 여인이 귀에 익은 목소리로 "어머나! 누군가 했는데…." 하는 것이었습니다. 창문 안의 여인은 아기를 가슴에 안고 있었는데, 미술대학을 같이 다닌 반가운 동창생이었습니다. 아기를 안고 있는 엄마도 부끄러웠을 테지만 웬일인지 나도 손가방을 든 촌스러운 선생 모습이 창피스러워서 얼굴이 화끈거렸습니다. 우리 서로는 배추밭 가운데에 있는 이런 외딴 마을 동네에서 어떻게 이렇게 우연히 만날 수 있을까 잠시 생각하는듯이 상대방의 당황한 표정을 서로 읽고 있었습니다.

그런데 그 반가운 동창은 이내 표정을 감추고 쌀쌀맞게 나를 아래위로 훑어보더니 "우리 동창들은 다들 뭐 하고 있는지 모르겠네요, 벌써 졸업한 지 4년도 넘었는데 신문에서 이렇다 하고 떠들어주는 화가가 하나도 없으니…" 그는 안고 있던 아이를 추슬러 올리면서 "우리 여자들은 이렇다 하더라도 남자들은 다 무얼 하고 있는 거지요?" 하고 나를 똑바로 쳐다보았습니다. 나도 스스로를 좀 한심하다고 여기고 있는 중인데 이 말을 들으니 할 말이 없어서 그냥 웃을 수밖에 없었습니다. "여기 사세요? 이 길은 내가 매일 학교로 출퇴근하는 길인데…." 하고는 말을 더 보태지도 못하고 동네를 도망치듯 빠져나왔습니다. 그 동창은 학교 다닐 때 매우 활동적이고 남에게 지지 않는 미술학도였습니다. 여러 공모전에 출품하여 상도 받고, 활발히 작품 활동을 해서 서양화과에서는 이름을 꽤 날리던 예비 여류 화가로서의 재원이었습니다.

나는 그 다음 날부터 이 행복한 길을 포기하고 다른 길로 돌아서 다녔습니다.

1979년 봄 우이동 버스 종점 근처 넓은 잔디밭에서 서울 미대 서양화과 총 동창회 모임이 있었을 때 조금 늦게 온 윤건철은 나를 보더니 놀란 눈을 하고 나를 향해 빠르게 돌진해 와서 일언반구도 없이 다짜고짜 주먹으로 힘껏 나의 가슴을 후려쳤습니다. 그리고 나서야 "너 언제 온 거야? 아주 온 거니? 자식 왔으면 왔다고 할 것이지." 하고는, 자기 행동이 좀 심했다 싶었는지 "이따 보자." 하고 되돌아서 앉았던 반대편 자리로 되돌아갔습니다.

나는 그 전날 파리에서 8년 만에 엄청나게 커진 서울로 돌아왔습니다. 마침 그다음 날 동창회가 있으니 참석해 달라는 전갈을 받았고, 전람회를 하러 왔으니까 총동창회에 나가서 선후배 동학들을 한자리에서 만나 인사할 좋은 기회라 여겨서 시차도 극복하지 못한 상태로 모임에 허겁지겁 참석했던 것입니다. 윤건철은 8년 만에 의외의 장소에 나타난 나를 보자 저것이 유령인지 아닌지 의심이 나서 주먹으로 쳐서 아파하는 반응을 본 다음에야 그 의심을 풀었던 것입니다. 더군다나 전날 과음을 했더라면 오늘 아침 나를 보았을 때 유령일 것이란 의심이 더욱 컸었을 것입니다. 이 순간적인 장면을 눈여겨 본 선후배들이 있었다면 둘 사이에 무슨 다툴 원한이라도 있었나 보다 했을 것입니다.

이런 윤건철의 모습을 초상화로 그려보라면 캔버스들이 빼곡히 들어찬 학교 아뜰리에서 중키에 윤기 나는 검은 머리카락을 휘날리며 붓을 들고 있는 시원한 쾌남아로 그려 놓겠습니다. 그의 살구씨 두 눈은 얼굴 양쪽으로 보통 사람보다 좀 더 벌려서 그려야 하고, 송충이 같은 까만 눈썹에 속 눈썹까지 좀 길게 그려 넣겠습니다. 묵직하게 편편한 코와 두툼한 붉은 입술도 그려 넣어야 하겠고 턱은 조금 길게 그리고, 피부색은 좀 짙게 칠하겠습니다. 나는 그의 초상화를 그리는 동안 약간 허스키 바리톤으로 신명 나게 부르는 그의 노래를 회상해 내겠습니다. 그가 이젤과 화구를 짊어지고 들판으로 스케치 나가는 것을 누가 보았다면 아마도 고갱(1848-1903)을 연상했을 것입니다. 그는 정말로 인상파 화가의 실루엣을 지니고 있었습니다.

윤건철을 비롯한 우리는 모두 자유스러운 대학 생활에 어리둥절하면서도 생전 처음의 남녀공학의 캠퍼스 분위기 때문인지 의젓해 보이려고들 애썼습니다. 그러나 곧 화가 지망생들답게 학창 생활을 재밌게 하는데도 예술가적 기질을 곧잘 발휘했습니다. 모두들 막연하게나마 더 창의적인 학교의 분위기를 원하고 있었습니다. 그래서 모두가 개성이 아주 강한 미술학도들이고 싶었고, 심지어 자기를 과시하느라 괴짜 행동을 하는 친구들도 있었습니다. 어떤 기발한 친구는 미술대학에 들어오기 전부터 자기가 원래 괴짜였던 것처럼 과시하려 했는데, 그렇지 않았을 윤건철도 그런 축에 끼려고 행동했습니다. 그러나 괴짜 행동이라는 것이 대단한 것은 아니고 대개는 유치한 일이어서 기껏해야 남이 잘 안 부르는 노래를 뽑아 부른다든가, 유행하는 첨단적인 괴상한 춤으로 괴짜 됨됨이를 내세우려 하던가, 막걸리를 마시는 술자리에서 주량 순위에서 매번 우위를 차지해 보려고 과음을 마다하지 않는 정도였습니다. 이 궤도를 벗어난 듯한 우리의 행동은 우스꽝스러울 수도 있었으나 우리 세대에선 스트레스를 간혹 그렇게 풀면서 창작활동의 활력을 비축하는 중요한 시간 보내기였습니다.

윤건철은 노래도 잘 부르고 춤도 잘 추었지만, 주량이 남보다 쎄었습니다. 원래 그가 술을 잘 마셨는지는 모르겠지만, 추측하건대 그는 모범생으로 중고등학교에 다녔던 것만은 분명했습니다. 당시는 교복을 꼭 입어야 했던 것은 아니었지만 입을 옷들이 마땅치 않아서 남학생들은 일 년 내내 교복을 입고 다녔습니다. 윤건철은 술 마시는 자리에서 친구들을 기분 좋게 하고 싶을 때는 "얘들아! 우리 고등학교에서는 들어오기 어려운 서울대학에 들어온 것은 전교생을 통틀어 나 혼자뿐이어서 여간 자랑스럽지 않단 말이다. 그래서 나는 어디를 가나 교복을 입고 잰단 말이다. 그렇지만 내가 다닌 학교는 손기정 선수가 나온 유명한 학교란 말이다. 나도 손기정 선수가 다닌 학교 출신이라니깐, 여기 손기정 모르는 사람은 손 들어 봐." 했습니다. 그는 양정고등학교 출신이었습니다. 그는 친구들과 어울리지 않을 적에는 늘 심각한 것 같은데, 어울리면 즉시 명랑해지고 주위 친구들을 잘 웃기려고 했고 웃기고 나서는 그것이 실없는 짓이 아니었을까 하는 의구심을 보일락 말락 하게 미묘한 매력을 주는 웃음과 허스키 헛기침으로 슬며시 감추는 그런 순진한 친구였습니다.

윤건철의 고등학교 미술 선생님은 아주 사실적인 그림을 그리는 분이었습니다. 따라서 윤건철이 지도받은 그림도 사실적인 그림이었습니다. 그의 선생님이 속해 있는 목우회는 한국 화단에서 제일 고리타분한 화풍을 지녔다고 신진 세력 쪽에서 평하고 있다는 것을 그도 잘 알기 때문에 자기 선생님에 관해서는 얘기를 잘 하지 않았습니다. 그러나 한 번은 그 선생님의 훌륭한 작품 제작 태도에 대해서 나에게 아주 진지하게 이야기해 준 적도 있습니다. 대학 4학년 졸업반에 올라가니까 서양화과의 거의 모든 학생은 어느 틈엔가 모두 추상화로 돌변 된 작업을 하고 있었습니다. 나와 몇몇은 그래도 구상 세계를 고수했는데, 윤건철도 그 선생님 영향 때문인지 구상화를 고집하면서 졸업했습니다.

우리는 학교 때 땅거미가 질 때면 아뜰리에에서 내려와 교정 풀밭에 괜히들 앉아서 컴컴해지도록 소주를 홀짝홀짝 마시기도 하였고, 아니면 대학로 뒷골목 주막으로 가서 막걸리를 사발로 들이키기도 했습니다. 잔디밭이거나 대폿집이

거나 그 많은 시간을 허비하면서 이야기한 것은 우리 그림 그리는 자세나 창작 문제로 인한 고민에 관한 것이 아니라 그저 신세타령이나 화단에 대한 질타였습니다. 이런 퇴폐적인 풍조는 어떻게 해서든지 그림으로 먹고살 수 있기를 바라면서 화단에 무턱대고 발을 들여놓고 활동해 보려다 실망한 순진한 신진 화가들 사이에 은연중 만연되어 있었습니다.

졸업 후 얼마 안 되었을 때인데 그와 나는 단둘이서 온종일 술을 마신 적도 있었습니다. 아마도 부당한 미협 이사장 선거 문제로 울화통이 터졌던 일로 마음을 좀 추슬러 보기 위해 만났던 것 같습니다. 그날은 아침부터 만나서 하릴없이 청진동에 있는 어느 조그만 대폿집에 들어가 막걸리를 마시기 시작해서 얘기에 얘기를 보태다가 그날 오후를 다 넘기고 밤중까지 내리 마셨습니다.

그 무렵, 국전이나 재야 공모전에서 상을 받든가, 전위 작가군에 끼어들기 위해서 해외에서 뉴스로 전해오는 아리송한 화풍을 흉내내는 것 등등은 모두가 우리에게는 흔쾌한 일이 아니었습니다. 유유히 그림만 그린다는 것은 먹을 것이 넉넉히 있어서 생활을 영위할 걱정이 없는 유복한 사람들이나 하는 일이며, 그렇지 않은 입장에서 화가가 그림을 계속 그린다는 것은 굶어 죽는 일이라는 것을 잘 알고 있었습니다. 그러한 인식 속에서 그래도 그림을 그리지 않으면 못 살겠다고 화단에 데뷔한 화가들에게 또 하나의 험난한 난관은 끼리끼리 파벌을 형성하여 파워를 행사하는 화단의 풍토였습니다. 어떤 그룹에 소속되지 않고서는 화가로서 입신하기 어려운 생존경쟁의 법칙이 화단에도 있었음을 알아야 했습니다.

당시의 우리나라의 화단에서 국전을 철저히 외면하고 아방가르드 전위적인 작품 활동을 하는 화가들의 활로는 파리 청년작가 비엔날레 출품작가로 선정되든가 상 파올로 비엔날레 같은 국제전에 출품작가로 선정되는 길뿐이었습니다. 작가 경력을 따지는 세속적인 평가 기준에서 국전 대통령상 수상자 못지않게 국제전 출품 작가라는 경력은 대단한 것으로 여겨졌습니다.

그 국제전 출품 작가 선정권은 대한 미술가 협회 서양화 분과위원회가 가졌습니다. 원래 대한 미협은 미술가들의 상부상조를 목적으로 하는 작가들 간의 친목 단체였습니다만 난데없이 국제전 국가대표 작가 선발권이 미협에 쥐어지자 그때부터 화단의 헤게모니 쟁탈전이 치열하게 일어났습니다. 화단에 몹쓸 마키아벨리즘이 생긴 것입니다. 드디어 무슨 사단이라고까지 명명된 전투적인 한 무리가 미협 이사장 선거에서 연속적인 표 싸움 승리를 거둠으로써 우리나라 화단의 심각한 병폐가 비롯됐습니다.

그 병폐란 자기 패거리 이외의 화가는 무참히 무시해 버리고, 한국의 현대미술은 오직 자기들의 전유물인 양 내세우면서 국제전 출품 자격을 독차지하는 행패를 부린 것입니다. 작가가 다른 그룹을 통해 작품을 발표해 본들 국제전에 나갈 기회를 얻기란 불가능하였습니다. 이런 상황은 당시의 혈기 찬 젊은 작가들이 그런 풍토에서 화가로 버텨 나간다는 것은 참으로 어렵고 억울했습니다. 젊은 예술가들은 이렇게 정치적으로 움직이는 화단 풍토에 따라 이리저리 끌려 다녀야 한다는 것으로 돼 버렸습니다.

윤건철도 대학 졸업 때 나와 같은 생각으로 전업 작가가 될 결심을 하고 화단에 뛰어들었습니다. 그는 우리 학교보다 홍익대학교 미대에 더 많은 친구가 있었습니다. 그래서 졸업 후 첫 화단 활동을 홍대 출신들이 중심이 된 그룹에서 활발히 했습니다. 내가 그의 작품을 마지막으로 본 것은 파리로 떠나기 직전 덕수궁 옆의 어느 전시실에서 열린 그룹 전에서였습니다. 그룹 전 출품 작가들은 전위적인 화풍을 저마다 선보이고 있었는데, 윤건철도 그때 뉴스를 타고 들어온 극사실적인 화풍을 받아들여 매듭진 굵은 밧줄이 팽팽히 휜 화면 밖으로 뻗쳐 나갈 것 같은 느낌을 주는 새로운 작품을 출품했습니다. 나는 그의 작품을 보고 전혀 그답지 않은 작품이라 의아해했습니다.

그 후 윤건철을 내가 마지막으로 본 것은 1980년대 중반, 그가 처음이자 마지막으로 파리에 왔을 때였습니다. 단체관광으로 유럽을 여행하는 중에 파리에서 이틀 밤 묵는 짧은 일정이었습니다. 연락도 없이 파리에 온 그가 밤늦게 호텔에서 방금 도착했다고 전화로 알려 왔을 때 나는 너무 반가운 나머지 즉시 그의 호텔로 찾아갔습니다. 그는 미대 동창인 조각가 김의웅과 룸메이트로 동행하고 있었습니다.

그는 나를 보자 "야! 내가 드디어 파리에 와 본다." 말하더니 비행기에서 같이 마시려고 샀다는 위스키병을 따면서 만난 회포를 당장 풀고 싶어 했습니다. 그러하나 그는 잘 마시던 술을 드는 시늉만 어색하게 했는데 동행하고 있는 김의웅은 그렇게도 하지 말라는 주의를 연상해 주고 있었습니다. 그는 이미 술을 마셔서는 안 되는 상태였던 것 같습니다. 그렇지만 그는 나를 보자 옛날 생각에 빠져든 나머지 마시고 얘기하고, 취하고 얘기하고 싶었고, 나도 같은 마음인지라 마시지 않고는 참기 어려운 심경이었습니다.

파리에서 만나 호텔 방에 털썩 주저앉은 우리 세 사람의 미술대학 동창들은 할 말이 태산같이 많았는데도 윤건철이 좋아하는 술을 마시지 못하는 것에 대한 언급을 피하느라고 침울해져서 할 말을 잊고 있었습니다. 잠시 침묵이 흐른 뒤 입을 연 윤건철은 나를 두고 김의웅을 향하여 "얘는 빨리, 일찍 잘도 빠져나왔어!"라고 지나가는 말처럼 하면서 예의 허스키 헛기침을 했습니다.

과묵한 김의웅은 아무 대답이 없었고, 희미한 전깃불 때문에 검은 피부가 더 검게 보인 지치고 고단한 모습을 한 윤건철은 이번에는 나를 향해서 서울에서는 살기가 힘들고 그림 그리기도 몹시 힘들다는 용기를 잃은 그답지 않은 하소연을 토했습니다. 그는 지금 강릉에 있는 어느 대학에 강사로 나가기 때문에 일주일에 며칠은 강릉에 가 있어야 하며, 서울을 왔다 갔다 하느라 마음을 집중할 수 없어서 그림이 안 되어 더욱 힘이 든다는 것이었습니다. 서울에 있는 대학에 전임 자리를 하나 얻었으면 좋겠다는 것이 그의 간절한 희망이었습니다. 그런데 최근에 숙명여대 전임 자리를 맡기로 거의 확정이 되었는데 누군가가 끼어들어 그 자리를 빼앗겨 버렸다는 것입니다. 윤건철은 그 빼앗김을 얼마나 억울해하고 있는지 모른다고 김의웅이 덧붙였습니다.

그룹 활동으로 작품 활동을 왕성하게 하던 중 화단의 정치 세력에서 소외된 윤건철은 생각을 바꾸어 뒤늦게 대학원에 등록하였습니다. 그때는 전업 작가라는 말조차 없었던 것으로 보아서 그림을 주업으로 삼고 있는 화가는 거의 없었으며 화가들은 중등학교 미술 선생이나 대학 강사 혹은 교수를 겸하고 있었습니다.

사범대학에는 미술 교사 양성과정이 없었기 때문에 미술대학에서 미술 교사를 양성하기 위한 교직과목을 이수하게 하고 교생실습을 마치면 중등학교 미술 교사 자격증을 받을 수 있었습니다. 본인이 원한다면 최소한 시골에서라도 중등학교 미술 교사직을 얻을 수 있었습니다. 윤건철은 이왕에 전업 작가 생활을 할 수 없어서 교단에 서는 화가여야 한다면 중등학교 미술 교사보다는 그림을 계속 그리기에도 조건이 더 나은 대학 강단에 서겠다고 생각하고 석사학위가 없이는 교수자격을 얻기 힘들다고들 하니까 대학원에 진학했을 것입니다. 후진을 양성하면서 대학교수로서 존경을 받고 창작에도 열중한다는 것이 그의 꿈이었을 것입니다. 사회적 지위도 얻고 경제적으로 고정수입을 확보하여 생계를 이어가자 였을 것입니다. 1990년대 말 파리에 왔던 미대 동창생 이주영이, 윤건철은 그 후 뉴욕으로 갔음을 알려주었습니다.

파리에서 나를 만나 보고 귀국한 윤건철은 얼마 후 작가로서 마지막 찬스를 잡기 위해서 홀로 미국으로 간 것입니다. 유럽을 돌아본 윤건철은 한국에 더 있어 봐야 똑같은 상황에서 헤어나지 못하리라 판단하고 미국에서 작가 생활의 새로운 장(章)을 열어 훌륭한 경력을 만들어 귀국할 결심을 했을 것입니다. 그가 유럽을 먼저 온 것은 자신의 그런 꿈을 유럽에서 펼쳐 볼 수 있는지 진단해

보려던 목적이었을 것입니다. 그러나 언어 소통 문제도 있는 데다 무언지 꽉 막힌 것 같은 보수적인 유럽보다는 다민족이 함께 살고 있어서 그래도 숨통이 좀 터져 있을 것 같은 미국이 더 나으리라 판단했을 것입니다. 그렇다면 갈 곳은 당연히 세계 미술시장의 중심지인 뉴욕이었을 것입니다.

뉴욕에 도착한 윤건철은 어느 판화 공방에 등록을 하고, 판화를 연구하면서 겸손히 도약의 기회를 찾으려는 계획을 세웠습니다. 그러나 그의 건강은 이미 말이 아니게 나쁜 상태였습니다. 그런데도 본인은 그것을 인정하지 않으려 했던 것 같습니다. 윤건철은 창작활동을 활기 있게 하고 그것으로 생계를 유지할 수 있는 수단을 마련하면 건강도 회복되고 모든 것이 정상적인 상태로 돌아가리라고 굳게 믿고 있었을 것입니다. 그러나 윤건철은 타향살이를 시작하자마자 쓰러지고 말았고 급기야 응급차에 실려 병원에 입원했습니다. 췌장암 말기 환자로 진단을 내린 미국 의사는 치료하기엔 너무나 늦었으니 어서 귀국해서 가족에게 돌아가라고 했습니다. 윤건철은 그제야 자기가 최후의 상태라는 것을 받아들이고, 멀고 먼 왔던 길을 빈손으로 되돌아가야만 한다는 기막힌 상황과 얄궂은 운명을 한탄하며 혼자서 눈물을 펑펑 쏟았습니다.

윤건철은 너무 늦게 외국 유학에 나선 것입니다. 40대 중반의 나이에 자기를 제로로 되돌려놓고 낯선 타국에서 새 출발 한다는 것은 무모한 용기였습니다. 사막 같은 곳에 떨어졌다면 태양과 별자리를 보면서 방향을 잡아 사막을 탈출해 볼 수도 있겠지만, 빌딩 숲 사이로 난 도로가 사방팔방으로 시원히 뚫려 있어도 사막보다도 더 황량한 뉴욕에서 어디로 가야 희망의 탈출구를 찾을지는 정말 막연했을 것입니다. 맨해튼은 잘나가는 사람들에게는 야망과 꿈의 거리지만 빈손으로 갓 도착한 사람들에게는 너무나 위압적이고 거대한 괴물일 것입니다. 윤건철도 그런 사람 중의 하나였을 것입니다. 뉴욕은 세계에서 가장 큰 미술시장이지만 예나 지금이나 가난한 미술가들을 위한 낙원은 아닙니다.

윤건철이 집에 돌아왔다는 소식을 들은 미대 동창 이주영은 부랴부랴 병문안을 갔습니다. 방 창문 옆에 앉은 윤건철의 모습은 역광 속에서 허상인 것처럼 희미했습니다. 금방이라도 날아갈 것 같이 맥없고 하염없는 실루엣은 임종의 시간을 가르키고 있었습니다. 피골이 상접해서 앙상한 윤건철은 이주영이 다가가자 물끄러미 바라보는 듯하더니 "나 이제 곧 나을 거야."라고 들릴락말락 하게 말하더라는 것이었습니다. 운명의 힘은 그의 희망을 아랑곳하지 않고 그에게 단 며칠도 더 주지 않았습니다. 예술가의 삶을 꿈꾸며 여기저기 헤매던 한국의 서양화가 한 사람이 모진 생존경쟁을 이겨내지 못하고 삶에 지치고 병들어서 슬며시 지상에서 영원으로 사라져 버리는 것입니다.

나는 그의 죽음 속에서 나의 죽음을 봅니다. 나도 만약에 한국에서 작가 활동을 계속했었다면 그와 똑같은 비운의 행로를 걸었을지도 모릅니다. 그가 파리에 왔을 때 "일찍 잘 빠져나왔어." 하고 말한 것처럼, 그곳을 일찍 탈출할 수 있었기에 나의 수명이 연장되었는지도 모릅니다.

내가 윤건철의 죽음을 두고두고 애석해하는 이유는 그가 그림에 대한 불타는 열정과 화가로서의 명쾌한 자세를 지녔음에도 불구하고 작품을 별로 남기지 못했기 때문입니다. 화가가 살아서 빛을 못 보고 고생만 하고 죽더라도 작품이 남으면 그가 살았을 때 이를 악물고 한 일들이 뒤늦게나마 인정되고 평가받게 되는 것입니다. 모든 작가는 죽은 후 인정받기를 바랍니다. 모든 작가가 세상에 왔다가 영예로운 화가의 삶을 다 채우고 세상을 하직하면서 자신의 삶이 결코 헛되지 않았을 것으로 여기게 된다면 그보다 더 바랄 것이 없습니다. 굶주림에 시달리다 죽은 불출세 화가의 위업이 사후에 인정되고 평가를 받는 것은 그의 작품이 시대를 앞섰던 탓으로 사람들이 무지해서 몰라준 것입니다. 그리고도 작품을 많이 남겼지만 평가받을 걸작품이 없기 때문에 죽은 후에 곧 잊히는 화가들도 허다합니다. 동시대 세상 사람들이 떠받드는 잘나가는 화가도 사후에 그의 작품이 보잘것없는 휴짓조각에 불과한 것으로 판명되어버리는 경우 역시 허다합니다.

그러나 윤건철은 어떻든 평생 다소곳이 자기 작업을 할 수 있는 여유가 없었습니다. 윤건철이 냉혹한 이기심과 악착같은 창작열로 고독과 싸울 수 있었더라면 그래도 화가로서의 행운을 누렸을 텐데, 인연이 없던 사회와 화단의 부조리에 시달리고 헛신경을 쓰는 동안 행운은 그를 매번 비껴갔던 것입니다. 동기 동창들이 그의 작품을 모아 유작전을 열어 주고자 했으나 그럴 만한 작품이 집에 없었습니다. 동창들의 그룹전에 미완성 작품을 포함한 몇 점을 추려서 출품해 그의 일주기를 기념했다고 했습니다.

윤건철의 죽음에 대해서 이 글을 쓰면서 나는 그의 작품을 한 점이라도 찾아 내려고 틈틈이 인터넷으로 사방을 뒤지기 시작했습니다. 마침내 윤건철의 이야기를 끝내는 날 우연히 대한 매일 통합검색엔진에 들어가서 윤건철의 유작 한 점을 찾아내는 기쁨을 얻었습니다. 그것은 국방부가 보관하고 있는 전쟁기록화였습니다. 아마도 미국에 갈 여비를 마련하기 위해 그린 것으로 보입니다. 그 작품은 1985년에 그린 〈충남 서산 간첩선 격침〉 장면이었습니다. 국립 홍보원 국방 화보에 실려 있는 이 작품은 다음 인터넷 주소에 실려 있었습니다.

http://www.dapis.go.kr/pictorial/mac/s51_1.html
(위의 인터넷 주소에 다시 가보니 지금은 연결이 끊겨 있습니다.)

또 한편의 기록화는 사진으로는 떠오르지 않고 국방부 자료실 기록으로만 알 수 있는 1984년에 제작한 〈통영상륙작전〉인데 '이 호국화를 윤건철 화백이 당시의 처절한 백병전을 생생하게 묘사했다.'라는 주를 달고 있습니다.

나의 마음의 친구이며 동료 화가였고, 어쩌면 또 하나의 나였을지도 모르는 윤건철을 '나의 그림 이야기'에 남기면서 그의 명복을 빕니다.

PART 1 | 07

김부연 작가의 작고를 슬퍼하며

사랑하는 취화 김부연 작가가 2년여 동안 암과의 투병생활을 하다 2013년 4월20일 작고한 소식을 듣는다. 너무나 슬프다. 하늘나라 영원한 동심의 세계로 올라가신 그의 명복을 빌며 귀국 전 파리에서 제작한 마지막 작품 몇 점을 영전에 올린다. 이 작품들은 귀국 후 2008년 첫 개인전을 열어 선보였고 나는 이 작품들에 대하여 다음과 같은 글을 서문으로 써서 보냈다.

영원히 어린이로 남고 싶은 김부연의 그림, 〈화실에서 들리는 아이들의 노래〉.

김부연을 처음 만난 때는 2004년 봄이었다. 그리고 그가 귀국할 때까지 4년 동안 그와 나는 창작에 대해 많은 의견을 주고받았다.

처음 내가 본 김부연의 작품은 샤임 수틴(1893-1943) 풍의 인물화 2점이었다. 리투아니아에서 파리에 도착한 수틴은 루브르 박물관에 가서 렘브란트와 고야 그리고 꾸르베를 보고 자기의 재능에 한계가 있다고 느껴 긴 고민 끝에 결심한다. 따라갈 수 없는 고전을 동경하느니 타고난 대로의 무능함을 재주로 펼치자 하여 자기만의 독특한 경지를 이룬 행운아였다.

하지만 수틴이 자기의 무능함을 어찌할 수 없어서 강력하고도 격한 감정으로 번민에 찼던 환상가였다면, 김부연의 인물화 두 편은 전혀 다른 느낌이었다. 비록 수틴의 화풍이 엿보였지만, 그의 인물화는 본연의 분위기가 대단히 밝고 색채가 순수했으며 선은 간결하고 주제의 생략과 과장됨이 교묘히 어울리며 유머러스하게 정리되어 있었다.

김부연의 또 다른 단면은 아뜰리에를 방문해서였는데 그것은 쟝 뒤뷔페(1901-1985)의 원시적인 낙서와 같이 어지럽게 흐트러진 흔적들이 있는 작업이었다. 미술학교 과정을 우등생으로 마친 뒤뷔페는 학교에서 배운 유식한 지식을 바탕으로 파리 화단에 당당하게 데뷔했다. 하지만 그는 다른 작가들과 비슷하기만 한 자기 작품을 증오하여 결국 작가의 길을 완전히 포기한다.

그가 다시 창작의 길로 되돌아 온 것은 10년 후의 일이다. 새로운 결심으로 뒤뷔페는 묘사에 익숙한 오른손 대신 왼손으로 일부러 서투른 그림을 그리기 시작한다. 낙서하듯 아무렇게나 칠하고 바르고 그은 어지러운 흔적에서 창작의 열쇠를 찾으려 했던 그는 미술의 근원을 캔버스 맨 밑바닥에서부터 추구해 나갔다. 일부러 어설프게 장난쳐 논 듯한 느낌을 매우 강조하게 된 뒤뷔페의 작업은 어린이들 그림과 흡사해 있었다.

어느 짓궂은 미술기자가 당신이 그리는 그림과 아이들이 그리는 그림이 무엇이 다르냐는 질문을 피카소(1881-1973)에게 던졌을 때 그는 조금도 망설임 없이 응수했다. "아이들의 그림은 어렸을 때만 그릴 수 있는 그림이지만 나의 그림은 의도적으로 평생 그리는 그림이다. 한때의 제한된 정신연령에서만 그리게 되는 그림은 예술이라고 볼 수 없다"고.

파리에 도착한 김부연은 누구에게나 어려운 도착 첫 시기에 거리의 초상화가로 노트르담 성당 부근을 배회하며 수많은 관광객들의 이름 없는 얼굴을 그려주는 경험을 남몰래 쌓았다. 그렇게 시간을 쪼개 쓰면서도 그는 10여년 파리 체류기간을 통틀어 작품제작을 게을리 하지 않았으며 한편으론 〈회화의 공간-유희의 공간〉이란 논문으로 파리 8대학에서 박사학위를 받았다. 그리고 영원한 동심의 세계에 머물며 그림을 그리겠다며 귀국길에 올랐다.

첫 귀국전 출품작들은 대부분 프랑스 체류 마지막 시간에 제작한 작품들이었다. 훈훈한 보금자리 집, 짙은 지붕과 창문, 집을 이고 있는 아이, 지붕 위의 닭, 벼슬 단 수탉의 뜀박질, 머리 위에 올라앉은 병아리, 언제나 정면에서 본 듯 그려진 눈, 눈부신 해, 정렬된 가로수, 색색 집들의 배치, 둥근 얼굴, 꽃과 웃는 계집아이의 입술선…

그의 그림에 등장하는 주제들은 김부연의 예술세계에 영향을 준 격렬한 수틴과 원시적인 뒤뷔페 그 두 작가의 세계가 결코 비관할 줄 모르는 낙천적이고 유연한 김부연의 예술적 기질과 완벽하게 융합된 결과물들이었다. 이 세상 태초의 아동화처럼, 그의 그림에는 인간이 순수한 마음에서 미술에 접근할 때 만나는 천진난만함이 가득히 빛나고 있다.

취화와 마지막 이메일 편지 교환

2012-10-04 (목) 08:29:44
선생님, 취화입니다.

선생님, 건강하신지요.

오랜 기간 연락을 못 드렸는데 지금 드리는 소식이 슬픈 일이어서 마음이 아픕니다.
저는 그 동안 투병생활을 해왔습니다만, 며칠 전에 더 이상 병원치료가 불가해졌습니다.

병원에서 마지막 준비를 하라는 말을 듣고 남은 시간을 어떻게 보낼까 고민하다가 산중에서 집사람과 함께 지내기로 하고 홍천의 산마을에서 지내고 있습니다. 지금은 잠시 서울에 와서 이 글을 쓰고 있습니다.
파리에서 선생님을 만나 행복했습니다.
덕분에 그림에 눈을 뜨게 되었습니다.
꽃을 피우지 못하고 가는 것이 너무나 안타깝고 슬픕니다.

선생님,
드릴 말씀은 너무 많은데 생각이 잘 나질 않습니다.
부디 건강하시길 기원합니다.
저도 살기 위해 끝까지 노력하겠습니다. 세상엔 기적이란 것도 있으니까요.
그 동안 감사했습니다.

제 화업의 유일한 스승님께,
취화 올림

· ·

취화에게

마지막 말 같아서 너무 슬프네.
마지막 말이 아닐 것일세.
그 동안 투병에 너무 지쳐서 잠시 던진 말로 나는 믿겠네.
가더라도 나보다 훨씬 나중이어야 하네.
꼭 다시 일어서서 파리에 와 나를 만나야 하는 것 아닌가.

얼마나 통증이 크고 많을지...

슬픔에 쌓인 오레곤 산중에서
파화*

---

* 나의 화명은 파화로, 형제화가로 여기자고 김 작가에게 취화라는 화명으로 불렸다.

PART 1 | 08

Mon ami, 베르나르 앙토니오즈

　특히, 한국 미술가들에게 깊은 애정을 쏟았던 베르나르 앙토니오즈의 10주기를 맞아 미술가들의 복지문제와 창작활동을 돕고자 한 그의 지대한 공헌과 업적을 여기에 적으며 그를 추모한다.

앙드레 말로와 베르나르 앙토니오즈

　앙드레 말로(1901-1976)와 베르나르 앙토니오즈(1921-1994)가 콤비가 된 프랑스 문화성은 미술사에서 프랑스가 보금자리 역할을 하고도 인상주의 화풍을 인정치 못하고 오히려 푸대접한 끝에 미국인들이 먼저 인정해서 작품들을 수집해 간 사실에 대해 통탄했다.

　내가 뒤늦게 파리미술학교에 다닐 때인 1970년대까지도 미술학교 학생들은 비행기를 전세 내서라도 뉴욕이나 시카고 혹은 센트 루이스에 가서 인상주의 화파의 진수를 보고 와야 한다고 프랑스를 향해서 조롱해 댔다. 프랑스가 푸대접하는 동안 현대미술을 예고한 인상주의 화파들의 작품 80-90%가 헐값으로 대서양을 건너서 미국인 수집가들 손에 들어갔다. 프랑스 인상주의운동 이후의 새로운 경향의 모험적인 미술이 알게 모르게 이렇게 미국으로 건너가는 역사가 쌓였기 때문일 것이다.

위대한 프랑스를 부르짖은 샤를르 드골 대통령은 제5공화국 정부를 세우자마자 정부 부처에 처음으로 문화성을 창설했다. 그리고 ≪인간의 조건≫, ≪희망≫ 같은 소설을 써서 당대 최고의 지성인 중의 한 사람이 된 앙드레 말로를 문화성 장관에 임명하고 1959년부터 1969년까지 10년간 프랑스의 위대함을 되찾으려는 새로운 문화정책을 펼치기 위해 안간힘을 썼다.

드골 대통령은 죽을 때 유언을 남겨, 무슨 일이 있더라도 자기를 프랑스 위인들이 묻히는 판테온에는 절대로 넣지 말아 달라고 부탁했고, 그런 유서를 남기지 않은 앙드레 말로는 그의 사후 20년이 된 1996년에 판테온에 들어감으로써 공식적으로 프랑스 위인 중의 한 사람이 됐다. 판테온에 입성하기까지 그의 사후 20년을 기다렸던 이유는, 생전에 조국을 위해서 아무리 많은 공헌을 이룩한 위인이라 할지라도 판테온으로 시신을 옮기는 데는 조국에 대한 한 치의 불명예스러운 점이 20년이 흐르는 동안 그에게서 전혀 나타나지 말아야 한다는 엄격한 심사원칙 때문이었다. 조국에 대해, 시(詩) 구절에서처럼 '하늘을 우러러 한 점의 부끄러움'이 없어야 한다는 원칙인 것이다.

앙드레 말로는 장관에 임명되자 같이 일해 줄 사람으로 레지스탕스 운동 때의 동지였고 이제는 드골 대통령의 조카사위가 된 베르나르 앙토니오즈를 문화성에 불러들였다. 베르나르 앙토니오즈는 1921년 스위스에 인접한 프랑스 사부아 지방의 대대로 조각을 하는 집안에서 태어났다. 학창 시절의 앙토니오즈는 리용 대학에서 2년간 수학한 시절을 제외하고는 모든 학교 교육을 제네바에서 받았다.

새파랗게 젊은 청년 베르나르는 독일 점령 초기부터 프랑스 독립을 위한 프랑스 특유의 명예로운 레지스탕스 운동에 적극적으로 가담했다. 정의감에 불타서 물불을 가리지 않는 청년 베르나르는 특히 많은 유대인 어린이들을 프랑스에서 스위스로 탈출시키는 위험한 일을 도맡아 해냈으며, 독일 정부의 무작정한 검열로 인해서 소멸될 염려가 있다고 생각되는 여러 중요한 도서들을 수집해서 안전한 장소로 옮겨 온전하게 보관되도록 하는 숨은 공로도 쌓았다.

그런 위험한 일을 하면서도 혈기가 또 남아서, 한편으로는 독일군의 검열을 피해 비밀 책자를 인쇄하고 출판해 낼 방안을 강구해 냈다. 앙토니오즈는 자기의 은사이고 현직 교수인 작가 알베르 베겡에게 편집주간을 부탁해서 ≪론강의 수첩(Cahiers du Rhone)≫이라는 비밀 정기간행물을 그의 레지스탕스 동지 두 명과 함께 제네바에서 창간하는 데 성공했다. 이 비밀 책자, ≪론강의 수첩≫은 프랑스 내에 은밀히 배포되었고 그래서 독일지배하에서 핍박받는 프랑스인들의 자유 사상이 조금이라도 숨통이 트이는 도피처로서의 역할을 하게 했다. 론강의 수첩 원고들을 구해 올 책임을 또 자청한 앙토니오즈는 루이 아라공과 폴 엘뤼아르의 시 그리고 철학자 자크 마르텡이 넘겨주는 귀중한 기고문들을 받기 위해 국경을 수시로 넘나들며 프랑스로 잠입해 들어갔다. 독일 패망 후, 스물다섯 살의 젊은 청년 베르나르는 레지스탕스 운동 때부터 사귄 용감한 동지인 동갑내기 즈느비에브(1920-2002)*와 1946년에 결혼했다. 즈느비에브는 샤를르 드골 장군의 질녀였다.

드골이 창설한 문화성에서 1959년에 다시 만난 두 사람은 문화란 모든 인류,

---

* 즈느비에브는 레지스탕스 운동과 사회운동가로서의 공로로 2016년 프랑스 위인들의 무덤인 판테온에 들어갔다. 이 원글은 2004년에 작성함.

모든 인간에게 봉사하는 것이어야 한다는 문화에 대한 생각에 둘은 완전히 일치했다. 문화를 누릴 수 있는 계층이 따로 있는 것이 아니고, 누구나 문화를 누려야 한다는 문화에 대한 위대한 정의를 각자 오래도록 생각해 왔다는 데 대해서 두 사람은 놀랐다.

또한 문화에 대한 생각에 이렇게 일치된 두 사람은 국가는 예술가들이 창작에만 전념할 수 있도록 해 주어야 한다는 임무를 가지고, 예술가들에게 해 줄 수 있는 모든 봉사를 다 해 주어야 함은 물론이고 그들을 적극적으로 옹호해야 한다는 철저한 신념을 가진 관료들이었다. 두 관료는 자기들의 조국, 프랑스의 위대함은 문화에 있었던 것이고 문화는 예술가들의 노고에 의해서 남겨지는 작품인 만큼, 자기들과 동시대에, 지금 같이 숨 쉬고 있는 살아있는 예술가들의 창작을 돕는 것은 프랑스 미래의 위대함을 미리 확보해 놓는 것이라고 확신했다.

학창 시절 건축가가 되기를 원했던 앙토니오즈는 먼저 문화성 건축 담당 부서에서 근무를 시작했다. 그는 그때, 스위스 태생 르코르뷔지에가 최초로 현대 건축물로서 설계한 기념비적인 작품인 〈빌라 사부아〉를 프랑스 문화재로 지정 받도록 하는 데 성공했다.

한편, 앙드레 말로는 일반 서민이 접근하기를 꺼리는 권위적인 미술관보다는 문화 보급과 문화 혜택을 대중에게 넓히려는 목적으로 그르노블에 세계 최초의 형식인 다목적 문화원을 세우면서 지방 곳곳에 그런 '문화원'을 연속해서 더 세울 계획을 했다. 그러나 이 '문화원의 모델'은 말로가 창안해 낸 것은 아니었다. 20세기 초에 인상주의 화가들의 작품을 대대적으로 수집해 간 반스 박사가 세운 필라델피아 근교 반스 재단의 운영방침을 훌륭하게 모방한 '문화센터'였다.

말로 장관은 건축부서에서 일하고 있는 앙토니오즈를 조형예술 창작지원 임무를 맡을 예술창작국장에 임명했다. 그때부터 앙토니오즈의 활동영역은 매우 다양해졌다. 평생을 통해 그래픽 예술에 각별한 관심을 두었던 앙토니오즈는 문화성에 들어오기 전, 유명한 스위스 스키라 화집출판사에서 일하면서 이미 마티스, 브라크, 미로, 칼더, 마송, 샤갈, 쟈코메티, 발튀스, 보텡과 같은 당대의 많은 예술가와 교류가 있었다.

앙토니오즈 국장은 곧 미술가들에게 배급할 아뜰리에를 신축하는 일과 외국 예술가들이 잠시 파리에 머물면서도 작품을 제작하고 연주 생활을 할 수 있는 국제예술인 촌을 만드는 일에 착수했다. 그는 또한 예술인들의 집이라는 뜻인 '메종 데 아티스트(Maison des Artistes)'를 창설해서 고용주 없는 자유직종인 예술가들을 위한 사회보장제도를 따로 만들어 예술가들의 복지 문제를 해결하는 일에 착수했다. 이 제도의 빠른 확보는 예술가들이 안정된 직업인으로 활동하도록 하는데 기여할 중요한 사안이었다.

앙토니오즈 국장은 일정한 수입이 없어서 항상 불안한 미술가들의 위태위태한 생계를 조금이라도 재정적으로 보충해 줄 수가 없을까 해서 백방으로 노력했다. 지금도 여전히 그렇거니와 극히 일부 행운의 예술가들을 제외한 예술가들의 99%라고 하는 수십만 명에 달하는 예술가들은 고용인들의 최저임금보장제도로 최저보수를 받는 청소부나 우편배달부들의 수입보다 적거나 거의 없다시피 한 것이다.

수입이 없어 쩔쩔매는 예술가들에게 부업을 주기 위한 방편으로, 앙토니오즈 국장은 장인들과 기능공들만이 전통적으로 전담해서 일하고 있는 세브르와 같은 유명한 국립 도자기 공장과 고블렝, 보베 그리고 사본느리와 같은 국립 타피스리 제작소에 미술가들을 참여시켜서 그들의 창작품도 그곳에서 만들 수 있도록 길을 열어 놓았다.

또한 정부가 역사에 남겨질 대규모적인 작품을 미술가들에게 주문하기 위해서 세계적 명성의 마크 샤갈에게 의뢰해서는 파리 오페라 객석 천장화를 그리게 했으며, 앙드레 마송에게는 오데옹 극장의 천장화를 의뢰했다. 그뿐만 아니라 앙토니오즈는 예술작품의 소비를 촉진하기 위해서 공공건물을 신축할 때에는 건물 건축비의 1%를 반드시 예술창작품 제작에 사용토록 의무화하는 유명한 '1%법'을 제정했다. 그것은 신축하는 기차역 대합실이나 공항 건물 대합실 혹은 관청건물의 현관의 벽 혹은 외벽을 장식하는 것같이, 옮겨질 수 없는 붙박이 벽화이거나 광장에 고정해 놓는 조각품을 말하는 것이었다.

이 유명한 1%법은 우리나라에서도 1980년대에 도입해 가서 쓰는 법으로서 프랑스가 법의 적용에서 부작용을 최소화 하기 위해 공공건물만을 대상으로 실행한 반면, 우리나라는 공공건물이 아닌 일반 대형건물에 적용하고, 붙박이가 아닌 유동적일 수 있는 예술작품에도 적용하면서 1%법 운영의 묘를 적당히 찾지 못하고 악용되는 사례로 인해 문제가 많이 일어난다는 바로 그 1%법이다.

미술가들이 데뷔할 때 첫 작품발표회를 열기가 매우 어렵다는 사정을 잘 아는 앙토니오즈 국장은 데뷔작가의 첫 개인전에 드는 비용을 부담해서 보조금을 지불해 주자는 기금을 창설했을 정도로 미술가들의 모든 문제점에서 자상했다. 더욱이 자상했던 점은 프랑스 작가이거나 외국 작가이거나를 불문하고 누구나 첫 전시회에 보조금을 지불받게 그 규정을 만든 것이다.

이처럼 예술가들의 지명도와 국적을 전혀 차별하지 않고 프랑스에서 활동하는 세계 구석구석에서 온 모든 예술가에게 적용된 평등한 원칙은 문화성에서 매년 일정량 사들이는 작가들의 예술작품을 구입하는 데서도 똑같이 적용됐다. 퐁피두 현대미술관이 탄생하기 전까지 앙토니오즈는 매년 5월 말 자기의 집무실이 있는 파리 8구 베리에 거리 메종 데 아티스트의 전시장과 정원에서 현존작가 전시회를 대대적으로 개최했다. 이 현존작가 전시회는 작가들의 왕성한 창작 의욕이 표출된 동시대 미술가들에 의한 살아 숨 쉬는 진정한 축제의 장이었다. 이러한 왕성한 예술창작의 움직임은 점차 국립현대미술센터(CNAC)로 구성 발전됐으며 1977년 현대미술관 퐁피두 센터가 탄생하게 되는 직접적인 발판이었다.

앙토니오즈는 1994년 72세로 작고하기까지 프랑스 전국에 22개의 현대미술지원기금망(FRAC)을 개설했으며 수많은 문화재단을 창설시키고 발전시키는 꾸준한 노력을 아끼지 않았다. 베르나르 앙토니오즈는 존경과 우정으로 맺어진 예술가들과의 특별한 유대를 언제나 중요시하였고 오로지 작가들의 창작활동을 돕고자 하는 의지로 그의 일생 전부를 살았다.

만남

내가 베르나르 앙토니오즈를 만난 것은 파리에 도착한 지 2년 후였다. 그러니까 1971년 여름에 파리에 도착한 나는 1973년 여름에 앙토니오즈를 만났고 그 3년 후 1976년 여름에는 처음으로 그의 시골집에 초대를 받았다. 베르나르 앙토니오즈는 파리 13구에 있는 고블렝 타피스리 공장 입구에 있는 공무원 관사에서 살고 있었다. 앙토니오즈는 언젠가 은퇴하면 전원생활을 하리라는 막연한 생각에서 그와는 아무 인연이 없는 고장인 외르강 계곡에 있는 비에이으 에스트레라는 마을에 조그만 집 한 채를 사두고 있었다.

시골집은 파리에서 서쪽 길 국도 12번 도로로 80킬로미터쯤 가서 있었는데 거기서부터 조금 더 가면 노르망디 지방이 곧 시작된다. 아들 셋에 딸 하나를 둔 젊은 부부 베르나르와 즈느비에브는 그 어린 아이들을 주말이면 데리고 가서 놀게 했는데 아이들이 커지자 시골집에 잘 따라다니지 않았다. 18살이 되기도 전부터 부모를 잘 따라다니지 않는 프랑스 청소년들의 습관으로도 그러했겠지만, 시골집에 잘 안 가려는 것은 편한 시설이 전혀 없어서 지내기에 불편하기 짝이 없기 때문이었다. 그러나 편안한 시설로 집치장을 해 놓았다면 시골집답지 않았을 것이다.

 현대식 시설이라고 할 수 있는 것은 소리가 요란한 구식 전화기 한 대와 200리터짜리 전기온수기가 목욕실 벽에 덩그렇게 걸려 있을 뿐이었다. 그 나머지는 모든 게 구식 물건이어서 제대로 기능을 발휘하지 못하는 가구들과 기본적으로 있어야 할 취사도구 만이 간단히 있었다. 그나마 전화와 더운 물은 그 집 안 식구가 쓴다기 보다는 집을 내내 비워 두다시피 하는 주말용 시골집이니 그 집을 봐주고 채소밭을 가꿔 주길 부탁받은 길 건너편 영감 네 식구가 주로 쓰는 것 같았다. 앙토니오즈는 한번은 씩 웃으면서 전화를 쓰고 더운물 목욕을 마음껏 하기 위해서라도 영감이 자주 들리기 때문에 이 집을 잘 돌보아 주는 것이라고 말했었다.

 앙토니오즈 부부는 불편하고 초라한 그 시골집을 너무나 사랑하여서 시골집이 아무도 없는 빈집으로 혼자 쓸쓸히 있다는 사실에 대해서 늘 걱정하곤 했다. 난방시설이 충분치 않아서 겨울철에는 집을 비워 놓을 수밖에 없었다. 그러나 여름철엔 자기들이 바빠서 갈 수 없을 때는 가까운 친구를 찾아내서 며칠이라도 여름을 지내고 오라고 집을 빌려줬다. 그러한 친절한 제안을 받는 친구들은 아무런 인척이 프랑스에 있지 않은 외로운 외국인 미술가들이었다. 집 열쇠는 영감네에 가서 찾으면 되고 떠날 때는 도로 가져다 주면 되었다.

 베르나르가 나를 시골집에 처음 데려갔을 때, 밖으로부터 사다리를 걸쳐 놓고 단층집으로 된 본채의 지붕 밑으로 들어가 지붕 밑 삼각형으로 물매 진 넓은 공간을 나에게 보여 주었다. 밖에서 보기와는 다르게 기왓장을 이고 있는 서까래와 대들보가 튼튼하게 높이 솟아 있었다. 베르나르는 지붕 밑 삼각형 공간을 지붕 밑 방으로 근사하게 여러 개 만들면 여러 친구의 가족들이 와서 자고 갈 수 있으니 얼마나 좋겠냐는 희망과 포부를 말했다. 집을 산 이후부터 베르나르는 나말고도 여러 사람에게 그런 계획을 벌써 피력했겠지만, 그는 끝끝내 꿈의 지붕 아래 방을 만들지 못했다.

일자 집으로 된 본채의 맨 왼쪽 끝의 문을 열면 부엌이고, 부엌 다음에 좁은 복도와 복도에 면해 있는 부부 침실, 그 다음이 벽난로가 있는 살롱이자 식당, 그 다음이 여러 아이가 잘 수 있게 여기저기 놓인 침대가 있는 아이들 방이었다. 그 다음은 한사람이 잘 수 있는 간이침대가 옆으로 놓여있는 두 번째 문이 있는 현관이 있었고, 맨 끝에는 조그만 방 하나와 목욕실이 벽을 사이에 두고 양쪽에 있었다. 길가로 면한 정원을 본채와 ㄱ자로 꺾고 있는 별채는 농가의 헛간인데 거기에 손님방이 한 칸 딸려 있었고 손님방 위층에 방 하나를 나중에 더 들였다.

샤를르 드골 장군 집안은 검소하기로 프랑스에서 소문이 자자했지만 즈느비에브도 얼마나 검소한 생활을 하는 여인인지, 언제나 만지면 부서질 것 같은 낡은 천으로 된 옷을 입고 있었다. 드골이 대통령직을 사직하고 엘리제궁을 떠날 때 낡고 낡은 안락의자 한 개가 이삿짐의 전부였다는 것은 너무나 유명한 전설 같은 이야기다. 검소하기는 베르나르도 마찬가지였다. 그는 늘 식전에 위스키 한잔을 아페리티프로 마시기를 좋아했는데 언제나 레드 라벨 위스키였다. 그는 안락의자에 마지못해 앉아야 할 때는 등을 절대로 뒤에 기대는 법 없이, 마치 앉기 싫은 의자에 앉은 것처럼 언제나 미끄러져 떨어질 것 같은 자세로 의자의 맨 끝에 앉았다. 한번은 가슴에 구멍이 나 있는 스웨터를 입고 있어서 담배도 안 피우는데 웬 구멍을 냈느냐고 물었더니, 손가락을 넣어 보이며 새로 산 셔츠의 상표가 유난히 눈에 띄어서 다 뜯어내었는데 그만 구멍이 났다는 것이다. 그런가 하면 베르나르는 시골집이거나 파리 관사에서 거나 식탁에서 마시는 포도주는 그야말로 막 포도주로 불리는 뱅 드 따블 만을 주로 마셨다. 그는 식당에 가서도 포도주에 대한 사치를 절대로 하는 법이 없었다. 베르나르는 순전한 프랑스인이면서도 한편으로 동양 사람의 기질을 많이 가지고 있는 사람이었다.

한번은 비에이으 에스트레 정원에서의 식사 후, 별들이 총총한 어느 여름날 밤, 베르나르는 갑자기 자기는 전생에 꼬레엥(한국인)이었을지도 모른다고 나에게 말했다. 그리고 잠시 침묵이 흐른 후 자기가 한국을 좋아하게 된 이유를 간단히 이렇게 말했다. 일본에 갔을 때 일본의 옛 문화는 모두 꼬레(한국)으로부터 전해진 것을 알게 됐는데, 그 후에 한국에 가서 보니 정말 일본에 전해준 문화가 한국에 많은 것을 알게 되었고 그때부터 한국이 매우 좋아졌다고 했다. 또 그는 한국인을 친구로 삼고 싶었던 이유를 이렇게 말했다. 서울에 갔을 때 프랑스에서 체류하고 왔다는 한국 사람에게 묻곤 했는데 프랑스에서 친구를 사귀고 돌아온 사람이 놀랍도록 아무도 없어서 그때부터 자기가 한국 사람의 친구가 되어 주기로 마음을 먹었다는 것이다.

미술대학 후배이기도 한 마드모아젤 원미랑이 벵센느 공원에 있는 파크 프로랄 전시장에서 파리 대학의 졸업과 관련된 개인 전람회를 한다는 연락을 해 와서 그의 전시회를 보러 갔다가 나는 처음으로 앙토니오즈씨와 인사를 나누었다. 나는 옛날에 경기고등학교 원흥균 교장 선생의 딸이자 미술대학을 지망하는 고등학생이었던 원미랑에게 몇 번에 걸쳐 데생 레슨을 해 준 적이 있었다. 나중에 알게 됐지만 그녀는 유학 생활 내내 앙토니오즈씨의 관사에 거처했고 그의 박사학위 논문은 비에이으 에스트레 시골집에서 썼다고 들었다. 앙토니오즈씨 부부는 양녀와 다름없는 마드모아젤 원의 잠깐의 데생 선생이었고 젊은 화가라는데 관심을 느껴서인지 내가 어디서 그림을 그리는지 어디서 사는지에 대해 일일이 묻고 문화성에서 배정하는 아뜰리에를 신청하는 절차에 대해서 알고 있는지에 대해서도 물었다. 앙토니오즈씨에 대해서는 나보다 약간 뒤늦게 프랑스 국비 장학생으로 파리에 도착하여 아르데코와 낭테르 건축과에 다니는 나의 후배들인 성완경과 정기용에게서 문화성에서 중요한 역할을 하는 고급관리라고는 간접적으로 듣고 알고 있었다. 그런 문화성의 중요한 고위관리와 인사를 직접 나누고 알게 된 것이다.

도움

1971년 8월 29일 일요일, 오를리 공항에 떨어진 나는 대학가 까르띠에 라땡, 뤼 데제꼴에 있는 어느 조그만 호텔에서 첫날밤을 잤다. 그 다음의 이틀 밤은 파리 남쪽에 있는 국제 대학기숙사촌, 시테 앵테르나시오날 유니베르시테에 있는 튀니지관에서 잤다. 기숙사촌 각 나라 관에서는 기숙사생들이 여름방학 동안 기숙사를 비움으로 인해 생기는 빈방을 일반 여행객들에게 빌려주고 있었다.

집 얻기가 수월치 않았는데, 마침 한 학생 부부가 얻어 놓고 후회한다는 스튜디오가 있다기에 가서 보고 그만한 집도 얻기 힘들다는 생각이 들어 그 집을 그냥 인계받았다. 스튜디오는 영어로는 아뜰리에를 의미하지만, 불어로는 방이 하나만 있는 아파트를 말한다. 스튜디오는 세느 강 서쪽 좌 안에 면한 파리 15區 119번지 뤼 드라베그루에 있는 낡은 4층집의 마지막 층에 있었고, 집세는 미화 100불에 해당하는 500프랑이었다. 나는 거기서 6개월가량 살았다. 거처가 이렇게 빨리 확정되자 서울에서 한 달 치 수강료를 미리 낸 아카데미 그랑드 쇼미에르에 가서 등록하고 곧바로 그림을 그리기 시작했다. 나의 집에서 가까운 메트로 역은 꽁방시옹 역이었다. 거기서 시내 쪽으로 다섯 정거장을 가면 몽파르나스 역이고 거기서 한 번만 갈아타면 아카데미가 있는 바벵역이나 미술학교가 있는 생제르맹 데프레 역에 갈 수 있었다.

나는 서울에서 받은 아카데미 그랑드 쇼미에르의 수강증을 근거로 비정규 유학생자격을 얻어 어렵게 출국 수속을 밟았다. 비정규 유학생이라는 것은 정규 유학생 자격시험을 치르지 않고 출국하여 정식학교가 아닌 한 기관에서 길어야 6개월 정도 연구(공부)를 하고 귀국하는 유학생을 말했다. 그때는 관광여행을 위한 여권은 전혀 없었다. 프랑스로 유학을 떠나려면 프랑스 정부의 국비 장학생으로 선발되는 길이 있었는데 선발시험에 통과되려면 불어를 능통하게 잘

해야 했는데 나에겐 그런 실력이 없었다. 내 여권의 유효기간은 6개월이었지만 프랑스에 도착한 그 순간부터 나는 이곳에서 화가로 인정받기 전에는 결코 한국에 돌아가지 않겠다고 결심했다. 나는 아카데미에 한 달 동안 다니면서 곧 있을 파리국립미술학교 입학시험에 응시하기 위한 '도시에'를 준비했다. 도시에란 미술학교에 다닐 자질을 가졌다는 것을 시험관에게 보여주기 위해 준비한 데생이나 에스키스 또는 채색을 사용한 작품 등으로 만든 작품집을 말했다. 입학시험은 면접이 전부였다. 수험생은 준비해 간 도시에를 시험관에게 보여주고 미술학교에 왜 다니려 하느냐는 물음에 답하는 것이었다.

면접시험에 통과했다고 다 된 것은 아니다. 입학 후에도 도시에를 들고 자기에게 맞는 실기 지도교수를 찾아다니면서 작품을 보여주고 교수가 자기 아뜰리에의 학생으로 받아 준다는 허락을 얻어야 그 교수의 지도아래 그림을 그릴 수 있는 아뜰리에가 정해지는 것이다. 파리미술학교는 연령 제한이 있어서 만 26살까지만 받아 주었기 때문에 나는 군 복무 때문에 늦어졌다는 핑계를 대야만 했다. 그리고 정식으로 미술가로서 데뷔해서 활동해 왔다는 사실도 숨겨야 했다. 잘못하면 미술학교에 다닐 필요가 없다는 판정을 받을 수 있기 때문이었다. 입학은 했지만, 재학생의 연령 제한이 만 31살까지였기 때문에 나는 겨우 1년 동안만 정식 학생으로 다녔고 그 후 3년은 청강생 자격으로 다녔다. 그러나 청강생이라 하더라도 '디플롬'이라고 부르는 학위를 딸 자격이 없을 뿐이지 학교생활은 정식학생과 똑같이 누릴 수 있었다. 열일곱 열여덟 살짜리 어린 학생들과 같이 다니느라 좀 창피했지만, 늦깎이로나마 파리미술학교 생활을 이해하고 경험한 것은 내 일생에서 큰 행운이 아닐 수 없었다.

프랑스에 와서 새삼스럽게 다시 미술학교 학생이 되려는 뜻은 이 기회에 나를 제로로 돌려놓고 새 출발해 보자는 각오 때문이었다. 나만이 아니라, 미술의 본고장 파리에 도착한 젊은 예술가들 모두가 그런 각오를 하는 것 같았다. 학생의 천국이라고 할 수 있는 프랑스에서 외국인이 학생 신분을 가지면 프랑스 정부가 학생들에게 베풀고 있는 많은 혜택을 동등하게 누릴 수 있으며 프랑스 체류 허가를 연장받는데도 별문제가 없었다. 나는 아카데미에서 그림 그리기를 시작할 때 데생 공부부터 다시 시작하기로 결심했다. 그래서 미술대학 졸업반 시절 미심쩍게 시작한 추상화 세계를 집어치우고 다시 구상화를 공부하기 위해 이브 브레이어의 아뜰리에를 선택했다. 나는 아카데미에서 온종일을 보내면서 2층에 있는 이브 브레이어 아뜰리에에서 유화로 누드를 그렸다. 아래층 현관 옆 노련한 모델이 포즈를 취하는 데생교실에서는 시간이 끝날 때까지 크로키와 데생을 했다. 주말에는 길거리에 나가 이젤을 세워놓고 파리풍경을 그리고 또 그렸다. 그러면서도 쉴 새 없이 미술관을 방문하고 전시회를 보러 다니느라 바쁘게 지냈고, 시간과 계절은 정신 없이 빠르게 바뀌었다.

　파리의 첫 겨울을 보내고 1972년 봄, 나는 몽파르나스와 가까운 56번지 불바르 파스퇴르에 방이 두 개 있는 망사르드로 집을 옮겼다. 대로에 면해 있는 그 집은 석재로 짓고 장식한 7층 집이었다. 맨 꼭대기 층 망사르드에 미국 신문기자가 살다가 내놓는 방 두 개의 아파트였는데 그 기자와 친분이 있던 심재훈 기자가 그 집을 인계받아, 나와 함께 방 하나씩을 나누어 쓰자고 제안한 것이다. 두 달만 살다가 귀국할 예정인 심재훈 기자가 떠나면 그의 방을 아뜰리에로 쓸 수 있었기 때문에 700프랑이나 되는 집세가 좀 부담스러웠지만 일할 수 있는 방이 생긴다는 기대에 가슴이 부풀었다.

　그때는 벌써 역사와 전통을 자랑하는 파리의 여러 살롱들이 쇠퇴하고 명성과 권위가 많이 퇴색해 있었다. 그러나 나는 아카데미에 다닐 때 살롱 도똔느에 풍경화를 출품해서 입선했고 파리미술학교에 입학한 후에는 르 살롱에 인물화를 출품해서 특선에 입상했다. 그리고 살롱 데 앙데팡당에도 연달아 작품을 출품했다.

　나는 그동안 작품 제작을 게을리하지 않았다는 자부심과 자신감을 가지고 프랑스 정부가 작가들에게 배정한다는 아뜰리에를 얻기 위해 서류를 갖추어 신청했다. 아뜰리에를 신청하려면 먼저 예술가를 위한 사회보장제도에 가입해야 하기 때문에 메종데 아티스트에 등록을 하고 정식으로 직업 화가라는 증명을 받고 세무서에 직업화가로서의 세무신고를 마쳐야 했다. 아뜰리에를 배정받는 것이 지금은 더욱 어려워졌지만 그때도 쉽지 않았으며, 운도 따라야 했다.

당시 프랑스 문화성은 아뜰리에를 신축하는 서민 아파트에 붙여 짓고 있었다. 예술가와 서민들을 한 환경 속에서 살게 함으로써 삭막할 아파트단지에 예술가적 분위기를 입히려는 정책적 배려에서 였을 것이다. 아뜰리에를 신청해 놓았는데, 가을이 되자 내가 사는 파리15구 구청 주택담당 직원이 나의 망사르드 집을 찾아와 방의 크기와 천장의 높이 등을 줄자로 세밀히 재어 보고 갔다. 아마도 화가가 현재 일하고 있는 장소가 일할 만한 장소인지를 점검하기 위해서였을 것이다. 주택담당 직원이 나의 열악한 환경을 점검하고 갔지만, 해를 넘기도록 아뜰리에 배정에 대한 어떠한 답도 받지 못했다. 나는 답답한 나머지 원미랑의 전시장에서 인사를 나누었을 때 나에게 관심을 보였던 앙토니오즈씨에게 용기를 내어 전화를 걸었다. 수화기 저편에서 앙토니오즈 국장의 목소리가 나오자 나는 인사도 변변히 건네지 못한 채 어물어물하면서 혹시 내가 신청한 아뜰리에에 대해서 답을 줄 수가 있느냐고 지금 생각해도 참으로 어정쩡한 질문을 던졌다.

앙토니오즈 국장은 의외라는 듯이 조그맣고 빠른 음성으로 여기는 그런 답을 주는 곳이 아니라면서 매정하게 수화기를 내려놓았다. 나는 그 순간 매우 당황했고 당돌하게 그의 사무실로 전화를 건 것을 후회했다. 그 후회의 순간은 목마르게 고대하던 아뜰리에 배정에 대한 꿈을 완전히 포기하는 순간이기도 했다. 아뜰리에다운 아뜰리에가 없다고 그림을 못 그리는 것은 아니라고 스스로 다짐하면서… 그런데 기적적으로 그로부터 달포쯤 후 파리 서민 아파트 사무국에서 나에게 배정해 줄 아뜰리에 주소를 알려 주면서 가서 보고 입주할지를 속히 정하라는 통지서가 날아왔다. 포기한 꿈이 되살아났을 때의 기쁨이 얼마나 큰 것인지 아는 사람은 알 것이다. 나는 곧 모든 절차를 밟고 그 아뜰리에에 입주했다. 내 일생에서 가장 큰 행운 중의 하나를 만난 것이다.

내게 배정된 아뜰리에는 파리 15구 뤼 드라미랄루생 서민 아파트 단지에 있었다. 아파트 각 동의 옥탑층에 2층으로 천정을 높게 하여 아뜰리에를 만들었는데 이 아파트 단지에는 모두 24개의 화가 아뜰리에가 있다. 그리고 10개의 조각가 아뜰리에가 지상에 별채로 마련돼 있다. 올해로 꼭 30년간 나는 여기서 살면서 일해 왔다. 그때 아뜰리에를 배정받지 못했더라면 아마도 나는 프랑스를 떠났을지도 모른다. 화가가 일할 장소인 아뜰리에를 얻는 행운을 만났는데도 그림 그리기가 너무 힘들다면서 프랑스를 떠나겠다고 짐을 쌌다면 그것은 더욱더 말도 안 되는 일이다. 한번은 아뜰리에 천정 평면유리창이 비만 오면 물이 새서 일을 못 하겠으니 수리를 빨리해 달라고 늑장만 일삼는 관리사무소에 불만을 강하게 토한 적이 있었다. 그때 거기서는 나에게 당신은 반 고흐가 살던 데를 가 보았느냐 화가는 아뜰리에가 문제가 아니라 작품이 문제라고 오히려 면박을 주던 일도 있었다.

프랑스 문화성이 배정한 아뜰리에에서 일할 수 있는 행운을 나에게 안겨 준 고마운 사람이 베르나르 앙토니오즈씨가 아닐 것이라고 말할 수는 없을 것이다. 나는 파스퇴르 집에서 화구를 옮겨놓자마자 곧 앙토니오즈씨에게 장문의 편지를 썼다. 아마도 그 편지엔 이러쿵저러쿵하면서 잘 못 쓰는 프랑스어로 횡설수설했었을 텐데 나의 고마운 마음을 그에게 전한 구구절절함은 다른 내용은 아니었을 테고, 물고기가 이제 물을 만났노라고 썼을 것이다.

10년 전 프랑스혁명 기념일인 1994년 7월 14일, 정오 무렵 시골집의 전화가 울렸다. 정원에 있던 나는 이상한 예감을 느끼며 집 안으로 들어가 수화기를 들었을 때 전화를 건 사람은 뜻밖에도 즈느비에브 앙토니오즈 임을 알았다. 즈느비에브는 매우 침착한 목소리로 오늘 아침에 베르나르가 운명했다고 알리고 있었다. 나는 나의 귀를 의심했다. 아무런 건강 문제가 없었던 베르나르가 갑자기 죽다니 믿을 수가 없었다. 베르나르는 은퇴해서 심심하게 지내고 있었지만, 건강이 나쁜 것은 아니었다. 나는 당시 시골에 있는 아뜰리에에서 일하고 있었기 때문에 오랫동안 베르나르를 만나지 못하고 있었다.

나는 곧 뤽상부르그 공원 뒤쪽에 인접해 있는 집으로 달려가 애도의 뜻을 표하기 위해 서둘렀다. 그날은 여름 바캉스 철이고 더구나 국경일인 휴일이어서 늘 차량이 많던 파리로 올라가는 국도 20번 도로는 한산했다. 한 시간가량 운전하면서 베르나르를 만난 날부터 지금까지 베르나르에 대한 많은 생각이 겹치고 겹쳤다. 파리의 길거리도 매우 한산했다. 수직으로 내리쬐는 따가운 햇볕은 쭉 늘어선 가로수의 그림자를 땅에 진하게 드리웠다. 간간이 걷는 사람들의 그림자도 거의 없는 것 같았다. 그날은 주차하기에 항상 어려웠던 뤽상부르그 공원 주변 가로수 길에도 차 세울 자리가 많았다. 파리 6구 불바르 생미셀에서 가지 친 길 오귀스트 콩트에 있는 석조로 짓고 외관을 조각한 아파트의 육중한 나무 문을 열고 세 사람밖에 타지 못하는 좁은 엘리베이터를 타고 맨 꼭대기 층에서 내렸다. 오래간만에 방문한다는 것이 조문이 될 줄은 몰랐다. 엘리베이터를 내려서 한 층을 더 층층 계로 올라가야 했다. 아파트의 층층은 모두 바캉스를 떠나서인지, 죽은 듯 고요해서 내 발자국 소리만 요란했다.

나는 조심스럽게 벨을 눌렀다. 아파트 문을 열어준 사람은 이자벨이었다. 집에는 딸 이자벨과 즈느비에브 밖에 없었고, 아들들 셋은 보이지 않았다. 이자벨이 안내한 살롱에서 나에게 별일 없었느냐고 물으며 뺨을 서로 대는 인사를 마친 즈느비에브는 곧바로 베르나르가 누워 있는 방으로 나를 데리고 갔다. 그 방의 침대 위에 베르나르는 반듯이 누워 있었다. 베르나르는 그가 즐겨 입던 황금색 낡은 평상복을 입고 그가 좋아하던 짙은 고동색 낡은 넥타이를 매고 있었고 반짝이는 검은 구두를 신고 있었다. 베르나르는 잠시 눈을 감고 쉬고 있는 것만 같았다. 베르나르의 모습은 너무나 편안해 보이며 행복해 보였다. 나는 너무나 기가 막혀 무슨 말을 해야 할지 몰라 그냥 그를 내려다보기만 했다.

　내가 아무 말을 못 하고 있을 때, 즈느비에브는 평상시처럼 베르나르의 손등을 쓰다듬으면서 "먼저 가 있으세요. 내가 곧 따라갈 테니, 나를 기다리면서. 알았지요?"하고 살아 있는 베르나르에게 말하는 것처럼 조용히 혼잣말했다. 즈느비에브는 삶과 죽음 사이를 마치 의미 없는 경계인 양, 그래서 영혼들의 같은 세계인 양 여기는 듯했다. 나는 즈느비에브가 나중에 자기가 죽으면 베르나르를 만난다고 말하는 것이 하나도 이상해 보이지 않았다. 즈느비에브와 베르나르는 독실한 가톨릭 신자였다. 즈느비에브의 신앙생활은 깊고 깊어서 어떤 때는 거의 성녀와 같이 보이기도 했다. 즈느비에브는 아무에게도 자기가 가톨릭 신자라는 것을 드러내지 않았고 가톨릭을 믿으라고 남에게 전파하는 적도 물론 없었다. 그 사이 베르나르는 잠에서 깨어나 눈을 꼭 뜰 것만 같았다.

　베르나르는 문화성에서 은퇴는 했지만 자기가 쓰던 사무실을 동료들이 그대로 비워 두고는 언제든지 오라고 했다며 그래서 가끔 사무실에 놀러 간다고 나에게 자랑삼아 말한 적이 있는데 그렇게 말한 때가 엊그제 같았다. 오랫동안 살고 정든 고블렝 관사를 베르나르의 은퇴로 떠나야 했을 때 파리에 살 집이 없었던 베르나르는 뤽상브르그 공원이 좋다며 이 조그만 아파트를 마련해서 이사했다.

　외관을 모양 좋게 잘 지은 파리의 전형적인 아파트였지만, 베르나르의 새로운 아파트는 꼭대기의 망사르드를 넓혀서 만든 것이었다. 어떤 멋쟁이 파리지엥들은 이런 아파트가 운치 있게 보인다고 하여 일부러 찾아 살지 모르지만, 노부부인 베르나르와 주느비에브에게는 퍽이나 쓸쓸한 거처일 수밖에 없었다. 노인들에겐 불편한 맨 위층에 있기도 하려니와 아파트엔 시원히 밖을 내다볼 수 있는 창문다운 창문이 한군데밖에 없었고 다른 창문들은 어떻게 된 것인지 눈

높이보다 다 높게 달려서 그들 조그만 창문으로는 하늘만 멀거니 보일 뿐이었다. 내가 처음 그 아파트를 방문했을 때 베르나르는 여기가 높긴 높아서 파리 시내의 전망이 꽤 좋다면서 창문 밑에 놓인 높은 발판을 가리키며 발판에 올라 밖을 내다보라고 권유했다. 발판에 올라서서 밖을 보니 아닌 게 아니라 창문을 통하여 화려한 뤽상부르그 공원의 일부가 내려다보였고 딴 창문을 통해서는 판테온의 돔이 바로 앞으로 보였다. 그리고 수많은 파리의 지붕 밑 방들의 지붕과 창문이 한눈에 들어 왔다.

나는 발판에 올라서서 왠지, 쓸데없는 측은한 생각에 잠시 잠겼었다. 일생 청빈한 관료 생활과 즈느비에브의 검소한 생활에도 결국 천정이 네모지게 높고 창문이 의젓한 수많은 파리의 그럴듯한 아파트 중의 하나를 차지해서 여생을 보낼 수 없다 하는 생각이 들었다. 은퇴하면 전원에 내려가 산다고 마련했던 비에이으 에스트레의 시골집은 그동안 수리를 전혀 하지 않았기 때문에 집이 너무 낡아서이기도 했지만 아직은 파리에서 할 일이 남아 있다고 생각한 부부는 그쪽으로 당장 이사하지 않았다.

베르나르를 만나면 언제나 재밌는 에피소드를 한편씩 해 주곤 했었다.

언젠가 한 번은, 어느 전람회의 베르니사주(개막식)에 갔다가 거기에 손님으로 와 있던 두 여인에게 납치를 당해 어디론가 끌려갔던 얘기를 했다. 안면이 전혀 없는 어느 중년의 두 여인은 베르나르를 보자 꼭 할 얘기가 있다면서 느닷없이 차에 태워 브와 드 블론뉴 숲길을 지나 어디인지 알 수 없는 집으로 납치하듯 데려갔다. 생면부지의 여인들이 베르나르를 부리나케 데려간 곳은 어느 화가의 아뜰리에였는데 거기엔 마룻바닥부터 사방 둘레 벽까지 그림들이 아무렇게나 순서 없이 꽉 차서 진열돼 있었다. 베르나르를 아뜰리에에 들여놓자마자 여인들은 이구동성으로 이 화가는 자기들의 오빠이고 남편인데 병으로 일찍 죽었지만, 화가로서의 평생의 소원이 자기의 작품이 미술관에 걸리기를 죽도록 바랬다고 했다. 베르니사주에 참석해 있는 모든 사람이 당신을 보고 우리 화가의 소원을 성취해 줄 능력이 있는 분이라고 말해서 실례를 무릅쓰고 이곳까지 모셔 온 것이니 용서해 주십시오 하면서 두 여인은 눈물을 흘리기 시작했다. 베르나르는 여기까지만 얘기하고 웃기만 했다. 그래서 다음이 어떻게 됐냐고 다그쳐 물어도 베르나르는 그날 저녁 끝끝내 웃기만 했다. 베르나르가 어떤 좋은 대답을 그 여인들에게 주어서 달랬는지는 알 수 없지만, 그날 밤의 두 여인에게서 큰 감동을 한 것은 분명해 보였다.

또 한번은, 아브뉴 마티뇽에 있는 한 화랑에서 요란하게 열린 세계적인 명성을 가지고 있는 화가 베르나르 뷔페(1928-1999)의 전시회에 갔다가 오는 길이라면서 꽤 언짢은 표정을 지었다. 무슨 일이 있었느냐고 물으니, 그 유명한 뷔페가 개인전을 열고 진열한 유화 작품들은 모두 견본으로 내놓은 작품이어서 어떤 사람이 그림을 사겠다고 하면 작품을 주문받아 언제까지 똑같이 그려 준다는 전람회였다는 것이다. 더구나 똑같은 그림을 여러 번 주문 받으면 빨간 딱지 위에다 주문받은 숫자를 적어 놓고 있으니 그것이 어찌 좋은 화가가 할 짓이냐고 분개한 것이다.

베르나르의 장례식은 가족들만이 모여서 치르고 조문객들을 위한 장례미사는 바캉스가 끝난 9월 첫 일요일에 인근 성당에서 갖겠다고 했다. 집안에 상을 당해도 프랑스 사람들의 바캉스에 대한 관념은 이렇게 철저해서 휴가를 떠난 사람들을 방해하지 않으려 했다.

빈곤 퇴치 운동을 위한 사회구호 단체인 '제4세계'의 총재직을 맡아 계속 봉사활동에 전념했던 즈느비에브 드골-앙토니오즈도 3년 전에 마침내 돌아가셨다. 오늘, 베르나르 앙토니오즈의 10주기를 맞이하여 즈느비에브와 다시 만나 고인의 명복을 길이길이 빌어 본다.

훈장

나는 베르나르의 갑작스러운 죽음을 우리 한국대사관 측에 알리는 게 좋겠다는 생각이 들었다. 한국과 프랑스 두 나라 사이, 그가 살아있는 동안 양국 간의 미술 교류에 특별히 이바지한 공로자로서 우리나라 정부가 1980년도 중반, 앙토니오즈에게 주불대사관을 통하여 문화훈장을 수여했기 때문에 그의 죽음을 대사관 측에서 알면 반드시 조의를 표할 것이다. 그리고 앙토니오즈의 공로를 조문객을 보내서 한국 정부가 잊지 않고 조의를 표하면 한 불 양국 간 미술문화 교류에 관심이 있을 문화계 인사들에게도 좋은 인상을 심어 줄 것이다.

프랑스에 체재하며 활동하는 한국 미술가들에게 관심을 쏟으면서 한국의 현대미술에 대한 이해가 일찍이 깊어진 베르나르는 1970년 초부터 한국의 현대미술을 유치해 파리의 여러 전시장에서 전시하기 시작했다. 첫 번째 전시는 파리 시청 부근, 프랑스를 거쳐 가는 세계 각국 예술가들에게 단기간 작업실을 제공하고 있는 시테 엥떼르나쇼날르 데자르의 본관 지하전시실에서 약소하게 열렸다. 그런 다음엔 샹제리제에 면해있는 특별기획 전시장소로 유명한 그랑 팔레에서 크게 열었고, 그 후엔 퐁피두 국립현대미술관이 생기기 전까지 프랑스 현존작가들의 작품을 주로 소개하던 메종 데아띠스트 전시장에서 개최해서 한국 작가들의 작품을 프랑스 화단에 단계적으로 소개했다.

그러는 한편, 서울에서도 프랑스 측 작가들의 작품전시회를 개최함으로써 두 나라 작가들의 작품교류전을 적극적으로 자주 주선해 나갔다. 그뿐만 아니라, 1980년대에 와서는 프랑스 명화전이 서울에서 개최되도록 했으며 해외 전시회에 잘 빌려주지 않는 미예가 그린 세계적인 작품 〈앙젤뤼스(만종)〉도 서울에 가져다 전시하여 한국의 애호가들을 기쁘게 했다. 프랑스 명화와 미예의 만종 같은 서양화가 한국에서 전시된 것은 처음 있었던 일로 우리나라 사람들이 국내에 앉아서 서양화 원작들을 직접 감상하는 시대가 비로소 열린 것이다. 한국 미술가를 적극적으로 돕겠다는 생각에 있던 앙토니오즈는 프랑스에서 활동하는 한국 미술가들에게도 프랑스 문화성이 배정하는 미술가 작업실인 아뜰리에를 제공했고 한국 미술가들의 작품이 프랑스 정부와 미술관에 소장되도록 했다.

그런 연유로 해서 한국에 대한 지대한 공로를 인정한 우리나라 정부가 그에게 문화훈장을 수여하였으므로 우리나라 대사관 측에서 조문을 하러 가는 것은 당연할 것이었다. 즈느비에브에게 애도의 뜻을 표하고 집으로 돌아온 나는 내가 잘 아는 파리 한국문화원장에게 알리려고 전화를 걸었다. 최근에 새로 부임한 문화원장은 당시의 파리 한국대사관 외교관 중에서 앙토니오즈의 문화성 시절에 쌓은 드높은 업적과 한국 미술가들을 도운 공로 등에 대하여 잘 기억할 수 있는 유일한 관료였다.

문화원장은 1970년대부터 주불 한국대사관에 공보관으로 두 번이나 근무를 한데다가, 이번 프랑스로의 부임이 세 번째이며 더구나 이번엔 문화원장으로 부임해왔기 때문에 그에게 알리는 것이 좋을 성싶었다. 나는 문화원장에게 오늘 아침, 앙토니오즈가 갑자기 사망한 소식을 전하면서 지금 여름 휴가철이라서 장례식은 따로 없이 가족들끼리만 모여서 조용히 치른다고 한다. 그러나 장례식 대신 조문객들이 참석할 수 있도록 하기 위한 추도미사를 9월 첫 일요일에 성당에서 올린다고 하니 그때 대사관 측이 조문을 위해서 참석한다면 좋을 것이라고 전했다. 조 원장은 대사관에 출근하는 데로 주불 한국대사와 조문하는 문제에 대해 의논하겠노라 했다.

1994년 7월 14일에 앙토니오즈가 사망했다는 부음을 알리는 부고장을 겸하여 고인을 위한 추도미사를 9월 첫 일요일, 생자크 뒤오빠 성당에서 올린다는 내용의 초청장이 집에 도착 됐다. 한국대사관에서도 한국문화원에서도 그 초청장을 우편으로 받았을 것이다. 베르나르 집에서 가까운 생자크 뒤오빠 성당은 고불렝 관사로부터 이사해 온 후부터 노부부가 늘 다니던 성당이었다.

미망인 즈느비에브는 미셸, 프랑수아 마리, 필립 세 아들과 막내 딸 이자벨과 함께 성당 제단 앞 맨 앞자리에 앉았고, 그 옆으로 베르나르의 동기(同氣)간들이 앉았다. 베르나르는 베르나르가 늘 자랑한 외교관 생활을 은퇴한 형 피에르와 누나 마리, 여동생 라파엘을 동기간으로 두었다. 그 외의 가족들, 친지들, 친분이 두텁던 미술가들 그리고 문화성의 관리들, 베리에 옛 사무실 동료들 그리고 드골파 정치인들이 성당에 만장한 가운데 고인의 명복을 비는 미사는 조용히 진행됐다. 그랬지만 어찌 된 일인지 프로토콜을 매우 따지기 좋아하는 우리나라 대사관 측 외교관은 아무도 참석을 안 했을뿐더러 문화원장조차도 나타나지 않았다. 한국 화가들도 몇 작가만이 참석했을 뿐이어서 내 마음은 그날 그지 없이 허전했다. 조용히 미사가 끝나자 조문객들은 서두름 없이 미망인에게 심심한 조의를 표했고 방명록에 애도의 글을 남기면서 성당을 떠났다.

파리 한국문화원에 갓 부임한 문화원 조 원장과 나는 파리에서 1971년 가을쯤에 처음 만났지만, 중고등학교 선후배 관계로 해서 점차 서로 잘 아는 사이로 발전했다. 문화원에 부임한 조 원장은 딱히 의논할 일이 없어도 툭하면 나에게 전화를 걸었다. 나는 그때 파리에서 일하지 않고 시골 화실에서 일할 때여서 파리에 올라가서 그를 만날 기회는 거의 없었다. 이 얘기 저 얘기를 전화로 C 원장과 몇 번 한끝에 언젠가 한 번은, 문화원 개원 이후 이제까지의 문화원 행사를 열람해보았다며 오래된 재불화가 중에서 유독 오 화백만이 문화원에서 개인전을 하지 않은 화가라면서 개인전을 한번 열지 않겠느냐는 제안을 했다. 그 제안은 다름이 아니고 자기가 문화원장으로 있는 동안에 개인전을 문화원에서 개최해 보는 게 좋지 않겠느냐는 일종의, 내게 주는 특별한 선심 같은 것으로 보였다. 그러나 내가 우리 문화원에서 개인전을 한 번도 열지 않은 작가인 것은 사실이지만 개인전을 문화원에서 갖고 싶지 않은 점이 있기 때문에 하지 않는다는 것을 문화원장이 잘 모르는 것 같았다. 파리문화원은 1980년에 개원됐는데, 우리나라가 파리에 다른 나라의 문화원이 별로 없을 때 한국문화원을 과감히 설립한 것은 잘 한 일이었다. 그러나 개원 초, 어느 작가의 개인전을 열어 주었을 때, 문화원이 작가에게 도움을 줄 만한 일을 전혀 하지 않는다는 불평을 작가가 했고 그 불평이 급기야 소란스럽게 됐었다. 그것은 문화원이 작가의 전시를 성공시키기 위해서 어떻게 도와야 할 운영방침이 확고하지 못했던 것과 설사 운영방침이 확고했더라도 그것을 뒷받침할 만한 충분한 예산을 정부로부터 받고 있지 못하기 때문이기도 했을 것이다.

전화 속의 조 원장은 새로 취임해 온 문화원장으로서 파리에서 오랫동안 활동하고 있는 화가 중에서 작가를 선정하여 전시회를 열어 보고 싶으면서 나를 지목하니 우선 고마웠다. 그러나 나는 내 전시회보다도 이왕이면 아주 의미 있는 전시회를 문화원에서 한번 개최해 보는 것이 더 좋겠다고 하면서 그의 제안을 슬며시 거절했다. 조 원장은 나의 뜻에 의아해하면서 의미있는 전람회가 무엇이냐고 조심스럽게 물었다. 의미 있는 전시회란 앙토니오즈에게 은혜를 입은 재불 한국 작가들의 작품전시회로 작년에 작고한 ≪베르나르 앙토니오즈에게 경의를 표하는 전시회≫를 문화원이 만드는 것이라고 대답했다. 앙토니오즈의 추도미사에 한국 대사관 측에서 참석하지 않은 것을 보면 그분에 대한 관심이 없어진 것이 아닌가라고 여겨지지만, 앙토니오즈와 친분을 두텁게 했고 도움을 받은 재불 한국 작가들의 작품전을 문화원이 개최하고 앙토니오즈에게 경의를 표한다면 그 전시회가 아주 의미 있는 전시회가 될 것이라고 덧붙여 말했다.

거기까지 듣던 조 원장은 펄쩍 뛰면서 우리 문화원에 무슨 예산이 있어서 그런 전시회를 할 수 있겠느냐고 전화를 딱 끊어버렸다. 예산이 애초부터 그렇게 없다니 명색만 있는 한국문화원인 셈인데 다시 말하면 예산이 들지 않는 전시회만을 골라서 해보자는 심산인 모양이어서 더 이상 이야기를 계속해 볼 필요가 없기도 했었다. 그렇게 예산을 안 들이고 할 수 있는 전시회만을 찾는다면 아까 나에게 생색을 내면서 나의 개인전을 해보지 않겠느냐는 제안은 무엇이었을까를 생각하니 갑자기 입안이 씁쓸해졌다.

예산이 없다고 짜증스럽게 말하던 조 원장은 무슨 마음에서 인지 그 후에도 전화를 또 해서는 다음 시즌 전시회 계획 일정표를 지금 작성 중인데 문화원에서 개인전을 정말 열지 않겠느냐고 물었고 나는 그때마다 내 전시회는 하고 싶지 않으니 앙토니오즈 추모전을 공들여서 한번 열어보라고 다그치듯 말했고 조 원장은 그 말을 매번 듣는 둥 마는 둥 했다.

앙토니오즈가 돌아가신 지 3년째이고 조 원장이 부임해 온 지도 3년째가 된 1997년 1월 중순쯤, 조 원장의 전화 소리로 여겨지는 전화가 또다시 요란히 울렸다. 그 전화는 앙토니오즈에게 경의를 표하는 추모전람회를 금년 가을에 열겠다고 하면서 그 준비와 진행을 위해 도와 달라고 단도직입적으로 요청하는 전화였다. 나는 앙토니오즈가 돌아간 후부터 그를 생각해야 할 재불 한국 미술가들이 앙토니오즈에게 경의를 표하는 전람회를 언제가 되던지 꼭 한번 열어보겠다고 마음먹고 있었기 때문에 귀가 번쩍했다.

다음 날 아침, 나는 문화원에 가서 문화원장과 마주 앉아 전시회를 의논하기 위해 파리로 향했다. 나를 자기 사무실에 맞아들인 조 원장은 금년 말이면 마지막 임기를 채우고 떠나게 될 것인데 떠나기 전에, 그 의미 있는 전시회를 하고 싶은데 어떻게 추진하면 좋겠냐고 물었다. 내가 "앙토니오즈에게 경의를 표하는 추모전을 개최하기 위한 준비에 모든 협조를 적극적으로 하겠는데 먼저 한 가지 들어줘야 할 조그만 조건이 있다. 그 조건을 문화원장이 받아 줬으면 좋겠다"고 말했다.

문화원장은 정색하면서 조건은 또 무슨 조건 하면서 그 조건을 듣고자 했다. 나는 파리로 조 원장을 만나러 차를 운전하면서, 오늘 의논할 때 덧붙여 말해 보리라고 작정한 것이 있었다.

궁리

　문화원 원장실로 안내받은 나는 차를 운전해 오면서 작정했던, 어떻게 하면 파리에 와 있는 젊은 작가들을 내 나름대로 도울 수 있을까에 대한 생각을 다음과 같이 정리해서 마주 앉은 조 원장에게 말하기 시작했다. 청년작가에게 관심이 끌리도록 하기 위해서는 조 원장을 집요하게 설득하는 방법을 모색해야만 했었다.

　한국문화원에서 개최하는 일 년 중 여러 행사 중에서 제일 중요한 전시회가 있다면 내 개인적 생각일지 모르지만, 그것은 재불 청년작가협회가 개최하는 협회 그룹전 일 것이다. 그러나 프랑스에 체류하는 일련의 청년작가들이 모인 협회가 매년 하는 작품발표회라고는 하지만, 친목적인 뜻만 띈 연례행사로 여기기 쉬워서 누구도 관심 있게 주목해서 보는 전시회가 못 되는 것이 매우 안타까운 일이었다. 그렇지만 다행히 파리에 한국문화원이 있는 관계로 전시장을 이용하도록 후원 받을 수 있어서 그런대로 그 협회전 연륜도 꽤 돼서 올해로 13년째 전시가 되고 참여 작가들 수도 해마다 늘어난 것을 볼 수 있다. 청년 작가들이라고 하지만 모두 30세 전후의 앞날이 창창한 작가들이지 않은가? 또 한국에서 거의 모두가 대학 과정을 밟고 도착했기 때문에 작가로서의 출발이 파리에서 늦어졌을 뿐이지 이미 어느 정도의 예술적 경지를 스스로 개척한 작가들이 그 중에는 있을 것이다. 누구나 청운에 뜻을 두고 그리운 고국을 떠났을 것이니… 예나 지금이나 홀로서기를 해야 할 작가들은 그들 나름대로 독창적 진로를 스스로 개척해야 하고 무슨 어려움을 겪더라도 창작을 계속해 나아가야 하겠지만 프랑스의 모든 사정에 익숙지 못해 적응에 힘든 청년작가들을 누군가가 그들의 좋은 작품을 보고 칭찬을 해서 자극과 용기를 북돋아 주어야 한다고 생각한다.

　그런 모든 점은 내가 파리에 도착한 때, 청년으로서의 어려웠던 시절을 생각나게 해서이다. 칭찬과 용기를 주는 일은 먼저 이곳에 도착한 선배들의 역할일 것이다. 내가 도착했을 때를 돌이켜 보면 매우 오랫동안 그것이 아주 필요했고 절실한 갈망이기도 했다. 그러나 먼저 도착한 선배이건 나중에 도착한 후배이건 양쪽이 다 같이 같은 길을 가는 동료적인 입장일 것으로 보면, 서로가 모두 치열한 경쟁자 관계일 수밖에 없어서 남의 좋은 작품을 보고도 노코멘트로 모른 척하여야 하고, 동시에 어떻게든 빨리 뛰어갈 요령을 배워서 한시바삐 남보다 먼저 인정된 작가로 입신출세해 보고자 할 것이 당연한 사실임을 누구도 부정 못 할 것이다. 어느 먼저 온 선배가 자기 갈 길도 까마득하여 아직도 멀고도 멀어서 조금도 느긋할 수가 없고 초조하다시피 한 작가 생활 중에서 언제, 젊은 이들의 작품전을 쫓아다니며 눈여겨 볼 시간과 여력이 있겠는가? 설사 시간과 여력이 있다 하여도 자기 혼자의 휴식을 취하는 시간을 갖는 것이 훨씬 낫지, 세대 차가 벌어질 데로 벌어졌다고 생각할 젊은이들에게 접근하여 간섭 같은 일을 하지 않으려고 할 것이다.

만약에 대선배격 작가가 전시회에 가 본다면 그것만으로도 후배에게 큰 생색을 내는 일로 생각할 수 있을 것이며, 반대로 아예 가보지 않고 무시해 버리려는 선배들도 그 중에는 있을 것이다. 그러나 한편, 전시회에 가서 후배의 인사를 꼬박꼬박 받기만 하고 열심히 일한 작품에 대해서는 일언반구도 없이 방명록에 이름만 남긴 뒤, 전시회장을 빠져나오는 방식만으로는 먼저 온 선배다운 구실을 했다고 여길 수 없다. 왜냐하면 프랑스 화단의 전시장 관람습관은 요란 법석할 정도로 작가와의 대화를 관람객이 원하기 때문이고, 작가는 대화를 통해 관람객의 반응을 간파해서 자기작품이 앞으로 가야 할 방향을 가늠하기도 하고 현재 진행 중인 작품에 대한 새로운 자신감을 얻기도 하기 때문이다.

무엇보다도 중요한 것은, 창작품이기 때문에 작가와 관람객 사이에서 일어나는 어색함을 대화를 통해 작가의 의도를 관람객이 파악하고 이해함으로서 작품과 친근하게 될 수 있기 때문이며 작가의 새로운 일이 세상 사람과 친근해진다는 것은 곧바로 작가의 성공을 뜻할 수 있기 때문이다. 그러므로 새로운 형식과 내용을 담은 진정한 창작품일수록 작가와 관람객 사이에서 열띤 토론을 더 많이 야기 시킬 것이기 때문에 작가 편에서도 그렇고 관람객 편에서도 작가와 똑같이 새로운 예술에 대한 관심이 높아지면서 더 먼 경지까지 갈망하게 되는 것이리라.

 그러나, 사실이지 우리나라 작가들 사이에서 침묵을 지키려는 관습은, 침묵하는 그들 선배로부터 내려 온 오래된 전통일지도 모르겠고 반대로 작품에 대해 함부로 이러쿵저러쿵 구체적으로 언급하는 것을 우리나라 작가들 사이에서는 대체로 매우 꺼리고 있는 것 같다. 꺼린다고 하는 것보다는 이론적으로 작품을 뜯어 볼 능력이 부족해서 일지도 모르고, 반대로 뜯어 볼 이론이 불필요하다는 철학이 작용하고 있을지도 모른다. 언급 없이 넘기려는 것이 오히려 말썽 없는 관계를 유지하려는 예의일지도 모르겠고, 동양인들 사이의 말 없는 가르침의 한 방법일지도 모른다. 그러나 여기는 프랑스 땅이지 않은가? 그런 예의와 관습을 신세대나 구세대나 똑같이 끝까지 지키려 한다면 프랑스에 온 모든 의미가 희미해진다.

 아무튼, 같은 길을 가는 동료로서 좋은 작품을 하는 후배 동료를 발견하면 관심을 주고, 작가 생활로 삶이 영위되는지도 걱정해주는 인정이 작가들 간에 필요할 것이며 인정이 있는 만큼 도울 방법이 조금이라도 있으면 서로 돕는 것이 우선 좋지 않을까 하는 생각을 많이 하게 된다. 그렇다고 내가 관심을 쏟고 어떤 도움을 줄 수 있는 그런 역량이 있는 선배작가라고는 결코 말할 수 없을지라도, 좋은 청년작가가 있다면 그의 작품활동에 적극적인 관심을 쏟아주어 작가의 앞날을 위해 뒷받침해 주는 일을 조금이라도 해 주고 싶은 강한 심정이 있었다.

 그렇기 때문에 드리고 싶은 말씀은, 금년 봄에 열리는 청년 작가전을 내가 비밀히 참관하고 나서 좋은 작품을 만들며 장래가 촉망된다고 생각되는 작가를 발견하여 그 청년작가를 추천한다면, 그 작가를 한국문화원이 초대해서 개인전을 개최해 줄 수 있는지에 관한 제안이었다.

이것이 추모전 개최에 대한 의논에 앞서 조 원장이 받아 주었으면 했던 나의 조건이라고 말했다. 그러나 그 청년작가가 누구에 의해서 추천됐는지에 대해서는 전시회가 열릴 때까지 공개하지 말아 달라고 요청했다. 조 원장은 나의 이러한 의외의 요청을 받자 한동안 생각에 잠겼다가 문득, 내 뜻이 정녕 그러하다면 추천해주는 청년작가의 초대전을 자기가 문화원을 떠나기 전에 반드시 열도록 하겠다고 시원스럽게 대답해 주었다. 내가 오래도록 생각해 온, 이 간단치 않은 제안을 조 원장이 받아 주자, 나는 고마운 마음이 생겼고 그래서 나의 오래 전부터의 숙원인 베르나르 앙토니오즈에게 경의를 표하는 추모전을 열기 위한 구체적인 의논을 그와 열렬히 전개하기 시작했다.

추모전 기획

나는 추모전 이름을 ≪Hommage au Bernard Anthonioz(베르나르 앙토니오즈에게 보내는 경의)≫로 짓고, 조 원장은 그해 가을 1997년 10월 7일부터 31일까지 추모전을 열기로 기간을 정했다. 그리고 전시회 개막식은 10월 7일 오후 6시로 정했다.

그러고 나니, 미망인인 마담 즈느비에브 앙토니오즈에게 재불한국작가들에 의한 추모전 개최 계획을 우선적으로 알리는 것이 순서로 보였다. 나와 문화원장의 만남이 있은 지 얼마 되지 않아, 앙토니오즈의 둘째 아들이고 화가인 프랑수아 마리의 개인전이 열려서 그 베르니사주(오프닝)에 참석한 나는 즈느비에브를 만나 인사하며, 지금껏 진행해온 일들, 앙토니오즈에게 경의를 표하기 위해 재불한국작가들에 의한 추모전과 그런 나의 제안을 받아준 문화원 등의 소식을 전해주었다. 베르나르가 한국을 제2의 조국처럼 사랑했다는 생각을 떠올리며 갑자기 감정이 사무친 즈느비에브는 한국 미술가들이 베르나르에게 경의를 표하는 전시회를 연다는 소식에 너무나 기쁜 나머지 내 손을 덥석 잡고 눈시울을 붉혔다.

그러지 않더라도, 베르나르를 사랑했던 친구들이 모여 '앙토니오즈의 친구들' 이라는 협회를 지금 구성하고 있는데, 협회가 창립되는 대로 앙토니오즈가 예술가들을 위해서 일한 공적을 기리기 위한 추모전시회를 열려는 계획을 세울 것이라면서, 그런데 그보다 한발 먼저 너희 나라에서 베르나르에게 경의를 표해주게 되었구나 말하며 매우 감격해 마지 않았다.

추모전 개최에 대한 동기와 의미를 한국문화원장이 직접 즈느비에브에게 전달함이 좋겠어서 함께 만나는 자리를 즉석에서 주선했다. 며칠 후, 조 원장은 즈느비에브와 만난 자리에서, 한국 작가들에 의한 추모전 개최에 대한 생각을 처음 해낸 사람은 나라고 하면서 나와 의논된 구체적인 전시회 일정을 즈느비에브에게 설명하자, 모든 것이 반가운 즈느비에브는 이왕이면 프랑스 작가들도 참여하도록 하면 어떻겠냐고, 앙토니오즈와 친분을 유지했던 프랑스 작가들도 추모전에 작품을 출품하도록 하자고 적극적으로 말했다. 즈느비에브는 말수는 극히 적지만 행동은 매우 적극적이어서 그녀가 관여하는 사회 봉사활동에서의 열렬한 활동가 여성임이 여실히 증명되는 순간으로 보였다.

조 원장은 한국 작가들뿐만 아니라 프랑스 작가들까지도 합세하여 한불작가에 의한 추모전이 된다면 한국문화원으로서는 매우 영광된 일이 되겠다면서, 그렇다면 추모전 개막식에 친한파 상원의원인 르네 모노리 현 상원의장을 모셔다가 전시회 개막식 테이프를 끊도록 하겠다고 어깨를 들썩이며 자신 있게 말했다. 명랑한 웃음을 띤 미망인은 르네 모노리 상원의장도 좋겠지만 프랑스 공화국의 대통령, 자크 시락 대통령이 개막식에 참석하여 개막 테이프를 끊는 것은 왜 안 되겠냐며, 자크 시락 대통령이 꼭 참석하도록 할 책임을 본인이 맡겠노라고, 문화원장에게 질세라, 단언해 대꾸했다. 즈느비에브는 앙토니오즈가 앙드레 말로를 도와 문화성에서 일한 많은 공적으로 보아 프랑스 공화국 대통령이 개막식에 참석 못 할 바가 전혀 없을 것으로 자신했다. 대통령이 앙토니오즈의 추모전에 참석한다는 것은 앙토니오즈가 구축한 한불문화교류의 긴밀한 관계를 양국 간에 더욱 돋보이게 할 것이라고, 매우 고맙게도 그렇게 간파하고 있었다.

앙토니오즈에게 도움을 받았던 한국 작가들만의 단순할 수도 있는 추모전에 프랑스 작가들이 대거 참여하게 된 데다가 프랑스 대통령까지 개막식에 임석해서 개막 테이프를 끊게 된다는 것을 눈앞에 당장 그려 본 조 원장의 흥분된 얼굴에선, 일시에 기쁨이 넘쳐흘렀다. 조 문화원장은 그의 임기가 끝나는 금년 말로 긴 공무원 생활에서 은퇴하게 되어있었다.

그런데 최근에 법령이 바뀌어, 다음 해부터는 은퇴한 공무원 신분을 갖고도 해외문화원의 원장직에 별정직 공무원 자격으로 부임 할 수 있게 됐다는 소식을 재빠르게 접한 조 원장은 새로운 법령의 혜택을 받아 파리 한국문화원장에 재부임해보고 싶다는 지나친 욕망을 나에게 은근히 내비친 적이 있었다. 앙토니오즈 미망인과 대화를 나누는 가운데, 즈느비에브의 조언에 따른 추모전의 규모가 점점 성대해지는 것에 흥분한 조 원장은 연달아 회심의 미소를 보였는데, 그 미소가 무엇을 뜻하는지를, 나만은 알 수 있었다.

왜냐하면 추모전 전체의 틀이 이렇게 확실히 보이게 잡히자 C 문화원장은 추모전 아이디어를 낸 장본인이 오 화백이었다는 사실을 외부에 알리기를 꺼리기 시작했고, 자기 혼자의 생각에서 비롯된 일인 것처럼 진행해 나가기 시작했다. 나는 문화원장이 그러거나 말거나 베르나르에 대한 나의 원대했던 목적이 성취됐다고 생각했기 때문에 조 원장의 그런 이기적 방침을 굳이 마음에 두고자 하지 않았다.

문화원장은 여름 바캉스가 끝나자, 유쾌한 표정을 읽을 듯한 명랑한 음성으로 좋은 소식이라며 나에게 전화를 걸었다. 그것은 자크 시락 프랑스 대통령이 참석하여 개막 테이프를 끊는 추모전 개최 일정을 문공부에 보고하면서 추모전 개최경비를 특별히 배당해 달라고 요청했는데, 그 요청한 특별예산을 충분히 지급받게 됐다는 소식이었다. 특별예산이 반드시 필요했던 것은, 모든 전 현직 문화원장들이 말끝마다 예산이 없어서라는, 얼마인지는 알 수 없으나 문화원의 쥐꼬리만 한 예산을 가지고는 규모가 점점 거창해진 추모전의 준비와 집행을 감당할 수가 없음은 누가 보더라도 명백했기 때문이었다.

프랑스 대통령 참석이 결정되자 프랑스 사복경찰들은 곧 문화원을 방문해서 대통령 경호 문제에 대해 의논하며, 추모전 개막일에 초대할 손님에 대한 명단을 검토해야겠다는 둥, 추모전 개막식 날 비가 내릴 것에 대비해서 대통령이 전시회를 참관하는 동안에 밖에서 기다리게 될 초대손님들이 잠시 대기하고 있을 대형 천막을 문화원 앞 샛길에 놓아야 한다는 둥 까다로운 대통령 경호 문제에 대해 잇달아 의논했다.

추모전

나는 추모전에 참여할 작가로 당시 재불한국작가들 중에서 베르나르 앙토니오즈와 친분을 유지한 작가 7인을 선정했고, 즈느비에브는 8인의 프랑스 작가를 선정했다. 즈느비에브의 프랑스 작가 중엔 화가와 조각가인 두 아들이 포함됐다. 문화원장은 나와 즈느비에브가 선택한 15인의 한불작가들에게 작고한 베르나르 앙토니오즈에게 경의를 표하는 추모전을 한국문화원이 개최하면서 작품을 출품하여 줄 것을 요청하는 서신을 발송했다. 서신을 받은 작가들은 작품출품 요청을 모두 기꺼이 받아들였다.

한국문화원은 파리 16구 아브뉴 디에나 2번지에 자리잡고 있다. 디에나 大路

는 에펠탑 건너편 왼편, 팔레 드 샤이오 宮이 끝나는 데서 시작해서 북북서로 향하여 에트왈 개선문 광장까지 약 2킬로미터쯤 굽으며 뻗은 아브뉘(대로) 길이다. 한국문화원의 지하철역, 이에나 역이 있는 플라스 디에나 광장에 면해서는 세계최대의 동양박물관 〈뮤제 기메〉가 있으며 광장을 좌우로 가로지르는 아브뉘 뒤 프레지당 윌슨 대로로는 국립현대미술관의 전신인 파리 시립현대미술관이 자리해 있다. 그리고 파리 시립 현대미술관의 한쪽 날개 건물을 차지하면서 2년 전에 문을 연 팔레 드 도쿄 宮은 일정 기간 동안 현존작가들의 실험적인 창작공간으로서 수십 개의 아뜰리에로 분할돼 꾸며져 있으며 입장객들에게 자기들의 작업 진행을 비밀 없이 공개하면서 입장객들과 토론을 벌이기도 하고 전시회를 즉석에서 열기도 한다. 1937년 파리만국박람회 회장으로 사용됐던 팔레 드샤이오 궁은 해양박물관, 인류박물관, 극장, 영사실 및 국립필름보관소 등 중요한 문화시설이 있는 기념비적인 건물이다.

세느 강 건너편 에펠탑 양옆엔, 프랑스 정부가 지금 한창 야심 차게 신축하고 있는 거대한 오세아니아 박물관이 머지않아 개관될 예정에 있고 민간재단이 운영하면서도 많은 행사를 활발히 열고 있는 일본문화원이 강변에서 그 위용을 자랑하고 있다. 이렇게 한국문화원 부근의 세느 강 좌안과 우안으로 펼쳐져 있는 괄목할 만한 미술관과 박물관을 비롯한 많은 문화시설로 이 지역은 파리에서 손꼽히는 문화 산책지역이다. 더구나, 트로카데로 광장에 면한 샤이오 궁의 너른 테라스 앞으로 탁 트인 시야를 통하여 에펠탑을 가까이에서 더욱 장관으로 바라볼 수 있는 특이한 곳이기 때문에 밤낮으로 몰려드는 에펠탑 찬양자들로 인해서 이 지역은 또 한 번 더 번잡한 곳이기도 하다.

그렇지만 샤이오 궁 왼쪽 날개 건물이 빤히 보이는 한국문화원 쪽으로는 어디에 이를 데 없이 늘 한적하기만 하다. 만약에 한국문화원에서 좋은 전시회를 자주 열고 파리시민의 관심을 끌 수 있는 좋은 행사를 간혹이라도 열 수 있다면 한국문화원 건물의 됨됨이를 차치하고라도 문화원의 현 위치는 결코 나쁘다고

만은 말할 수 없는 곳이다.

 1980년, 파리에 한국문화원을 개설 하고자 했을 때, 그 장소 물색을 맡았던 한국대사관의 공보관 장덕상 씨는 한국문화원 자리를 국립현대미술관이 갓 들어선 퐁피두센터 주변이면서 파리의 새로운 미술 문화지역으로 형성되기 시작한 보부르 구역에서 찾고자 했으나 그곳 부동산 시세가 이미 껑충 뛴 후여서 끝내는 그 지역에서 찾기를 포기하고 말았다고 했다. 그러므로 파리의 문화지역 중에서 골라야 했을 때, 그래도 그 중에서 차선책이라고 여겨진 뮈제 기메 동양박물관 근처로 정하게 됐다고 했다.

 그러나 문화지역에서 찾기는 했다지만 일반 주택용 아파트 속에 있는 1층과 지하층은 외관도 좀 그랬고 일국의 문화원으로서 그 문화행사를 제대로 해낼 수 있는 공간이기에는 매우 부적합하게 보인다. 그러나 별도리 없이, 그런대로 문화공간을 창조하기 위해서, 당시 젊은 건축가 신용학 씨에게 내부를 개조하도록 하는 설계를 맡겨, 지하층의 천장 일부를 털어내고 천장을 지상층 천장까지 높이면서, 전시실, 영사실, 강당, 도서실, 강습실 등등을 겸한 다목적인 문화공간 여럿을 구차스러울 정도로 억지로 구성해 도안했다. 다시 말하자면 문화원으로서는 중요할, 어엿하고 번듯한 전시회장, 독립된 강당이나 공연장, 독립된 영사실 등등의 알찬 공간이 한 군데도 없는 셈이었다.

 문화원 사정에 대한 이야기는 여기서 그만하기로 하고, 1997년 벽두부터 얘기를 시작한 추모전은 그해 봄과 여름을 넘기고 푸르렀던 마로니에 잎이 낙엽이 되어 한길에 뒹굴기 시작할 무렵 개막됐다. 그해 10월 7일은 화창한 가을날이었고 비도 오지 않았지만 문화원 앞 샛길, 인도와 차도를 막고 빈객 대기실로 세워진 거대한 천막은 한국문화원에서 오늘 큰 행사가 있음을 멀리서도 알아보게 했다.

개막 시간 오후 6시 전후로 오프닝에 초대된 손님들이 사방에서 꾸역꾸역 몰려들기 시작했다. 의장대를 대동한 자크 시락 대통령은 이시형 당시 주불 한국대사, 미망인 즈느비에브 앙토니오즈 여사, 조성장 문화원장과 함께 한불 15작가들이 ≪베르나르 앙토니오즈에게 경의≫를 표하는 추모전 개막 테이프를 끊었다. 그날 한국문화원엔 프랑스 문화성과 외무성의 고위 관계자, 그리고 문화예술계 인사들이 문전성시를 이루었다.

앙토니오즈의 대형 초상화가 걸린 전시장에 24점의 작품을 출품해서 진열한 한불 15명의 작가는 다음과 같았다.

흔적과 흔적의 리듬으로 대비시키며 내면의 세계를 풍경화로 옮긴 프랑수아 마리 앙토니오즈(1949년생), 모델의 성격을 추구한 두상(頭像)의 필립 앙토니오즈(1953년생), 깊은 하늘색과 잔잔한 바다색, 두 가지 청색을 병치시킨 명쾌한 화면분할의 주느비에브 아스(1923년생), 자연물감, 파스텔, 먹으로 작업한 까만 모래알들이 잔뜩 뿌려진 잿빛 공간의 방혜자(1937년생), 역행하는 시간의 상징적 표현인 듯 겹쳤거나 화면 가장자리에 끊긴 짙은 그림자의 개들이 아프리카 사막 땡볕 아래 어슬렁거림을 보인 쿠에코(1929년생), 대위법적 면 경계에 물감을 간혹 두껍게 문지른, 북아프리카 사막의 벌판에 햇살이 거침없이 멀리 퍼지는 신선한 아침의 올리비에 드브레(1920-1999), 성스러운 천지간의 빛이 색이 되어 분사된 서정적 추상, 한국인 최초의 성 도미니크회 수도사 신부 김인중(1940년생), 검정과 흰색의 잔잔한 흔적을 바둑판 무늬 위에 태어나게 한 김희경(1948년생), 아마천 원단 캔버스, 불투명하고 부동한 천자문(千字文), 금방이라도 굴러떨어질 것 같은 수정체 물방울, 이들 사이의 대조를 이루게 한 김창렬(1929년생), 별 들 간에 이룬 시적인 창공, 금성의 도시를 보인 이성자(1917년생), 엄격한 구조, 규칙적인 요철 속 색채와 리듬의 감각을 추구한 이자경(1943년생), 칸막이로 분열된 강한 색조의 대비, 스테인드 글라스와 칠보를 연상하게 하는 밤의 풍경을 보인 오천룡(1941년생), 나이프 자국을 심하게 낸, 갈색과 오

렌지 색조의 여인상을 보인 지나 펠롱(1926년생), 멧돼지의 경직된 죽음, 파손된 살점과 털이 흙과 뒤범벅이 된, 잡다한 흔적들을 우발적으로 쏟아 놓은 처참한 사실주의자, 폴 르베롤(1926년생), 회색의 예민함과 광대한 청색의 우주, 전통적 동양화의 간결한 붓놀림으로 득실거리는 수많은 흔적을 낸 자우키(1921년생) 이다.

이상의 이들 15인의 한불작가들은 베르나르 앙토니오즈를 추모하기 위해 그들이 추구하는 작품세계를 보였다. 한불 양국 간 미술 교류의 원동력이었고, 예술가를 도와 활기를 주고자 했고, 그리고 예술가들의 영원한 벗이었던 고인이 된 베르나르 앙토니오즈를, 그날 모두가 한마음으로 예증했다.

그리고 방명록에는 성공적인 추모전 개최 축하, 대성황 축하, 한국문화원의 발전을 축하한다는 글들이 빼곡하게 적혀졌다.

PART 1 | 09

내 창작을 옹호한 김창세 박사

나는 1988년에 김창세 박사를 알게 되었다. 김 박사와는 같은 고등학교를 다녔기 때문에 그 만남이 처음은 아니었다.

국제변호사가 된 김 박사는 이과 지망생으로 서울대학교 화학공학과를 졸업하고 제대 후 곧 미국에 유학 가서 로체스터 대학 화공학 박사과정과 뉴욕 주립대학 법과 대학을 졸업하며 화공학 박사와 미국변호사 자격을 갖췄다.

나는 미술대학 회화과를 다녔고 이렇게 서로 분야가 다르더라도, 같은 학교를 다녔으면 졸업 후엔 어느 때 어디서 만난다 해도 언제나 정다운 친구들 사이인 것이다. 전화통화할 때 얼굴 기억이 없고 처음 듣는 음성이어서, 김 박사의 용모를 전혀 짐작할 수조차 없었지만 어제 만났다 헤어진 친구같이 가깝게 느껴졌다.

프랑크푸르트에서 박재휘 사장은 전화를 연결해 주며 이렇게 말했다. 여기 김창세 박사가 와있는데 여기 사무실에 보관된 전시회 출품작들을 보고 그 중에서 3작품을 선택했는데 어떻게 생각하나? 그 작품 가격을 말해주면 좋겠고 김 박사는 지금 유럽 출장길이어서 딴 곳으로 가야 한다고 하는데. 나는 얼마 전 쾰른 안 화리나 화랑에서 개인전을 열었고 연이어 개최될 하노버에 있는 맨 깅 화랑 전시회를 위해 출품작을 박 사장 사무실에 보관해 놓고 파리 화실로 돌아와 있었다. 1971년 파리에 온 나는 유럽에 먼저 온 프랑크푸르트 거주 동창생 박재휘 군과 연락되었고 서로 간 왕래가 있어왔다.

그런 일이 있은 다음 해 김 박사는 부부동반 유럽 여행길에서 나를 만나러 파리에 들렀다. 반갑던 나는 그제야 김 박사 창세가 이렇게 생긴 친구였구나 확인하였지만 6년간 중고등학교 재학 중에 언제라도 복도에서건 운동장에서건 지나치며 본 얼굴이었다. 그의 첫마디가 오 화백이 파리에서 그림을 그린다고 하기에 너무나 반가웠단다. 우리 동기들 중에 예술을 한다는 친구는 오 화백 한 사람이고 더구나 미술의 본고장 파리에서 활동한다는 것이 자랑스럽다. 동기들 모두가 이공과 대학이나 문과 대학 등 인문계에 진학했는데 오 화백 같은 예술가가 있다는 것은 나의 기쁨이고 우리 동문들의 자랑이다. 나는 그림을 볼 줄 모르지만 오 화백의 작품을 매년 한 두 점씩 정기적으로 구입해 소장하고 싶다. 특히 작품의 변화 과정을 볼 수 있게 차례대로의 시점에 있는 한두 점씩은 다 수집하겠다 했다. 그러나 그림을 볼 줄 모른다는 것은 그의 겸손이었다. 김 박사는 대학 다닐 때 소묘를 좀 해보면서 미술에도 흥미가 있었던 학도였다는 것을 나중에 그의 집에 갔을 때 그가 한 소묘를 보며 알았다. 그렇기도 하지만 김 박사는 노래 부르는 테너로서 성악을 좋아했다. 아무튼 그는 화공학-법학 같은 논리적인 학문을 했으면서도 노래를 부르며 본인의 법률회사 주최로 성악가를 초청해 콘서트 홀에서 연주회를 개최하고, 또 한편 나의 작품세계를 응원하는, 음악가와 미술가의 옹호자이다.

한 예술가에게 있어 한 옹호자와 맺는 이러한 인연은 얼마나 드물고 큰 행운인가! 나는 순간 가슴이 뭉클했다.

어떻게나 정기적으로 대놓고 한 작가의 작품을 시대별로 무조건 구입하는 일은 보통 일어날 수 있는 일이 아니기 때문이다. 김 박사는 이렇게 나의 창작생활을 돕겠다는 후원자였던 것이다. 어떻게 보아도 작가란 오직 자신만을 위한 이기적인 창작열에만 매달릴 수밖에 없는 예술가인데 무조건적인 후원을 하겠다는 제안은 거절이 절대로 안 되는 서로 간 하나의 운명적인 약속이었던 것이다.

후원을 얻기 위해서는 창작하는 작품이 후원자 마음에 들어야 함이 첫째 조건일 것이다. 그런 조건 없는 무작정한 후원은 하나의 이유 없는 동정이기 때문에 그런 동정을 받아야 하나 하는 수치감을 느낄 수 있는 일이기도 했다. 미술사에서 이런 창작자와 이런 후원자의 만남은 예로 들기도 어렵다. 음악가와 문필가 들에 있어서는 있었어도 작가 자신만을 생각해 제작하는 미술가 쪽은 특히 그러할 것이었다.

그러나 김 박사는 그렇게 하겠다는 약속을 일방적으로 던져놓고는 매년 파리에 나타났다. 유럽 출장이 자주 있던 김 박사는 그 길목에 꼭 파리에 일부러라도 들려 나의 아틀리에에 와서 새로 된 작품들을 둘러보았고 그 중에 한두 작품씩 선택해 가져갔고 내가 달라는 대로의 그림값을 나의 계좌에 넣어주었다. 나는 일정 수입이 없는 넉넉지 못한 생활 속에 여유가 있게 됐고 나의 아틀리에에서의 작업에서도 자신이 생겼다.

파리에서 작가 생활을 계속하기란 매우 어렵다. 파리에서 활동한 많은 작가들이 다 그랬다. 파리는 역사적으로 창작하고 작품 할 수 있는 좋은 조건인 것은 분명하였는데 작가 생활로 생을 영위하기엔 알맞지 않은 곳이었다. 서양미술사에 등장된 파리 활동 작가들이 거의 다 그렇다는 것이 그것을 말해준다. 작가로 성장하기 위해서는 파리가 좋지만 작가 생활을 영위하기에는 좋지 않은 곳인 것이다. 인정받고 작품을 팔아 생을 영위해야 하는 조건으로서는 매우 나쁘다. 내가 파리에 와서 작가로 다시 태어나려고 했고 다시 태어났다고 생각했어도 작품을 팔아서 생활하기엔 어렵고 어려울 것을 똑바로 알아야 했다. 처음엔 자신 있게 작품을 만들어 허리에 끼고 화랑을 찾아 다녔다. 그러나 화랑은 나의 작품에 관심을 주지 않았다. 그렇게 실망한 나는 그러다 몇 년 후 다시 한 번 용기를 내며 또다시 작품을 들고 화랑을 찾으러 다니길 반복했다. 화랑이 내 작품에 관심을 보여주기를 기대하면서. 소위 화랑이 화가를 발탁해서 그림 장사를 하고 싶은 작가로 선발해줄까 하고서. 파리엔 여러 곳 화랑가가 조성돼있다. 화랑마다 작가가 개성을 가졌듯이 화랑도 고집으로 자기들이 관리하는 작가의 작품들을 매매하고자 하지만 그것은 어디까지나 상업적인 눈인 것이다. 작품이 뛰어나고 특이하더라도 작품이 매매될지 안될지를 먼저 따진다. 화랑도 많이 있지만 화가도 많다. 화랑주는 작품을 팔 수 있는 작가를 찾고자 한다. 그러나 화랑주들은 상업하는 사람들이기 때문에 작가의 질보다도 작품의 질보다도 어떻든 팔아서 이익을 보고 화랑을 경영하여야 하기 때문에 그렇듯 그것이 그들의 고민일 것이다. 한 번은 내가 화랑에 들어가자 벌써 눈치챈 화랑 주인이 어둠침침한 곳으로부터 우리 화랑은 생존 화가는 취급하지 않는다고 미리 얘기해 단념하기를 바랐다. 참 어처구니없고 기가 막히는 일이었다. 당신 작품은 흥미로운데 내 갤러리에는 맞지 않으니 저 옆 화랑에 가보라 하기도 한다. 또는 우리는 관리하는 작가가 제한돼있어서 자리가 없다고 이유를 말한다.

김 박사는 2005년. 연락해 오기를 내 작품으로 소장품 전시회를 개최하겠다고 했다. 김 박사와 가까운 분으로 그림 수집가이신 김용원 사장께서 작가 한 사람의 작품을 그렇게 많이 소장한 것에 놀라시며 오 작가의 소장품 전시회를 열어보라는 말씀이 있었다는 것이다. 그 당시 김 박사는 나의 파리 초기 작품부터 차례대로 57 점의 작품을 16년간 수집하고 있었다. 그런 생각을 못 했던 김 박사는 연락이 되는 다른 수집가들이 가진 오 작가의 작품과 함께하는 전시회로 생각을 굳혔다. 그 김 박사는 자기 자신만을 혼자 나타내는데 겸손했다. 그 다른 수집가들은 박재휘, 서민석, 이영서 이렇게 김 박사의 친구들이다. 그 세 친구들도 파리 오면 나를 찾아 만날 때마다 나의 작품을 한두 점씩 샀다. 파리에서 작가 생활하기 어렵다는 사정을 잘 알았기 때문이었다.

이렇게 해서 나의 작품을 가지고 있는 소장가들 넷이서 소장한 작품 89점을 가지고 소장전을 열었다. 마침 내 작품전을 계획하고 있었던 갤러리 LM에서는 나의 파리 풍경화전과 4인의 소장전을 2007년 가을 연이어서 전시했다.

소장전을 열면서 김 박사는 전시회 도록에 출품작 89점을 모두 수록했고 나는 그들 작품 하나하나에 대해 설명과 제작할 때의 마음을 적었다. 도판과 함께 작가가 직접 설명한 글을 담은 그렇게 꾸민 도록은 매우 잘 만들어졌고 나의 귀중한 기록이 됐다.

나는 생각했다. 어떻게 김 박사가 우연히도 그리고 운명적으로 나에게 나타났는지? 그는 파리 화실에 들리면 새로운 작업이 무엇인지 완성된 작품이 많으면 아주 만족했고 그림 많이 그렸구나 하고 위로해 주었다. 그는 서울에서 전화로도 지금 하고 있는 작업이 잘 되는지 완성을 잘하는지 정기적으로 물었다. 마치 작가가 놀며 지내는지 좋은 작업을 하는지 의문을 느끼면서 감시하는 것 같이 생각되기도 했지만 그런 그가 항상 고마웠다.

그는 얼마나 나를 열심히 응원했는지 로스앤젤레스 앙드래서 갤러리 주인이 빌려준 오레곤 별장에 가서 혼자서 50일 동안 그림을 그리고 있을 때 거기까지 나를 찾아와 응원해 주었다. 그는 삼일 밤 머물면서 같이 온 직원분들과 지낼 때 식사 준비를 도맡아 해주었는데 웬 여행길에 부엌일을 도맡아 하냐고 하니까 로체스터 대학 다닐 때의 솜씨라며 그때가 생각나 즐겁기만 하다고 했다. 변호사의 길로 들어서면서 취직 면접 보러 가는 날, 바지의 지퍼가 고장나 서류로 바지를 가리며 면접을 보았다고 회상해 말하는 것을 들었다. 그는 아주 서민적이며 검소하다. 그런 애틋한 마음을 가진 김 박사는 언제나 나에게 관심을 퍼붓고 있다.

나는 김 박사의 부인 강정혜 여사의 응원도 함께 느끼고 있다. 나의 파리에서의 첫 작품부터 현재까지의 수집작품 전부를 정리해 주시고 벽에 걸어놓고 보고 계시다. 두 분! 얼마나 감동적인 나의 후원자들이신지!

왜 그럴까? 아무리 생각해도 나와 김 박사는 운명적인 힘이 작용하는 어떤 인연으로 이루어져 있다.

2

작업 내용과 표현 형식의
변화 이야기

PART 2 | 01

온실에서 찾은 색채

학교 수업이 끝나면 미술반으로 직행하는 것이 습관이 됐습니다. 각자 취미대로 선택하는 특별활동반은 다양하게 문예반, 영어반, 웅변반, 신문반, 방송반, 조각반, 생물반, 화학반, 밴드반, 유도반, 야구반, 배구반, 럭비반 등등으로 많았습니다. 특별반마다 전통이 있어서 규율이 엄했고, 결석하면 선배들에게 혼이 났습니다.

미술반원들은 하루에 켄트지 4절지에 수채화 한 장씩을 경쟁하듯 그렸으니 학교에 공부하러 오는 학생들인지 그림 그리러 오는 학생들인지 모를 정도였습니다. 낡은 베니아 화판을 옆구리에 끼고 바지 뒷주머니에 양철 팔레트를 끼워 넣고, 붓 꽂힌 사이다 물병은 손에 들고 운동장을 통과해 교문 밖으로 나갈 때 운동반 선수들이 저만치에서 보고 "야, 쟤네들 또 그림 그리러 나간다!"라고 외치는 소리가 들려왔습니다. 차린 모양새들이 무리 지어가는 거지떼로 보였나 봅니다.

그림 소재를 찾으려고 학교 주변 동네 길로 어지간히 두루 다녔습니다. 학교가 화동에 위치하니 삼청동, 안국동, 재동, 사간동 여기저기 다니며 골목 풍경을 그렸습니다. 안 가본 데 없이 요소요소를 한 번씩은 다 그려봤기 때문에, 오늘은 또 어느 방향으로 나가볼까가 항상 고민이었습니다. 이처럼 여기저기 다 다니는 까닭은 무언가 좀 더 새로운 그림 소재를 찾기 위해서였지요.

찾다가 중도에 지쳐서 아무것이나 그리고자 한 결정이 몹시 어려운 구도를 만나버려 힘들고 싫증 난 김에 어설프게 완성해서 터덜터덜 미술반에 돌아오면, 오늘은 무엇을 어떻게 그려왔을까 하는 서로의 호기심 때문에 그려온 작품들을 쭉 늘어놓고 비교하면서 한마디씩 품평을 하게 되는데 "어! 이 구도가 뭐지? 새롭다 야! 오늘 천재 태어났네, 진짜 천재 탄생했어!"라며 큰소리로 놀려주곤 했습니다. 어떤 때는 소낙비를 만나 빗물에 번져버린 수채화를 가지고 울상으로 돌아오면 상급생들이 "야! 그거 그냥 놔두어 봐라, 좀 이따가 선생님께 보여드려 보자. 그거 효과가 꽤 괜찮은데! 걸작이다, 걸작!" 해주면 나는 "정말입니까? 놀리는 것 아니지요?" 반신반의하면서도 좋아했지요.

주말에 한적한 고궁에 가면 고궁의 풍경은 그림엽서처럼 아름다웠습니다. 겨울철 빼고는 창경원에도 자주 갔지만, 여름 경복궁에 가서 경회루 연못 연꽃을 그렸고, 가을에는 고목이 많은 비원에 가서 단풍 숲을 그렸습니다. 특히나 나는 덕수궁과의 인연이 많았습니다. 초등학교 때 처음으로 크레용으로 그림을 그려서 서울시 주최 사생대회에서 내가 가작상을 받은 곳도 덕수궁이었습니다. 고궁 구석구석을 안 그려 본 데가 없었습니다. 대학 다닐 때까지도 자주 갔습니다. 아예 궁전 툇마루 밑에 화판과 그림 도구를 숨겨놓고 도화지만 들고 한동안은 매일 출근하다시피 한 적도 있었습니다.

그런 덕수궁을 한 번은 그림도구 없이 빈손으로 그냥 뛰어갔습니다. 월간 잡지 학원사가 개최한 전국 중고등학교 미술공모전에 출품한 수채화가 중등부 최고상 특선 1석을 했기 때문이었습니다. 빨리 가서 나의 작품 밑에 달려있을 최고상이라고 쓴 리본을 내 눈으로 똑똑히 확인해 보아야 했던 것인데, 그렇게 확인해보지 않고서는 믿을 수가 없어서였습니다.

어느 날 하루는 어느 방향으로 그림 그리러 나가야 할지 영 막막했습니다. 어디든 다 가본 곳 같아서 서성거리다 말고 눈에 띈 학교 온실 속에 쑥 들어가 보았습니다. '여기선 뭐 그릴 게 없을까 하고 두리번거렸습니다. 그 조그만 온실은 학교 본관과 별관 사이에 있고 생물반 학생들의 학습장이기도 했습니다. 초여름의 따가운 오후 햇볕이 온실 유리를 강하게 뚫고 들어와 온실 속은 뜨거웠고 습기가 꽉 차 있어 숨이 막힐 지경이었습니다. 층층 선반에는 화분들이 즐비하게 놓여 있고 키 큰 선인장과 넓은 잎이 달린 열대식물이 무질서하게 얼기설기 겹쳐져 있고 잎이 축 늘어지는 식물 화분은 천장에 매달려 있고 파란색 물조리개는 문가에 던져져 있었습니다.

그려볼까 하자니 미술반 정물대 위에 꾸며진 세잔느가 그리는 그런 익숙한 정물 구도하곤 전혀 달랐습니다. 정물대 위의 정물처럼 미리 구도를 연출해 설정한 것이 아니어서 어떻게 구도를 잡아내서 그려야 할지 모르게 복잡했고 산만했습니다. 더군다나 붉은색 화분, 초록색 식물들 노란색 잎 하며 모든 존재의 색깔들이 햇빛에 강렬히 빛나며 섞여 있었습니다. 그래도 그려볼까 말까 망설였지만, 오늘은 좀 예외적인 구도를 잡아 그려보는 것도 좋겠다 하며 보이는 대로 빠르게 그려서 끝내 버렸습니다. 온실 속이 찜통같이 후끈거렸기 때문에 얼른 빠져나가야만 했습니다.

그런 상황에서 온실 속 모양을 그린 수채화를 들고 미술반에 갔을 때 마침 갓 새로 부임해 오신 미술 선생님께서 보시고는 잘 됐다 칭찬 주시며 학원사 공모전에 출품해 보자고 하셨습니다. 작품 제목은 〈온실〉, 켄트지 4절지 크기였습니다.

이 작품이 뜻밖에도 중등부 최고상을 받아낸 것입니다.

덕수궁 대한문을 뛰어 들어가니 오른쪽 기다란 회랑이 있는 고궁에서 공모전 입선작 전시회가 열리고 있었습니다. 늦은 가을 전시장 앞 정원에는 황금색 국화가 만발하였고 그윽한 꽃향기가 전시장 안에까지 퍼져 들어와 있었습니다. 작품들이 쭉 걸려있는 회랑을 따라가다가 최고상이라고 쓴 황금색 리본이 붙어 있는 나의 그림 앞에 문득 서졌고 어떻게 최고상을 이렇게 받았을까 신기하고 기뻐서 어쩔 줄을 몰랐습니다.

최고상을 보면서 그릴 때 뜨겁던 그 온실 속을 떠올려 생각해 내고 있을 때였습니다. 번쩍거리는 양단 치마저고리를 잘 다려 입으신 어머니 두 분이, 치마폭 비비며 걸어오시는 소리도 요란하게, 잰 발걸음으로 내 그림 앞까지 오시더니 멈춰 서시며 한 어머니가 다른 어머니에게 "얘, 내가 보여줄 게 있다. 이 최고상을 받았다는 이 그림 좀 봐라. 이게 어디 중3짜리 아이가 그렸다고 할 수 있니? 선생이 그려줬던가 누가 손을 댔지, 뭐냐. 우리 집 아이가 솔직한 솜씨로 그린 그림이 최고상을 받아야 마땅한데 말이다. 이렇게들 남이 그려주기 때문에 공모전은 언제나 문제거든, 정말 문제거든! 내가 가만있나 봐라!"

뒤편에서 이 장면을 보고 있는 장본인 학생이 있거나 말거나 실컷 욕설을 퍼붓고는 오던 쪽으로 향해 다시 씽 하니 사라지셨습니다. 너무나 억울했습니다. '아닙니다, 아녜요! 이 그림 제가 그린 것 맞아요.' 그 자리에서 곧 항변하고 싶었지만, 나에게는 그럴 만한 용기는 바보처럼 나지 않았습니다.

그때 우리 학교 미술반 전통 중에서 한 가지 자랑할 만한 것이 있었다면 그것은 절대로 남의 작품에 손을 대지 않는다는 철칙이었습니다. 선생님도 어떤 선배라도 작품을 보아주면서 이렇다 저렇다 하는 평은 했지만, 붓을 빼앗아 그림을 고쳐주는 일은 절대 금기 사항이었습니다.

프로방스의 화가 폴 세잔느(1839-1906)가 쌩뜨 빅뜨아르 산 산책길에서 쭈그리고 앉아 스케치하고 있을 때 산책 나온 어느 학교 미술 선생이 힐끗 보고 지나치다가 그의 서투른 솜씨를 보고 참지 못해 돌아와 세잔느에게 "형씨 좀 비켜보소, 그림은 그렇게 그리는 것이 아니라 이렇게, 이렇게 그리는 것이지 않소?" 하고 연필을 빼앗아서 여기저기 개칠해 고쳐 놓고 갔을 때, 그 고쳐준 작자가 산길 모퉁이를 돌아가 안 보이게 될 때까지 기다렸던 화가는 아무 말 없이 그가 고친 곳을 박박 지우고 나서 다시 자기식으로 그렸다는 일화를, 그때의 우리들은 비록 몰랐어도 "너 좀 비켜봐." 하고 후배의 그림을 선배라고 마음대로 손대어 고치지 못했습니다.

언제 한 번은 미술반원들이 단체로 딴 학교 교내전을 관람하고 출품된 그림들이 모두 하나같이 똑같은 것을 보게 되자 우리가 모두 킬킬대며 웃었는데, 한 뱃심 좋은 장난꾸러기 선배가 망을 보게 한 후 방명록에다 "너희들 그림은 모두 너희 선생님 그림 닮았구나!"라고 재빨리 휘갈겨 써 놓고는 나 살려라 모두 뺑소니쳐 학교 교문을 빠져나와서 그렇게 써 놓고 나온 것이 너무나 속 시원했다고 아스팔트 위를 떼굴떼굴 구르며 웃었던 적도 있었습니다.

"내 그림에 누가 함부로 손을 대다니!" 큰일 나는 일이었습니다.

내가 그린 〈온실〉은 파격적인 산란한 구도에 층층이 놓인 화분들의 붉은색과 열대성 식물과 선인장의 초록색과 함께 강한 햇빛에 반사된 자유분방한 여러 가지 색채로 꽉 찬 순간을 순식간에 그려낸 것뿐이었습니다. 이 〈온실〉이 상을 받았기 때문에, 이 순간적인 분위기에 대한 기억은 그 후 그림을 그릴 때마다 나를 쫓아다니며 나의 작업을 몹시 지배하게 되었습니다. 나는 '그때의 온실'을 그릴 때처럼 '우연히 만들어지는 효과'에 도취되었었던 그 느낌에 의지해 미술대학 졸업 후 색채가 요란한 비구상화 작업을 본격적으로 시작하게 됩니다.

〈온실〉이 낙선됐더라면 나는 온실을 그릴 때 얻게 된 그 우연함에 대해 가치를 두지 않았을 것이며 그 대신에 지속성 있고 자신감을 키우는 가치관을 찾으려고 꾸준히 정진하였었을 것입니다. '예술은 결코 마술적으로 이루어지는 순간적인 일이 아니고 장인의 일 같은 철저함에서 탄생되는 것이어야 한다.'는 의식을 언젠가 하게 될 것이었다면, 그것을 깨닫는 시점을 훨씬 앞당겼을 것이기 때문입니다.

시상제도는 의욕을 배가시키고 용기를 주는 좋은 제도일 수 있지만, 나의 경우 어렸을 때의 수상 경험이 나의 장래에 좋은 도움을 주었다고는 생각되지 않습니다. 아무튼 나는 청소년들이 많이 보는 월간 잡지 학원에 크게 소개되는 바람에 매우 유명해졌습니다.

PART 2 | 02

쇼팽 음악과 나의 다섯 그림

그 하나

아침 5시경에 눈이 떠지는 습관이 있는 나는 누워있으면서 작품을 완성해가는 순서를 미리 눈앞에 그려보는 버릇으로, 어제 그리던 그림을 오늘 어떻게 계속할까를 고민하게 된다. 고민이 끝나면 일어나서 더운 녹차 한주전자와 보리빵 두 조각과 프루노 서너 개, 삶은 계란 하나, 그리고 꼭 사과 한 개를 먹고는 그제야 세수를 하고 캔버스와 마주한다.

오늘도 그렇게 하루를 이젤 위의 화폭 앞에 출동시켰는데, 자주 그러듯이 작업에 임하기가 영 싫다. 작업할 마음을 일으키려고 커피를 내려서 한잔 마시고 또 한 잔을 들고 팔레트를 쳐다본다. 항상 그러하지만, 작업을 시작하기가 여간 어려운 게 아니다. 억지로 의무적으로 시작해봤자 그 결과가 뻔하게 엉망이 되는 것을 잘 안다. 하기 싫은 핑계일 것이다.

나는 '프랑스 뮤직'과 '라디오 클래식'을 고정시켜 놓고 듣고 있어서 화실에서의 나의 동지인 라디오를 켰다. 라디오가 별로다. 어떡한다지?

쇼팽 음악 전부를 차례로 한번 듣기 위해 전집 CD를 듣고 있었는데 그 열두 번째 CD를 들으면 혹시나 작업할 충동을 얻을지 모른다는 생각이 들었다. 쇼팽은 언제나 나를 자극한다. 아니나 다를까 그의 음악이 흐르자 나는 작업할 기운이 용솟음쳐졌다. 작업하며 그 열두 번째 CD판을 듣노라니 옛날 생각이 나의 머리에 꽉 차오르면서 그때의 그림 한 장이 머리에 떠올려졌다. 나는 컴퓨터를 열고 그 그림을 찾았다.

그 그림이 여기에 올려진 누드이다. 이 그림은 혜화동 아뜰리에에서 내가 22살 때 그린 그림이다. 나는 그때, 마티스(1869-1954)의 세계를 동경하고 있었고 그래서 마티스에게 경의를 표하는 그림을 언제나 그려보고 싶었다. 그것 중의 하나가 이 그림이다. 나는 이 그림이 색채 사용과 구성에서 마티스와 무척 닮게 됐다고 생각되어서 매우 만족스러웠었다. 그런데 오늘 왜? 쇼팽의 음악을 들으면서 이 그림이 떠오른 것일까?

얼마 전 안뗀느 2TV에서의 토요일 아침 7시 방송, '차를 마실래? 커피를 마실래?'라는 두 사람 대담 시간에서였다. 얄미운 질문을 잘 던지는 진행자 까트린느가 메조소프라노 체실리아 바르톨리에게 물었다. 이태리인 가수는 막힘 없는 프랑스어로 노래 부르듯 말하고 있다.

"무대에서 노래를 부르고 있을 때 무슨 생각이 나느냐?"

"노래 부를 때 말인가요? 나는 노래를 부를 때 눈앞에 색채를 떠올려요."

바르톨리가 의외의 대답을 했다.

나도 음악을 들을 때마다 눈 앞에 펼쳐지는 색채들이 생각났었기 때문이었다. 내가 쇼팽을 들으며 옛날 옛적의 이 그림을 머릿속에 떠올린 것은 쇼팽 음악이 나에게 준 색채 때문이었다는 것을 이제서야 알았다.

오늘 아침 쇼팽의 CD는, 그때 그토록 아름답게 느꼈던 C 단조, F 장조, E 장조의 세 개의 론도 op. 1, op. 5, op. 16과 그리고 두 대의 피아노를 위한 C 장조 론도 op 73을 들려주고 있다.

올해 2010년은 쇼팽이 태어난 지 200주년, 그래서 출판된 쇼팽의 전곡집을 사다 놨다.

그 둘

1963년 내가 22살 때 그린 그림 〈첼리스트〉는 쇼팽의 피아노 음을 그대로 빼닮았노라고 나는 생각하고 있다. 이 그림을 그릴 때 나는 혜화동 로터리에서 혜화 국민학교 쪽으로 가는 길가 치과 건물 2층에 있었던 나의 아뜰리에에서 그림을 그리고 있었다.

찬란한 빛이 들어와 있는 아뜰리에에 웬 첼리스트가 앉아 연주하는 자세를 취했고 왼편 쪽 아래 구석에 그때 내가 앉았던 진한 초록색 회전의자가 있으며 그 뒤편에 세모 다리에 받혀진 조립식 간이 탁자가 있으며 첼리스트 뒤쪽엔 대형 캔버스가 벽에 기대어 있음이 보인다.

영롱한 피아노 쇼팽의 곡이 머리에 떠올려져 울려 퍼지기 시작하니 적막해 있던 내 작업장은 일시에 생기가 일어나 찬란한 색채들이 붉게 물들여져 사방으로 튀었다. 그 사이 쇼팽의 음악은 오히려 나의 〈첼리스트〉를 일시에 닮아버리고 말았다. 나는 이 첼리스트가 도대체 누구였는지 생각이 나지 않고 있다.

누구였을까? 그때 내 주변에는 음악을 하는 사람이 없었다. 그러면 누구였단 말인가! 아무튼 한여름에 누군가가 첼로를 들고 와서 모델을 서 주었던 기억만 남아있다.

하지만 누구인지를 모르는 반면에 그때의 한 에피소드가 생각난다. 나와 여러 친구는 어느 날 낮에 마로니에 나무가 있는 동숭동 문리대 마당 잔디밭에 앉아 있었고 졸업하고 처음 보는 채가 슬며시 우리 앞에 나타났다. 외국어대학 러시아어과에 다니고 있는 그가 우리 앞에 나타난 것은 참으로 의외였다.

채는 천재성이 번뜩이는 어떤 식 괴짜였다는 기억이 새로워 무척 반갑기도 했으나 그런 번뜩이는 기지를 가진 그가 지금 무슨 일인지 모르게 풀이 잔뜩 죽어 있었다. 소주병을 손에 쥔 그는 우리 앞에 철퍼덕 앉더니 단도직입적으로 자기를 도와줄 수 있겠냐고 물었다. 도움을 청하는 사연인즉슨 이러했다.

고등학교 다닐 때 여학교에서 열린 '음악회의 밤'에 갔다가 거기서 한 첼리스트의 연주를 들은 후, 그는 그만 그녀를 짝사랑하기 시작했다. 채는 그녀가 첼로를 연주하는 모습을 흉내 내 보이며 그녀가 얼마나 아름다웠는지를 눈을 감으며 들려줬다. 단발머리의 그 여학생은 아마도 쌩쌩의 〈백조〉를 연주했을 것이다. 짝사랑을 하기 시작한 그는 어떻게 해야 할지를 몰라 사랑을 고백하는 편지를 그녀에게 무턱대고 발송하기 시작했는데 답장이 오기는커녕 자기가 보낸 편지 꾸러미가 어느 날 몽땅 되돌려져 왔다.

씨라노, 상사병에 걸린 주인공 대역 노릇으로 아름다운 언어를 구사해 여성의 마음을 사로잡아 주었던 천하에 못생긴 남자인 그 씨라노 못지않게 그는 우리들이 부러워했던 번뜩이는 문학 소년이었기 때문에 그가 밤새도록 썼을 연애편지가 얼마나 애절한 고백서였을 것인가를 잘 알 수 있었다.

채는 그녀를 미행하여 집이 어디인지를 알아냈다. 그러나 차마 그 집에 찾아

갈 용기가 없었던 것이다. 그렇게 불쌍해진 그 친구는 우리 앞에 나타나서 자기와 같이 그녀의 집 앞에 가주기를 간청했다. 우리는 서로 눈을 맞추자 모두 일어나 그를 따라 명륜동으로 향해서 언덕길 골목길로 해서 굳게 다문 초록색 철문 앞에 다다랐다.

그러자 뒤로 우리를 한번 쳐다본 채는 더듬더듬, 그러나 우리를 배경으로 자신 있게 초인종을 눌렀다. 얼마 후 대문이 열리며 그 첼리스트가 나왔음이 보였고 채와 그녀는 몇 마디 주고받는 것 같았는데 문이 곧바로 다시 닫히는 것을 우리는 멀찌감치 서 보고 있었다. 머리를 떨군 우리 친구는 우리에게 돌아와 흐르는 눈물을 땅에 떨구며 고마웠다고 말했다. 그렇다고 이 그림의 첼리스트가 채가 좋아하던 그 첼리스트는 분명 아니다.

그때 나의 작업실에는 친구인 과학자 김충기가 만들어 준 내장이 다 노출된 껍데기 없는 라디오가 있어서 그나마 음악방송을 들을 수 있는 행운을 가졌었다. 공대 전기과에 입학한 친구는 음악을 들을 기계가 없냐고, 라디오를 선물한다며 책을 보고 라디오 만드는 방법을 연구하여, 전기제품 상점들이 즐비했던 청계천에 가서 진공관이며 스피커를 낱개로 사서 기막히게도 희한한 라디오를 조립해 나에게 가져와 선물했다. 그와 나는 음악회에 같이 다니는 친구였다.

채는 그가 원하던 책 출판사에 입사했으나 워낙 특출한 성격이어서 조화를 이루지 못하고 책상을 박차고 뛰쳐나와 외무부 4급 공무원 시험에 응시했고 러시아어 권 나라들의 외교관 생활로 생을 마쳤지만 일찍 타계하고 말았다. 그는 고3 때 도스토예프스키(1821-1881)의 《죄와 벌》과 같은 문학작품을 줄줄 외고 다녔다. 누구나 그의 방향이 문과 쪽일 거라는 예상을 깨고 그림을 그리겠다고 벼락같이 결정해서 나와 함께 미술대학 회화과에 응시하였었지만 입학을 못했다. 그 채를 여기에 다시 애도해 적는다.

그 셋

나는 나의 미술학교가 대학로 이화동 법과대학 건물의 별관을 세내어 들어 있을 때인 1962년 봄 2학년 교실에서 누드화를 그렸다. 나는 이 그림이 쇼팽의 〈녹턴〉을 빼닮았다고 생각한다. 내가 이 유화에 매달려 열심히 그리고 있을 때 나의 지도교수가 눈여겨보더니 '너는 장차 좋은 화가가 될 것이다.'라고 점쳤다.

쇼팽의 음악 전곡 열일곱 장의 CD를 차례대로 듣고 있는 가운데 지금 그 열세 번째 CD에 머물러 일주일째 마냥 반복해서 그것만 듣고 있다. 이 CD에는 소나타 1, 2, 3번과 세 개의 바리아시옹(Variations)이 들어있다. 그 옛날, 처음에, 쇼팽 음악을 어느 곡에서부터 듣기를 시작했는지 모르지만, 그것은 자주 연주되는 쇼팽 곡들이었을 것일 텐데 지금 전곡을 듣노라니 내가 몰랐던 쇼팽의 세계가 무궁무진하기만 하다. 다시 말해 나는 쇼팽을 좋아한다고만 했지 무엇을 어떻게 얼마나 좋아하는지를 모르는, 쇼팽을 전혀 모르는 무턱대고 쇼팽 애호가였다.

내가 서울에 있을 때 서양화가를 꿈꾸며 화집에서 이런저런 유명한 화가의 작품을 보고 서양화란 이런 것이로구나 쉽게 여기고 있었다. 내가 파리에 온 목적이 오리지널 서양화를 직접 목격하고 싶어서였는데, 그러나 그것도 아니었고, 파리에서만 볼 수 있는 대가들의 전 작품을 전시하는 회고전에서 그 화가들의 숨겨진 진실을 알 수 있다는 사실을 발견했다. 쇼팽의 전곡을 감상하면서 그 시절이 다시 떠올랐다.

쇼팽이라는 화가는 그랜드 피아노만한 물감 박스에 든 수백 가지의 모든 물감을 자유자재로 꺼내어 피아노 건반 위에 퍼부어 현을 튕겨내서 그린 그림이고, 눈이 아닌 귀로 듣게 해 나를 황홀경에 몰아넣고 있었다.

희한한 작품을 만든, 음악을 예찬한 한 화가가 있어 소개하고 싶다.

프로방스 지중해 도시 앙티브에 있는 피카소 미술관에 갔을 때 예기치 않게 거기에 걸려있는 니콜라 드 스타엘(1913-1955)이 1955년에 그린 〈콘서트〉를 보았다.

스타엘 화가 자신은 완성했다고 끝을 낸 작품일 테지만 내가 보기엔, 그것은 분명 미완성 작품이었다. 350×600cm이나 되는 대작의 왼쪽 끝엔 흰 건반을 들어낸 시커먼 그랜드 피아노가 그려졌고, 오른쪽 끝엔 콘트라베스가 서있다. 그러나 그것은 콘트라베스가 아닌 커다란 과일 '윌리암(Williams)'이라고 부르는 배였다. 피아노와 그 커다란 배 모양을 한 콘트라베스 사이의 바닥공백은 흩어진 흰 악보로 덮었다.

묘한 질서의 파괴랄까 혹은 정적의 파괴라 할까! 그것은 내가 알고 있었던 스타엘의 흙손 나이프로 그린 그림이 아니었고 대범한 붓질로 자유자재로 펼쳐 그린 놀라운 그림이었다. 그 그림에 콘서트라고 타이틀을 달아 음악에 대해 경의를 표한 것으로 보였다.

그 그림을 그린 러시아 귀족 출신인 스타엘은 볼셰비키 혁명으로 러시아에서 쫓겨나서 파리로 온 후 갖은 고생을 하다가 유화기법을 새롭게 하느라 '미장이가 쓰는 흙손'으로 '넓적한 면으로 만든 추상화'를 제작하기 시작하여 일약 유명해졌지만, 유명함에 상관없이 스스로 작품 제작 태도에 만족을 못 하는 비관에 빠져 화실 창문에서 뛰어내려 바다에 투신자살하고 말았다. 그의 나이 마흔한 살이었다.

스타엘은 일약 유명해지자 생활에 여유가 생기며, 아직 피카소 미술관이 되기 전의 앙티브 그리말디 성에 세들어 1954년 9월에서 1955년 3월까지 머물며 작업하는 중이었다. 그가 죽은 후에 성에서 회고전을 열어 그의 전 생애 작품을 전시했다.

그 넷

모차르트(1756-1791)는 아버지 레오폴드 (1719-1787)에 의해 금지된 〈아다지오〉 느린 악장을 그의 음악형식에 슬며시 등장시키고 있었다. 소나타에서 먼저 나타난 그의 느린 악장은 피아노협주곡 16번쯤에서 등장한다. 그 느린 악장은 모차르트를 숭배하던 쇼팽의 두 개의 피아노 협주곡에 영향을 미쳤을 것이었다.

쇼팽의 협주곡에서 듣는 그의 느린 악장은 '내가 살아보지 못했던, 그러나 행복했어야만 했었던, 그리고 존재하지도 않았을 어떤 어린 시절'을 그리워하는 나머지 눈물을 흘리게 된다. 더구나 나에게 '저 멀리 있는 아련한 어떤 것에 대한 미지의 그리움'으로 인해 마음속에서부터 울음이 솟아올라 목이 멘다.

1830년 쇼팽은 나이 20살에 피아노 협주곡 1번을 작곡해 조국 폴란드를 떠나기 전날에 자신이 그것을 연주했다. 쇼팽은 음악학교에서 본 한 소프라노에게 반하여 짝사랑을 하게 되었고 두 개의 협주곡을 연이어 쓰면서 내내 그 여인을 생각하면서 쓴다고 친구에게 실토했다. 쇼팽이 죽은 후, 쇼팽의 전기에 나타난, 쇼팽이 자기를 사랑하고 있었음을 확인하였으나 이미 늦었던 것이다. 두 개의 그 느린 악장은 봄날 밤하늘 달빛 아래 수풀 사이의 덮인 곳에서 쇼팽 자신과 그 짝사랑 여인이 소곤거리고 있었음을 알도록 하였다.

여기 소개하는 작품 〈두 여인〉은 나의 미술학교가 법과대학 셋방살이를 떠나 이화동 네거리에 있는 수의과대학 자리로 옮긴 후 3층 작업 교실에서 그린 작품이다.

이성에 대한 그리움이 한창인 그때 내가 알지도 못하는 어떤 두 여인을 놓고 저울질을 하며 짝사랑을 하고 있었는지 아닌지는 지금은 기억해 낼 수 없으니 그냥 슬플 따름이다.

그 다섯

뒷장에 나오는 풍경화는 2002년에 그린 파리 거리의 풍경이다. 이 거리 이름은 '아브뉴 앵그르(Avenue Ingres)'.

창문과 발코니 장식으로 '바로크'풍의 파리의 건물 특징이 잘 나타나 보이는, 그런 앵그르 거리에 있는 집들을 배경으로 울긋불긋 가로수 잎이 가을바람에 흔들거려 떨어지고 있는 광경을 매우 즐기며 그렸다. 내가 서울에서 미술학교에 다니면서 쇼팽의 영향을 받은 그림처럼, 그로부터 수십 년이 지난 2002년에도 나의 그림은 여전히 쇼팽음악의 영향 하에 있음을 인정하게 된다.

쇼팽이 살아있을 당시 쇼팽음악에 영향을 받은 지난 세기의 화가들로는 프랑스 고전주의를 시작한 앵그르(1780-1867)로 부터, 쇼팽과 교류가 많았던 낭만주의 화가 들라크로아(1798-1863), 꿈속을 더듬듯 조용한 아침의 안갯속 희미한 물의 반영을 피아노 건반에서처럼 표현한 바르비종(Barbizon), 마을 자연주의 화가 코로(1796-1875)와 테오도르 룻소(1812-1867), 그리고 사실주의 화풍을 알린 귀스타브 꾸르베(1819-1877)였다.

또한 쇼팽이 파리에 도착한 때는 바야흐로 파리가 유럽 낭만주의 음악의 중심지였기에 그들이 시작한 〈벨 칸토 오페라(Bel canto Opera)〉는 쇼팽의 음악에 큰 영향을 미쳤다. 그들 너무도 유명한 오페라 작곡가들은 몽유병 환자, 노르마, 청교도인을 작곡한 벨리니(1801-1835), 세빌리아의 이발사, 오텔로, 세미라미데, 기욤 텔의 로시니(1792-1868), 안나볼레나, 사랑의 묘약, 람메르무어의 루치아, 연대의 딸을 작곡한 도니제티(1797-1848)였다.

가장 순수하고 청아한 음색을 가진 벨리니의 오페라를 특별히 좋아한 나는 시간을 많이 허비해가며 그의 오페라 〈노르마(Opera Norma, 1831년 작품)〉를 연구해 볼 때, 주인공 여사제 노르마와 여사제의 제자 아달지자(Adalgisa)가 부르는 이중창을 매우 좋아한 쇼팽이 공연 전 연습을 매일 듣기 위해 벨리니에게 갔다는 기록을 보고, 두 작곡가가 살았던 정확한 연대를 몰랐던 나는 어떻게 벨리니와 쇼팽이 같은 장소에 동시에 있었더란 말이냐고 참으로 의아해했었다.

왜냐하면 쇼팽의 음악과 벨리니 오페라를 따로따로 알던 나는 쇼팽의 음악에서는 벨리니의 것보다 훨씬 현대적인 감각을 느끼고 있었기 때문이었다. 그랬었다! 쇼팽을 들을 때마다 나는 그의 음악의 현대성을 지금 내가 살고 있는 현시대의 새로운 음악으로 착각하면서 그 생생함과 싱싱함을 언제나 새롭게 듣고 있다.

그래서 지금도 낙엽이 캔버스 위에서 톡톡 튕기는 이 그림 앵그르 거리를 나는 쇼팽의 벨칸토 음정의 영향이라고 믿게 된다.

PART 2 | 03

아카데미 그랑드 쇼미에르

 프랑스의 학생 여권은 '부르스(la bourse)'라는 프랑스 장학금 시험에 통과해야 하는데 불문과 학생들을 상대로 하는 시험으로 나에겐 어려웠습니다. 두 번 응시해보았으나 실패했습니다. 그래서 오직 한 가지 프랑스로 갈 수 있는 길로 비정규 유학생 여권을 받았습니다. 여권의 유효기간은 6개월이었고 연구 목적이었습니다. 당시 우리나라에는 관광 여권이 없었고 여행비나 체재비도 가지고 나갈 수 없어서 무일푼으로 출국했으니 그때부터 정처 없는 나의 '오디세이아'는 시작된 셈입니다. 정식 학교가 아닌 아카데미 들라 그랑드 쇼미에르 미술연구소의 수강등록증으로도 비정규 유학생 여권발급 수속을 받을 수 있다 하여 한 사람 건너 파리 지인에게 부탁해 받았습니다.

 나는 미술 연구소로 유명한 그 아카데미를 알고 있었습니다. 파리에 있는 두 개의 미술학교 외에 미술을 배울 수 있는 곳은 '아카데미 그랑드 쇼미에르'와 '아카데미 쥬리앙' 같이 미술사에서 매우 중요한 역할을 하여 온 역사가 오래된 사립기관인 아카데미였습니다.

미술학교가 '글자 그대로의 아카데믹한 교육(판에 박힌 엄격한 그림)'에 치우쳐 있을 때, 자유스럽게 각자의 개성을 인정받게 되었을 때인, 정규 미술교육을 받지 않고 미술 아카데미에 다닌 전통을 무시한 화가 지망생들이 2차대전 전후해서 활발히 진출하면서 미학의 척도가 무너진 화단에서 쟁쟁한 활동으로 인정받기 시작함으로써, 이들 아카데미의 위상이 매우 높아졌습니다.

미술 연구소를 아카데미라고 부르는 데는 역사가 있었습니다. '아카데미'의 어원은 그리스 철학자 플라톤(기원전 428/427-347경) 학파의 명칭에서 온 학술적 용어일 텐데, 그럼에도 불구하고 이 단어를 미술가들이 자기들 미술 연구소에 쓰기 시작한 것은 오래전부터 였습니다. 르네상스 시대에 여러 분야에 전지전능했던 대 천재 레오나르도 다 빈치(1452-1519)와 빗대어 말하기를 좋아하던 화가들은 화가란 한낱 손재주만 있는 '쟁이'가 아니라면서 자기들을 학문과 과학을 탐구하는 학자들과 대등한 부류로 인정해 주기를 진정으로 바랐습니다. 그래서 그들은 자기들 제자를 키우는 곳인 사립미술 연구기관을 '미술 아카데미'라고 스스로 부르기 시작해 제자들을 양성하기 시작했습니다.

파리 오를리 공항에 도착한 나는 다음날 곧 아카데미에 갔습니다. 아카데미는 20세기 초 에꼴 드 빠리 시절 화가들이 많이 모이던 유명한 카페가 즐비한 몽빠르나스 대로 편 골목길 뤼 드 라카데미 들라 그랑드 쇼미에르 골목 속에 있었습니다. 수강등록을 정식으로 마친 나는 유화 교실 이브 브레이에(1907-1990) 교수 아뜰리에에서 한 달간 모델을 보고 인물화를 그렸습니다.

브레이에 교수는 나중에 보니 사실적인 그림을 그리는, 어떻게 보든지 에두아르 마네(1832-1883)를 숭배하는 화가였습니다. 그는 마네 풍의 풍경화를 그렸는데, 프랑스 남쪽 지방과 스페인의 건조한 산야 풍경을 즐겨 그렸습니다. 키가 훤칠한 이 노화가는 영국 엘리자베스 여왕이 프랑스를 방문했을 때 화가 대표로 영접 대열에 끼어있다가 여왕과 악수하게 된 행운을 크게 자랑삼았는데 여왕과 악수한 손을 한 달간이나 씻지 않았다는 신기한 일화를 교실 오래된 제자들이 새로 들어오는 연구생들에게 전해주곤 했습니다. 이 노화가는 프랑스에 온 지 12년 만에 연 나의 첫 개인전에 지팡이에 겨우 의지하여 내가 부재 중일 때 다녀갔는데 아마도 그 교수의 마지막 외출이었지 않나 싶습니다. 화랑 주인은 그와 같이 유명한 분이 다녀갔다고 여간 만족해 하지 않았던 기억이 납니다.

나는 한국을 떠나기 전에는 추상미술 작업을 하다가 파리에 도착하자 제로베이스로 나를 놓고 그림을 처음부터 새로 시작하겠다는 마음을 정했을 때 나의 그림이 구상화 작업으로 바뀐 곳이 바로 이브 브레이에 아뜰리에서 였습니다. 이브 브레이에 교수는 처음부터 나의 재능을 높이 사주면서 나를 아주 좋아했습니다. 일본 사람 연구생들은 그 아카데미에 많았으나 내가 한국 사람이라는 것을 알고는 드문 일이라면서 놀라워하였고, 나의 작품을 품평해 줄 때마다 번번이 도대체 너는 몇 년간이나 그림을 그려왔느냐, 어느 도시에서 왔느냐고 하면서 나의 재능이 신기해 보인 듯 볼 때마다 칭찬해 주었습니다.

아카데미에 나가지 않는 날은 방에서 우두커니 지낼 수가 없어서 화구를 들고 세느 강변으로 나가서 옛날의 인상파 화가들처럼 현장에서 사생을 했습니다. 그 해는 10월 말까지도 날씨가 화창해서 인디언 서머(Indian Summer)였는데 프랑스에서는 '에떼 앵디앙(Eté indien)'이라고 불렀습니다. 그 어원이 캐나다에서 가을인데도 여름 날씨가 계속될 때를 말하는 단어인데 프랑스에서도 그대로 쓰고 있었습니다. 그 계속된 화창하고 온화했던 날씨에서 그린 유화들은 나의 첫 파리 생활에서의 아름답고 애처로웠던 기억들을 불러일으키고 있습니다.

어렸을 때 화판과 물감을 들고 서울 길거리에 나가 지나가는 구경꾼들을 염두에 두지 않고 사생(寫生)을 하던 경험이 없었더라면 호기심 많은 파리지엥들이 오가는 세느 강변이나 번화한 길거리에서 감히 이젤을 버텨놓고 사생을 할 용기를 못 가졌을 것입니다. 보통 수줍은 동양인이라면 이런 길거리 작업은 엄두를 못 내고들 있었습니다. 파리 시절이 시작된 이 초기 작품에 속하는 그때 그린 유화 〈솔페리노 다리가 있는 풍경〉은 이브 브레이에 아뜰리에에 다닐 때에 그린 마지막 유화입니다. 이브 브레이에 교수는 〈솔페리노 다리가 있는 풍경〉을 사롱 도똔느에 출품해보자고 하셔서 입선이 됐습니다. 오랫동안 화가들의 등용문 역할을 했던 유명한 살롱 도똔느는 그때는 벌써 옛날 20세기 초에 빛나던 영광을 유지하지 못하고 명성을 점점 잃어 가고 있었습니다만 어떻든 나는 파리에 온 지 한 달여 만에 사롱 도 똔느 공모전에 입선해보는 영광을 얻었습니다.

나는 아카데미에 머물며 쭉 다니고 싶었으나 내 방 값만큼이나 월사금이 비싼 까닭에 더 다니지를 못했습니다. 미술학교에 갈 생각을 굳혔으나 나같이 나이가 많은 사람들에겐 적응하기 어려운 학교라면서 아카데미 연구생들은 머물러있으라고 모두들 말렸습니다. 아카데미는 다녀 봐야 디플롬 학위도 받을 수 없고 수강료도 꼬박꼬박 내야 하기 때문에 일반적으로 넉넉한 입장이 아닌 학생 신분으로는 계속 다니기가 어려웠습니다.

파리 미술학교의 정식명칭은 '파리 국립 고등미술학교'이고 프랑스의 모든 대학과 똑같이 등록금과 수업료가 없어서 학비 걱정 없이 다닐 수 있을뿐더러 정부가 학생에게 주는 수많은 혜택을 공히 누릴 수 있었습니다. 미술학교에 다니면서 알게 된 것은, 아카데미의 분위기는 미술학교와 같은 젊은 열기는 부족했지만 훨씬 친화적이고 점잖고 안전했습니다. 미술학교에서는 고등학교를 갓 졸업한 학생들과 어울려야 했으니 아무리 나이차를 따지지 않는 서양에서라도 나는 그들보다 학교생활에서 괜히 의젓해야 했습니다.

파리 미술학교는 한때 세잔느의 입학을 거절했듯이 입학하기가 매우 까다로웠습니다. 그런 한편 수업료만 지불하면 얼마든지 다닐 수 있는 미술 아카데미는 미술학교에 못 들어간 학생들이 화가의 꿈을 개성 있게 준비하고 실현하려던 연구소로서 자유스러운 실기 장소였습니다.

PART 2 | 04

미술 교실에서 쫓겨난 이야기

1817년 개교한 파리 국립 고등미술학교는 1793년에 개관한 루브르 미술관과 마주보는 건너편 세느 강변 길 깨 말라깨에 있습니다.

아카데미 그랑드 쇼미에르에서 구상화로 나의 표현 방법을 바꾼 나는 1971년 가을학기부터 그 파리 미술학교에 다니게 되었습니다. 미술학교는 두 가지 방식으로 운영되어 단순 학생인 '에뛰디앙(Etudiant)'과 자유학생인 '에뛰디앙 리브르(Etudidant libre)'로 구별돼 있었습니다. 단순 학생은 실기교육과 미술강의를 필수로 선택하여 공부하고 자유학생은 교실 아뜰리에에서 작업만 하도록 구분되었습니다. 나는 학점을 따고 시험을 보아 학위를 원하는 학생이 아니었으므로 장차 전업작가로 지향하게 될 자유학생 신분으로 등록했습니다. 그 둘 학생수의 비율은 거의 반반씩이었고, 학위를 원하는 학생은 만30살까지만 공부해서 졸업해야 하는 나이 제한이 있었고 자유학생은 30살이 넘어서도 학교에 남아서 실기 작업실을 이용할 수 있도록 한 제도였습니다.

미술학교는 학년제 교육이 아니고 입학해서 졸업까지 선택한 교수의 아뜰리에 중심의 교육이었습니다. 그래서 신입생들은 입학 후 맨 먼저 각자 준비한 '도시에 (Dossier, 본인의 작업 자료인 데생/크로키 등등)'라는 이름의 작업 파일을 선택한 교수에게 보이고 승인이 되면 그 아뜰리에의 학생이 됐습니다.

나는 구상화가인 샤쁠렝 미디(1904-1992) 교수를 선택했습니다. 샤쁠렝 미디 교수를 택한 것은 그의 아뜰리에가 구상화를 제대로 잘 배울 수 있는 아뜰리에일 것이라는 정보를 재학생들로부터 들었기 때문이었습니다. 그 아뜰리에는 본관 1층에 있었는데 공교롭게도 19세기말 유명한 화가 귀스타브 모로(1826-1898)의 교실이기도 했습니다.

과연 아뜰리에에는 학생 수도 많았고 학생들의 수업 태도도 진지했습니다. 달리 생각해 보면 그것이 지나치게 진지한 분위기였던 것 같기도 했으나 나는 거기서 인물화를 우선 몇 점 완성했습니다. 각 실기 반 아뜰리에에는 모델이 배당되어 있어서 모델을 보고서 하는 작업이었습니다.

나에게 관심을 보이던 교수는 얼마 동안 나의 작업을 지켜보더니 너는 모델에게서 보이지도 않는 색을 곧잘 쓰는데 그러면 안 되고 '있는 대로의 보이는 색만을 써서 표현해야 된다'고 잘라 말했습니다. 주위의 학생들을 보니 모두 보이는 대로만 그리고 있었습니다. 사실 보이는 대로 그린다는 것은 가장 어려운 일입니다. 보이는 대로만 그리려 하다가는 점점 보이는 것과 다르게 된다는 사실을 화가들은 압니다. 왜냐하면 어떤 대상을 그리더라도 그 대상은 시시각각 변하기 때문입니다. 그러기 때문에 변화가 별로 있을 수 없다고 여긴 석고 데생을 옛날부터 데생의 기초 공부로 해왔던 것이기도 했습니다.

있는 그대로 그리기가 어려운 까닭은, 대상이 인체 모델이었다면 매번 포즈를 취할 때마다 자세가 조금은 변할 것이고, 빛에 따라서도 변하고, 보는 각도에 따라서도 변하기 때문입니다. 그러니 보이는 대로 그리다 가는 결국은 그림을 허둥지둥 망치기 쉽습니다. 그래서 레오나르 다빈치가 인체를 정확히 파악해 그리려면 인체 해부학부터 배워야 할 것이라고 했던 것입니다. 살갗은 움직이고 옷 주름은 변해도 마른 사람이나 뚱뚱한 사람이나 골격은 그대로일 것이기 때문입니다.

그때 샤쁠렝 미디 아뜰리에에서 취한 모델은 발레리나가 검은색 타이츠를 입고 사각형 모델 대 위에 놓인 다리가 긴 의자에 앉아 팔꿈치는 무릎에 받치고 턱을 팔에 괴고 정면을 응시하는 포즈였습니다. 내가 지금 보는 색이라곤 모델의 피부색 이외에는 모두 무채색뿐인 모델대, 키 높은 의자와 그리고 배경은 회색빛에 가까운 오래된 벽이었습니다. 그 후 이 작품(유화, 116×89cm, 1971년작)은 뉴욕에 사는 미술에 관심 많은 어느 친지분이 수집해 가져갔습니다.

그 실기 시간에 샤쁠렝 미디 교수의 엄격한 지시를 잘만 따른다면 휘슬러(1838-1903)가 그린 명작 〈회색과 검은색의 조화〉를 뛰어넘는 걸작이 될 수도 있을 것이라고 생각했습니다. 색의 혁명을 일으킨 인상주의 운동에 합세했던 미국 화가 휘슬러는 나중에는 모순되게도 빛에 따른 색채의 효과보다는 조용한 색 면의 구성에 더 관심이 끌려서 마침내는 수평과 수직으로 된 회색 빛 실내 구도 위에 검은색 옷을 입은 늙은 어머니를 그렸고 그것을 발표할 때 '회색과 검은색의 조화'라는 타이틀을 붙였습니다. 공경해야 할 자기 어머니를 그려놓고는 '회색과 검은색' 운운한 이 심미적인 타이틀 때문에 그는 스캔들에 말려들기도 했습니다. 그러나 이 그림은 시간이 갈수록 그 진가를 평가받게 되었습니다. 회색과 검은색의 섬세한 균형을 기묘하게 성공시킴으로써 늙은 어머니의 체념뿐인 쓸쓸한 여생의 시간을 무채색에다 교묘히 녹여서 잔잔히 보여주고 있기 때문에, 보는 사람으로 하여금 쓸쓸하다거나 슬픈 여생을 보내는 우리네 어머니에 대한 연민의 정을 직접 느끼지는 못하게 하면서 오히려 편안한 마음으로 바라볼 수 있게 하였습니다. 이 그림은 오르세 미술관에서도 색채가 요란한 인상파 그림들이 있는 방에서 홀로 무채색 그림으로 버티고 있으면서도 많은 관람객들로부터 항상 사랑받고 있는 작품입니다.

나는 지금 휘슬러의 이 작품을 떠올리면서 회색의 입방체 모델대와 다리가 높은 진한 회색의 사각 의자와 그 뒤편 뿌연 벽 사이에서 수직과 수평구도를 만들고 성실한 묘사로 검은 타이츠의 발레리나를 그리고 있었습니다. 아니, 발레리나를 그린다기보다 휘슬러처럼 회색과 검은색의 조화를 찾고 있었습니다.

그러나 나의 시각은 무채색뿐인 대상들 속에서도 역광에 의해서 혹은 반사광에 의해서 찰나적으로 이상한 원색들이 눈에 띄고 있었기 때문에 그림에 어떠한 효과를 더 내게 해주기 위해서, 어쩔 수 없이 참을 수 없는 찰나적인 튀는 색채를 조금씩 여기저기 사용할 수밖에 없었습니다. 이와 같은 일은 어쩌면 분명한 나의 환각이었을지도 모릅니다.

그 다음주 시간, 1주일에 한번씩 학생들 작품을 보아주러 온 샤쁠렝-미디는 내가 거의 완성한 그림을 보더니 '너는 나의 지시를 이해하지 못하고 있으니 내 말을 잘 듣고 있다고 생각될 때까지 나는 너의 그림을 품평해 주지 않겠다'고 단언하는 것이었습니다. 나는 여태껏 어떤 아뜰리에에서도 이처럼 엄격하고 단호한 말을 들어본 적이 없었기 때문에 몹시 당황했고, 갑자기 심각해졌습니다. 이대로 갔다 간 지독한 간섭도 감수하게 생겼습니다. 나는 아뜰리에를 잘못 선택했다고 느꼈습니다. 더 이상 나에게 그림지도를 못하겠다고 했으니 아뜰리에를 쫓겨난 것이나 마찬가지였습니다.

나는 화구를 챙겨서 바로 옆방인 양켈(1920-2020) 아뜰리에로 옮겼습니다. 양켈 교수의 아뜰리에에 어쩌다 구경 갔을 때 그곳의 학생들은 훨씬 자유스러워 보였고, 다양한 색채 사용이 허락돼 있음을 보았기 때문이었습니다. 반추상적인 표현주의 작품을 하는 화가 양켈은 아무 말 없이 나를 받아주었고 그래서 나는 그의 아뜰리에 학생이 되어 1974년 봄 학기까지 다녔습니다.

나는 샤쁠랭 미디에게 쫓겨나면서 마티스가 이 미술학교에서 교수 아뜰리에에서 쫓겨난 일을 생각했습니다. 마티스는 화단에서도 명성이 쟁쟁한 윌리암 부그로(1825-1905)에게 야단을 맞고 그의 아뜰리에에서 쫓겨났습니다. 부그로 교수는 처음부터 마티스가 못마땅해서 "너는 화구를 다룰 줄 모른다. 석고 데생부터 다시 배워야겠다. 연필을 그렇게 쥐는 법이 어딨느냐." 하고 사사건건 흠을 잡다가 마침내 그를 쫓아내 버린 것입니다. 홀가분 해진 마티스도 윌리암 부그로 교수의 공허한 완벽성을 추구하는 수업을 한탄하면서 옆 교실 귀스타브 모로 아뜰리에로 찾아가서 그의 제자가 되었습니다. 죽기 전 6년간 에꼴 데보자르 교수로 있었던 귀스타브 모로의 아뜰리에는 서양미술사 속에서 가장 훌륭했던 미술학교 교실로 여겨지게 됩니다.

모로는 늘 마티스에게 '자네는 앞으로 회화를 단순화시켜 나갈 화가가 될 것'이라고 예언하며 사랑해 주었으며, 수제자였던 루오(1871-1958)에게는 회화는 외적인 표현보다는 내적인 비전에 더 많은 비중을 두어야 한다고 하면서 그의 개성을 부추겼기 때문에 그는 전통을 고수하는 화가들만이 받는 로마상을 받지 못하게 했습니다. 로마상은 젊은 예술가들을 로마에 보내어 빌라 메디치스에서 수련시키며 대가로 성장시키는 코스로 보내지는 유명한 상이었습니다. 빌라 메디치스는 프랑스 왕 루이 14세(1638-1715)가 이탈리아의 르네상스의 영광을 프랑스로 배워오게 하기위해서 로마에 만든 예술 아카데미로 젊은 미술가, 음악가와 문인들을 줄곧 보내 연구하게 했습니다.

결국 모로가 예견한 대로 마티스는 일생 동안 색채를 그리며 단순화된 기법을 통한 화풍을 완성했으며, 〈주름이 안 생기는 耉 있느냐?〉라고 한 작품의 제목처럼 루오는 평생 인간의 내면세계를 들여다본 화가로 세기의 거장이 됐으며, 또 한 사람의 제자 마르께(1875-1947)는 햇살이 엷은 안개 속을 뚫고 퍼지는 조용한 파리의 아침 풍경을 예민한 감각으로 신비하고 아름답게 그려내서 만인의 사랑을 받는 화가가 됐습니다.

이와 같이 한 선생 밑에서 그 선생의 화풍을 이어 받도록 강요 당하지 않고 각자 뚜렷한 개성을 지킨 세 화가가 배출된 것입니다. 모로는 현대미술을 탄생시키는 산파 역할을 단단히 했을 뿐만 아니라 위대한 스승 중의 스승이었던 것입니다. 자신의 많은 그림들을 에스키스만 해놓고 제자들에게 분배해서 그림을 그리게 하고는 완성단계에서만 자신이 마지막 정리를 하여 작품을 끝내는 습관을 가진 선생이었지만, 자기 화풍을 제자들에게 절대로 강요하지 않았습니다.

그는 유화 물감을 문질러서 뭉개는 얼룩 기법을 선보여 아카데믹한 교수들로부터 세기말적 절충주의자라고 비판을 받기도 한 모더니즘의 창시자입니다. 상징주의적이고 신화적인 영감에 사로잡힌 화풍을 가진 모로는 제자들로부터 열렬한 존경을 한 몸에 받으면서 20세기 프랑스의 미술 천재들인 '죠르즈 루오', '앙리 마티스'와 '알베르 마르께'를 배출시킨 위대한 스승이었습니다.

나는 샤쁠렝 미디 아뜰리에에서 쫓겨 나오면서 모로와 같은 선생님을 만나기를 절실히 원했습니다.

PART 2 | 05

화가의 재료와 도구 _ 18년간 붓 없는 작업

나는 붓을 사용하지 않고 오랫동안 나이프로 착색 작업을 해 왔습니다.

화가가 자기가 사용해오던 재료와 도구를 다 내던져 버리고 새로운 방법으로 작품 제작을 한 가장 유명한 예는 앙리 마티스(1869-1954)입니다.

파블로 피카소(1881-1973)가 가장 눈에 잘 띄도록 걸어 놓고 항상 경탄하고 질투한 마티스의 작품은, 순간적으로 태어난 것 같은 간결한 필치(데생력)와 거침없이 채색된 원색의 찬란한 유화 작품들입니다. 마티스의 이런 작품세계는 아마도 크레타 섬 크노소스(그리스 크레타섬에 있는 도시)'의 기원전 2700년에서 기원전 1200년까지의 미노스 문명에서 발굴된 프레스코 초상화에서 영향을 받았다고 합니다. 그 초상화는 너무나 매력적인 한 여인의 얼굴이어서 당시 발굴한 사학자가 발굴품 리스트에 '파리의 여인과 같이 아름답다'라는 별명으로 '라 빠리지엔느(La parisienne)'로 적어 놓았습니다. 마티스의 데생과 유화작품이 이 초상화로부터 영향을 받았을 것으로 나의 기행문 '크레타섬의 추억'에서 언급했습니다. 라 빠리지엔느와 마티스가 그리는 여인상은 대단히 유사한 점이 많습니다. 그리고 이 프레스코 초상화는 옆얼굴이면서도 눈은 정면에서 본 눈이어서 피카소가 시작한 3차원의 세계를 구사한 입체파 화풍에 큰 영향을 주었습니다. 그리고 이 프레스코 초상여인은 그 기법과 분위기에서 느끼는 현대성으로 인해 20세기 여러 현대미술가들에게 커다란 영향을 주었습니다.

나의 친구이자 후원자였고 프랑스 문화성에서 근무하며 미술에 해박해 있던 베르나르 앙또니오즈(1921-1994)는, 마티스의 명성에 대해 이렇게 말했습니다. 색종이 작업을 시작하기 전까지는 마티스의 명성은 그렇게 까지 크게 알려지지 않았다 했습니다. 마티스는 그의 기법으로 계속해서 주옥 같은 작품을 제작할 수 있었음에도 불구하고 유화기법을 버리고, 말년에는 커다란 가위로 색종이를 이렇게 저렇게 오린 미역줄기 같은 모양 등 갖가지 단순한 형태를 커다란 화면에 띄엄띄엄 붙이는 '빠삐에 꼴레' 작업에 몰두했습니다. 마티스가 그의 성숙한 작업 방법을 이렇게 바꾼 것은 말년에 손이 떨려서 데생을 제대로 할 수 없었기 때문이었습니다.

그러나 이런 작품들은 그가 과거에 했던 작업과 생판 다른 것이 아니고, 누가 보아도 그것이 마티스의 작품이라는 것을 단박에 알아보게 하는 일이었습니다. 이 우연한 작업이 마티스를 삽시간에 세계적으로 유명하게 만들었고, 이를 계기로 그의 모든 작품에 대한 재평가가 이루어져 마침내 그는 희대의 대가로 인정받게 됐던 것입니다. 작가들은 때로 고민할 필요 없이 그대로 나가도 될 것 같은데도 이상하게 깊은 고민에 빠져 마티스와 같은 대전환을 하는 경우가 종종 있습니다.

2002년 여름부터 내가 새로 그리는 그림은 붓으로 그리는 그림입니다만, 나는 그전 18년 동안은 붓을 사용하지 않았습니다. 앞서 나는 내 작업이 추상에서 구상으로 전환되고, 그 후 나의 색채를 다 버리고 쓸쓸한 단색조의 작업을 했었고, 그런 후에 색채를 다시 꺼내게 되었다는 이야기를 했습니다. 그런데 색채를 다시 꺼냈을 때 또 다른 커다란 고민에 부딪혔습니다. 그것은 어떡해서든 나의 작품이 더욱 독창적이어야 하겠다는 문제였습니다. '한번 친 피아노 음으로 쇼팽임을 즉시 알아보게 하는 것' 같은 독창성을 원했습니다. 작품에 보인 사인을 보고 난 후에 작가가 누구로구나로 알아보게 하기 보다 피아노 한음만 듣고도 그것이 쇼팽임을 알도록 했듯이 나의 색 한 점에서 '오(ô)'임을 알도록 하는 방법 말입니다.

방법을 찾기 위해서 그림도구 중 절대 불가결한 붓의 사용을 포기하면서 붓 없이도 나의 모든 재능을 그대로 살리는 방법을 모색하기로 했습니다. 그리하여 유화 붓을 모두 벽장 속에 넣어 버렸고 나의 화실엔 채색과 팔레트, 캔버스, 기름병과 페인팅 나이프가 나의 작업을 돕는 재료로 남았습니다.

그때가, 1984년부터 2002년 봄까지, 18년 동안 나는 붓을 사용하지 않고 작품을 만들었습니다. 1995년을 전후로 작품 내용을 나누어 생각할 수 있겠는데, 그 전의 것은 구상작품의 연속이었고 그 후의 것은 나뭇잎 시리즈 작업인 색상을 나누는 추상 세계입니다.

구상작품에선 아직은 약간의 볼륨감을 살렸고 그 형태의 윤곽을 검은 선으로 칸막이를 만들어 인접된 형태들을 공간 여백에서 분리해 놓았습니다. 평면이지만 보는 각도에 따라서 색의 깊이가 변해 보이는 나뭇잎에선 초기엔 칸막이를 계속했다가 나중엔 칸막이를 없앴습니다. 그러나 윤곽에 들어가는 가는 선을 만들 땐 어차피 한 자루의 세밀한 붓이 필요하긴 했습니다.

이러한 추구는 간단히 말해서 형태의 윤곽을 어떻게 결정하는가를 점점 문제로 삼기로 한 것이었고, 모든 형태는 색면으로 처리했습니다. 그 채색은 나이프만으로 하면서 나이프의 흔적이 보이지 않도록 했습니다. 이렇게 하여 나는 독창적인 기법에 성공했는데 스테인드글라스나 칠보에서 보는 것처럼 투명하면서도 깊이도 있는 강한 색채를 칸막이를 만들어 분리해 놓는 기법이었습니다. 나는 이 작업을 18년 동안이나 계속해 나갔습니다.

내가 붓을 버리고 싶었던 충동은 아주 오래전 피치 못할 다음과 같은 이야기로부터 시작됩니다.

고등학교 때 미술 선생님은 본교 출신의 화가이셨습니다. 그 미술 선생님은 이상하게도 미술 시간에 미술 실기가 아닌 수업, 기하 담당 선생도 아닌데 컴퍼스와 T자를 들고 들어오셔서 입체 기하를 가르치셨습니다. 보는 눈의 각도와 원근 거리감이 사물을 파악하는 미술 실기에 필요하다고 생각하신 모양입니다만 따분하도록 재미가 없었으며 그 시간은 미술시간이 아니었습니다.

한 번은 그 따분한 수업 시간 중에 갑자기 내 이름을 부르며 "오천룡, 사군자가 무엇이냐?"고 연관도 없는 질문을 하셨습니다. 나는 그것이 무엇인지 갑자기 몰라서 얼떨결에 "모릅니다."고 대답했습니다. 반 아이들 중에서도 그것을 아는 아이는 한 학생도 없었습니다. 그러자 선생님은 "미술반원인데 그것도 모르단 말이냐?"고 곧 핀잔을 주셨기 때문에 나는 그만 홍당무가 되었고, 그 후 동양화의 주된 주제인 매화, 난초, 국화, 대나무가 바로 사군자인데 그것을 몰랐다는 것이 오래도록 창피했습니다.

여담입니다만, 나중에 가까운 친구에게 그와 비슷한 일을 당해 보고는, 가장 가깝다고 모두가 생각하는 사람을 좌중에서 지목해 갑자기 창피나 면박을 주고, 지금 자기의 어떤 어정쩡한 입장을 아주 올바른 행동인 양 보이고자, 주제를 되돌려보려는, 기분 나쁜 대화 수법 중의 하나라는 것을 안 것은 한참 후였습니다.

그때 미술반에 가면 그 미술 선생님은 나를 기다리고 있다가 하루 종일 쓰신 몇 십 개의 유화 붓을 한 아름 주고 빨아 놓으라고 명령하였습니다. 그래서 나는 몇 년 동안 의무적으로 선생님 유화 붓을 빨았습니다. 빨아야 할 붓을 받는 날은 내 그림을 제대로 그리지 못하는 날이었습니다. 미술반 준비실을 화실로 혼자 독차지해 쓰시는 선생님은 누가 붓을 제대로 빨아 줄 수 있는가를 미술반 학생들에게 돌아가며 시켜 보고는 내가 제일 붓을 잘 빤다는 칭찬과 함께 그 일을 전적으로 내게 맡겼습니다. 옛날 같으면 먹을 갈게 하면 선생님의 수제자가 되는 것을 뜻했겠지만은 나는 그 선생님을 별로 따르지 않았고 좋아하지도 않았습니다. 선생님도 나를 그렇게 좋아하지 않음을 역력히 느꼈습니다. 다시 말해서 모든 게 너무 명령적이며 권위적이었으며 웬일인지 나에게 자상하지 않았습니다. 나중에 미술대학을 졸업하고 어떻게 화단생활을 시작할지를 몰라서 근무하신다는 교육대학교의 시너 냄새 풍기는 화실에 찾아가, 붓 빨아드렸었다는 제자로서 인사 갔을 때, 어떤 도움과 충고되는 말씀과 함께 나의 진로를 걱정해 주시지 않았으며 매우 무관심하셨습니다. 그때 다시 한번 부려먹던 제자에 대한 그분의 냉정함을 확인했습니다.

아무튼 붓을 매번 잘 빨아서 그림을 그리시는 준비실 문 앞에 놓아드렸습니다.

유화 붓을 빨고 붓대를 청소하는 일은 그렇게 간단치 않았습니다. 지금은 여러 가지 용해액이 있어서 쉬울 수 있지만 그때는 빨랫비누 밖에는 별다른 방도가 없었습니다. 붓을 헝겊으로 눌러서 붓 속의 색깔을 짜낸 후 석유통에 휘저어 먼저 애벌로 닦아내고, 석유를 신문지에 짜서 기름기를 빼내고 그런 후에 비누로 여러 번 빨아내는 순서를 밟으면 붓이 깨끗해졌습니다.

그러나 그 미술 선생님 붓은 그런 순서로 빨 수가 없었습니다. 시너를 사용한 붓은 그렇게 해도 효과가 없었습니다. 선생께선 그림을 빠른 속도로 그리기 위해서 테레핀보다 휘발성이 더 강한 시너를 사용했고 그래서 붓은 벌써 꾸덕꾸덕 해져서 굳으려고 했기 때문에 빨기에 아주 나빴고 시간이 많이 걸렸습니다. 도장용 페인트에서 쓰는 시너는 유화에 사용이 금지된 것인데 그 선생은 약주를 좋아하셔서 작품을 빠른 속도로 많이 만들어야 했기 때문이었나 봅니다. 다량으로 만든다고 술을 마실 수 있는 것은 아니지만 선생께선 그림을 아무튼 잘 팔고 있는 것 같았습니다. 나는 붓을 빨 때마다 화가 나고 짜증이 났습니다. 내가 붓을 잘 빨아 놓았기 때문에 나에게 주는 붓의 양도 점점 더 많아졌습니다.

나는 이 나쁜 기억 때문에 다른 사람에게 절대로 붓을 빨도록 부탁한 적이 없습니다. 그 뿐만 아니라 나는 내 붓도 빨지 않으려고 붓을 사용하지 않는 유화 기법을 찾게 되었던 것입니다. 내가 다른 기법을 찾고자 해서 얻은 결과를 보면서, 선생이 나에게 붓 빠는 일을 계속 시켜서 진저리를 치게 한 것도 잘된 일이었는지 모르겠습니다. 도구사용 문제는 대학 다닐 때에도 있었습니다. 한 번은 붓 대신에 고무 룰러를 사용해서 추상 작품을 해 본 적이 있는데 그렇게 해보니 나보다 먼저 룰러를 사용한 사람의 작업 효과와 별다른 차이가 없었으며 단지 그의 흉내를 내는 격이고, 더군다나 다루기에 너무 쉬운 장난 같아서 곧 싫증을 느껴 룰러를 내던져 버렸습니다.

구상, 추상, 비구상 아니면 설치미술이나 영상미술에 이르기까지, 작가들은 독창적인 작품을 찾아가기 위해서, 현대로 거슬러 올라올수록 전통적인 익숙한 재료와 도구를 기피하면서 자기만의 어떤 재료와 도구를 발견해서 쓰려고 애쓰고 있다는 것을 볼 수 있습니다. 가령 유화기법에서, 독특한 기름의 사용, 다른 용제(기름이 아닌)의 사용, 특이한 과정을 거친 방법으로 손수 만드는 캔버스, 상점에 있는 재료나 도구를 거부하고 옛날식 비법에 대한 연구 등으로 아무튼 재료를 남과 다르게 쓰면서 작품 제작을 해 보려는 노력을 합니다. 그러나 재료학이라는 중요한 과목이 있어 온 것처럼, 그렇다고 아무 재료나 사용할 수는 없는 것이니까 재료에 대해서 잘 알아야 하는데, 그러므로 재료에 정통해 있는 것

자체가 상당한 창작능력일 수 있습니다. 어떻게 보면 새로운 재료의 발견과 그 자유 자재한 테크닉 구사는 현대작가들이 풀어 내야 하는 문제일는지 모릅니다. 그래서 이것은 대부분 작가들이 자기기법을 밝히기를 꺼리는 비밀에 속하는 사항입니다.

가령 유화 도구 일습을 장만하고 그림을 그릴 때 아무리 새로운 효과를 자기 식인 양 내려고 해도 잘 안되는 것을 알 수 있습니다. 풍경화를 그린다면 벌써 누군가 그렸던 방식의 풍경화를 그릴 것이며, 추상화를 그린다 해도 벌써 누군가 해본 추상화일 것입니다. 그 이유는 누구나 쓰는 색과 누구나 사용할 줄 아는 똑같은 그림 도구이기 때문입니다. 더구나 이 누구나 쓰는 전통적인 모든 재료는 그것이 발달해 오는 동안 누구에게나 같은 효과를 낼 수 있도록 편리하게 잘 만들어져 있습니다.

나만의 독특한 작품을 만들기 위해선 재료 선택과 기법에서부터 좀 달라야 합니다. 이렇게 달라야 한다는 의식을 갖는 단계가 되려면 어느 정도는 전통적인 재료의 사용에 익숙해질 만큼 훈련되고 표현 능력도 갖춘 다음이어야 함은 물론입니다. 그렇지만 작품을 재료에만 의존한다면 위험천만입니다. 왜냐하면 예술작품은 내용과 형식 두 요소가 서로 묶여 있어야 하기 때문입니다.

지금까지 얘기한 재료론과 도구론은 테크닉인 작품 형식만을 얘기한 것입니다. 재료 사용만을 강조하다 보면 예술이 무슨 발명이나 발명 특허품으로 전락할 것이며, 이것은 내용이 충실치 못한 현대미술이 당면하고 있는 함정 중의 하나라고 생각합니다. 이 함정에 관해서는 나중에 한 번 더 이야기해 보고 싶습니다.

PART 2 | 06

Ô선을 예고한 먹과 붓

　작업 열정을 자극하기 위해 먹과 붓으로 간단한 데생(소묘)을 한 두 장 해보는 습관이 나의 하루의 시작이었습니다. 유럽의 미술관에 다니며 모든 대가들 일의 자취를 찾아다닐 때 작품을 시작하기 전 먼저 에스키스(밑그림)로 구상을 구체적으로 해놓고 작품을 완성하는 순서를 보았기 때문에 데생은 회화의 출발이라고 생각하게 됐습니다.

　그리고 나는 데생과 크로키(속사)에 벼루와 먹을 가지고 다니며 붓을 사용했습니다. 아카데미 다닐 때도 그랬고 파리 미술학교 데생 교실에서도 연필이나 펜촉 대신 붓을 사용했습니다. 학교를 떠난 이후에도 나는 모델이 필요했기 때문에 아마추어 화가들이 다니는 가까운 아뜰리에도 한참 동안 다녔습니다.

　시청에서 운영하는 아마추어 화가들이 다니는 아뜰리에는 각 도시마다 있는데, 대개는 한두 곳의 초등학교 구내와 그 도시 예술센터에 있었습니다. 그림 그리기 취미를 가진 사람들은, 대부분은 은퇴한 사람들이지만, 누구든 등록을 하고 그림을 그릴 수 있었습니다. 일주일에 한 번은 직업 인체모델이 모델을 서고 있습니다. 직업 모델에게 주는 모델료는 참석한 화가들이 분담합니다. 모델 시간 순서는 20분 포즈로 하는 데생 세 번, 3분, 2분, 1분, 30초 포즈와 움직이는 포즈로 하는 크로키입니다. 이런 순서는 아카데미와 미술학교에서도 같습니다. 사용재료와 도구는 각자 마음대로이고 지도 교수는 교실을 운영하는 중심 역할을 하면서 학생들이 원하면 작업에 참견해 지도도 합니다. 그런 아뜰리에가 나의 집 가까운 학교에 열려 있어서 모델 포즈를 보기 위해 다녔었습니다.

같이 데생하는 사람들은 내가 먹과 붓으로 그리는 것을 보고 신기해했습니다. 그 신기함은 한 유명한 중국 화가가 프랑스에 와서 환영 받느라 마티스와 피카소를 만난 호텔 로비 응접실에서 환담하며 각기 데생을 해 보였는데 중국 화가가 먹과 붓으로 그리는 것을 본 서양화가들은 서로 눈을 찡긋하며 쳐다보고 흐느적거리는 붓으로 그리는 중국 화가가 대단하다는 표정을 지었다는 일화에도 있습니다.

먹과 붓을 사용하며 나는 가끔 생각했습니다. 만약 대학과정이 동양화와 서양화 둘로 나누어지지 않고 병행할 수 있었다면, 다시 말해서 동양화와 서양화 간의 벽을 쌓지 않고 통틀어 '회화'로만 한 것이었다면 나는 동서양의 양쪽 전통과 형식을 잘 배합할 수 있었던 우뚝 선 개성을 마련하였을 것이고, 거기서 잉태된 한국 문화권 개성을 띤 작업을 하는데 큰 도움을 받았으리라 하는 생각을, 시간이 흐를수록 점점 더 깊이 했습니다. 이렇게 동서 양쪽을 잘 배합할 수 있었던 시간을 더 많이 가졌더라면 나는 양편의 좋은 요소를 둘 다 소화하고 소유함으로써 서양의 화가들이 가지지 못한 동양적인 영감, 즉 동양적인 미적 요소를 더 잘 표출할 능력을 딛고 나만의 독창성을 더 일찍, 그리고 더 확연하게 개척할 수 있었을 것이라는 아쉬움이 항상 따라다녔습니다.

붓과 벼루는 어느 집에나 있었으니 당시의 한국 사람이라면 누구나 먹과 붓으로 글씨를 써 보았을 것입니다. 그것은 특별히 신비한 도구가 아니라 연필과 만년필이 없던 시절 우리의 필기 도구였습니다. 나는 초등학교와 중학교 1학년 때까지도 습자 시간이 있어서 붓과 먹을 다루어 봤었지만 불행하게도 그 후에는 먹과 붓을 더 이상 써 본 적이 없었고 미술대학 1학년 동안 동양화와 서예 시간에 다시 경험한 것이 전부였습니다. 청소년 시절 학교에서 서예를 못 해 본 것은 참 안타까운 일입니다. 나는 동양화와 서예를 더 계속해봐야 했는데 못했다는 후회를 끊임없이 해왔습니다.

그런데 막연하게나마, 얇아 찢어질 것 같은 습자지와 날아갈 것 같은 화선지의 촉감, 청결한 먹 향기, 먹물을 듬뿍 머금고 흐느적거리는 붓, 화선지에 스며드는 먹의 강도, 손의 연장인 붓대, 이 모든 것이 어딘지 모르게 마음의 고향을 찾은 것 같은 정다움과 평온함을 느끼게 해 주었었다고 늘 기억하고 있습니다.

전에 나는 바닷가 모래 색깔 긴 털을 가진 개 이름을 '돌이'라고 부르며 스코틀랜드 콜리를 길렀을 때, 돌이는 털이 길어서 자주 빗질을 해 주어야 했습니다. 한 번은 털에도 무슨 감각이 있을까 시험해 보았습니다. 돌이가 낮잠을 늘어지게 자고 있을 때 긴 털 끝 한 오라기를 모기가 스쳐 가듯이 살짝 건드려 보았더니 그 부위의 근육이 부르르 떠는 반응을 보였습니다. 몇 번 더 스치니 돌이는 눈을 떴습니다. 그 예민한 반응이 놀라워서 '그럼 내 머리카락은 어떨까' 하고 머리 한 올을 살짝 건드려 보고는 '나도 마찬가지구나' 하고 바보같이 웃은 적이 있습니다. 동양화가는 이와 같이 붓끝에 있는 붓 털 한 개의 감각까지 지배하고 있을 것입니다.

나는 프랑스 사람들이 흘림체로 쓴 펜 글씨를 보면서 로마 글자체를 이렇게 아름답게 써 낼 수가 있다니 하고 놀랄 때가 많습니다. 그것은 우리의 초서체에 버금가도록 읽기 어려우면서 매우 아름다웠습니다. 어쩌다 굵은 펜 촉으로 쓴 프랑스 친구의 카드나 편지를 받으면 그 글씨가 그렇게 좋을 수가 없었습니다. 서양 사람도 글씨를 쓸 때 먹(잉크)의 농담을 잘 터득하여 멋을 부렸습니다. 렘브란트 (1606-1669)의 먹 잉크 데생을 볼 때도 그가 얼마나 먹의 농담에 대해 예민한 감각을 가졌는지를 알 수 있었습니다.

내가 서양화를 택하고 대학을 다닐 때 서양화가 대부분 선배들이 동양화에 대해 이렇게들 말했습니다. 동양화는 화가가 방안에 편안히 앉아서 그야말로 신선놀음 하듯이 좋고 그럴듯한 것만 상상해서, 아니면 옛 것을 그대로 베껴서 조합하는 비현실적, 비생산적, 비사실적 그리고 비상식적인 그림이라고 한껏 격을 낮춘 얘기들을 주워듣고서 '그런 허무맹랑한 그림 세계로는 가지 않겠다'고 생각하였을 것입니다. 우리 학창 시절의 철없는 서양화과 학생들은 무료한 시간에 벤치나 잔디밭에 앉아서 동양화가들은 삿갓에 두루마기를 입고 그림을 그려야 하지만 우리는 김치나 밥이 아니고 버터와 빵을 먹으며 작업해야 되는 것 아니냐는 식의 엉터리 생각을 주고받았습니다. 모두가 한국인의 탈을 얼른 벗고 서양인으로 변신하고자 하는 큰 오산을 치르고 있었습니다. 그 시간에 우리는 우리 옛 문화의 자취를 보러 박물관과 미술관에 가서 우리의 정신적 유산이 어떠한 것인가를 탐구했어야 옳았습니다. 젊었을 때, 보다 철저한 탐구로 정신적인 무장을 갖추어야만, 화가로서의 장래가 있다는 사실, 그와 같은 미래에 있을 사실을 당시의 우리는 알고 싶어하지 않았습니다.

미술관에서 옛 문화가 가슴에 와 닿지 않고 이해를 못했다면 그대로 모사하는 연습이라도 열심히 했어야 했습니다. 뜻 모르는 어려운 문장이라도 자꾸만 반복해 읽으면 마침내 이해에 도달하는 기쁨을 얻는 것처럼 말입니다. 그러나 어두침침한 박물관의 두꺼운 유리창 뒤편에 있는 동양화를 어려서 보았을 때 나는 왜 아무런 느낌을 받지 못하였을까 하는 의문을 갖습니다. 그것은 내가 느끼고 있던 동양화 재료의 감각을 거기서 느끼지 못했기 때문이며, 여백이 받쳐주고 있는 동양화의 아름다운 세계에 대한 이해가 모자랐기 때문이었다고 생각합니다. 동양화는 어른거리는 유리창을 통하여 인공조명 밑에서 보는 것이 아닌지도 모릅니다. 동양화의 재료는 자연과 매우 일치하는 재료라는 생각이 들었다면, 이러한 동양의 그림과 사람 사이를 유리가 가로막고 있는 것은 부자연스러운 일일 것입니다. 그 그림은 자연의 숨소리를 들을 수가 없어서 미이라처럼 생명을 잃은 것으로 내 눈에 비쳐졌을 것입니다.

아니면 동양화를 어떻게 감상해야 하는지 자신 있게 가르쳐줄 선생을 못 만난 탓에 제대로 배우지 못했거나, 마땅한 전문서적을 만나지도 못한 탓일 수도 있습니다. 또는 당시의 세태가 동양화를 낮추어 보고 고리타분한 분야라고 여겼기에 나도 무의식 중에 그렇게 세뇌를 당했는지 모릅니다. 나 자신이 물밀 듯 몰려오는 서양의 물결에 도취되어 정신이 없었는지도 모르겠으며, 나라가 뒤지게 된 모든 책임을 옛 것과 우리 것에 전가하던 사회 풍조에 휩싸여 우리의 전통적인 그림까지 업신여겼는지도 모르겠습니다. 이런 가당치도 않은 잘못된 많은 생각에 의해 지배당한 나는 서양화를 더욱 하도록 떠밀어졌다고 생각합니다.

서양화를 분석 공부하면서는 인쇄된 화집의 작품 설명을 이해하고 그림을 눈으로 보지 않고 읽어보려고 하는 많은 노력을 하였고 나름대로 이러쿵저러쿵 평까지 하면서도, 가까운 박물관에 가기만 하면 얼마든지 직접 볼 수 있었던 원작 동양화나 서예 등 우리의 예술품들을 분석해서 이해해보는 감상다운 감상을 해본 적이 한 번도 없었습니다.

손재주가 조금 있고 색채를 좋아한다는 것만으로는 서양화를 하는 '완전 조건'이 아니라는 것을 나는 몰랐던 것입니다. 이 너무도 순진하고 단순한 동기에서 택한 내 서양화의 작업 진행은 동양적인 영감을 끄집어내야 할 바탕이 점점 고갈되면서 흔들리기 시작했고, 나를 끊임없는 방황과 창작의 고통으로 몰아넣고 있음을, 나는 한참 동안 모르고 있었습니다.

서양화가가 되려는 급한 희망만큼이나 빠르게 나 자신의 뿌리를 송두리째 뽑아 버리고, 모든 의문과 정답은 서양에서 찾으려고 헤매기 시작한 잘못은 나의 대학시절부터 저질러지기 시작했습니다. 그러므로 내가 서양화를 선택한 것은 필연이었으면서도 그 필연은 애매해지기 시작했습니다.

그 애매함은 끈질긴 나의 소묘와 크로키 과정 끝에 점차 사물의 윤곽에 필요하다고 생각하게 되는 '나의 선(Ô Line)'을 찾도록 돕고 있었습니다. 그 첫 번째 선은 1984년에 제작한 유화 3점에서 갑자기 나타났습니다.

PART 2 | 07

내 작업의 단계적 변화 _ 색채에서 선까지

내가 태어나고 어린시절을 보낸 동네는 청계천 가까운 중구 을지로 3가와 4가 부근이었습니다. 여름엔 잠자리채를 들고 청계천 바닥에 내려가 맨발로 뛰어다니며 잠자리를 잡으며 놀았습니다. 실개천이 되면 모래밭이 넓어졌고 모래알은 뜨거웠습니다. 모래 위엔 큰 가마솥 김이 모락모락 피어오르는 염색집이 있었고 그 옆엔 뱀탕파는 뱀집도 있었습니다.

나에게 색채하면 즐거워지곤 하는 유년시절 두가지 기억이 있습니다. 그 하나는 청계천 빨랫줄 바람에 펄렁이는 염색된 천과 다른 하나는 무쇠솥 걸어놓으시고 물감들여 널어놓으신 어머니의 천입니다. 어머니의 천, 어디서 그런 색이 나왔을까 하도록 감탄스러운 초록과 빨강색으로 물들여졌고 청계천 염색집 펄렁이는 천 역시도 어떻게 저렇게 선명하게 파랗고 노랄까 싶게 물들여진 원색들의 기억입니다.

천에 물든 그 강한 색들은 물에 젖었을 때, 줄에서 말라갈 때, 햇볕에 바짝 말랐을 때 시시각각 다르게 보였습니다. 그때 그렇게 물들어 요술 부리는 색채는 나의 눈동자 망막 뒤편에 각가지 색으로 옮겨져 물들어졌습니다. 내가 중학교 3년때 그린 수채화 〈온실〉에 구사된 색채는 이 두가지 사실에 근거하고 있었던 것을 나중에는 알았습니다.

한국을 떠나기 전 전위화가대열에서 열중해 있던 나의 비구상 추상화세계는 색채가 매우 요란한 색채들로 작업된 것이었습니다. 나는 어머니 물감들인 천과 청계천 물감들인 천으로 부터의 강한 인상 때문인지 밝고 강한 색채를 무척 좋아했습니다. 우리나라 화가들 아무도 그렇게 많은 강하고 화려한 색을 쓰지 않고 있었던 때였습니다.

색채화가는 칼라리스트라고 불린 야수파화가들에게 붙여진 것이어서 정확히 말하면 '주된 표현수단을 색채에 의존하려는 화가'를 일컫고 있습니다. 이 지칭은 삐에르 보나르(1867-1947)와 앙리 마티스(1869-1954)에게 처음 붙여졌습니다. 물체의 그림자에도 색채가 있다고 본 인상파화가들이 사물의 고유색에 대해 연구하면서 자연광선 아래에서의 물체색은 순간마다 다르게 보여진다고 재해석하기 시작하여 인상주의 화가들의 색채사용은 전 세대 화가들보다 폭넓어져 자유로워졌습니다.

아카데미에서 선생님들은 제자들의 색채사용을 철저히 제한하고 있었습니다. 내가 중고등학생일 때도 팔레트에는 검정색과 흰색은 팔레트에 아예 짜 놓지도 못하게 했습니다. 검정색과 흰색이 색에 섞이면 탁해진다는 이유였습니다. 갈색을 좋아하는 어느 교수는 갈색을 쓰지않는 제자의 그림엔 눈길도 주지 않았습니다.

영국 아카데미 선생이 제자에게 보라색을 쓰지 말라는 금지에 반발한 게인스

보로(1727-1788)는 일부러 보라색 옷을 입힌 인물화를 그려 보였고 캔버스 앞쪽에 초록색을 사용하면 그림을 조화롭게 하기에 어렵다는 가르침에 반대하기 위해 마네(1832-1883)는 화면 앞에 있는 발코니 난간을 초록색으로 칠해 그렇지 않음을 보였습니다. 동양에서도 색채를 사용하면 치졸하다고 여겼기 때문에 수묵화인 남화를 경지 높게 평가했고 색채그림 북화는 멸시했습니다. 이처럼 동양에서나 서양에서나 색채사용이 얼마나 까다로웠고 어려웠는지 알 수 있습니다.

일본화를 우리나라와 중국에선 경지 높은 회화로 쳐주지 않으려고 한 것도, 색채를 원색적으로 구사해 놓았기 때문에 유치하다고 했고 높은 경지가 없는 세계라고 단정했습니다. 그런 취급을 받던 일본 목판화가 프랑스에서 일어난 인상주의 화가들에게 큰 영향을 미쳤다는 것은 놀라운 사실입니다. 그 유치함과 더불어 서양화 역사에서는 존재하지 않았던 원근법 없는 과감한 구도는 아카데미 화풍의 전승에서 벗어나 새로운 돌파구를 찾으려는 인상파화가들의 눈에 크게 돋보여진 것입니다.

일본에서 조차도 한번 보고 버리는 만화같이 취급된 목판화는 그 사용된 종이가 수출용 도자기 포장용으로 적합하였기때문에 찻잔과 주전자에 싸여져 프랑스에 도착했습니다. 수입상은 그들 도자기의 포장을 풀어서 상점 앞 쓰레기통에다 버렸습니다. 아카데미 전통 전수에 반기를 든, 새로운 미술운동의 돌파구를 찾으려는 젊은 화가들은 도자기 수입상 가게 앞 쓰레기통에서 구겨진 목판화를 주어서 서로들 돌려보며 그 새로움에 대해 수군거렸고 그것을 연구해 차용하기 시작했습니다.

더구나 그 구겨진 목판화를 다림질해서 화실 벽에 붙여놓고 일본풍 영향을 받은 현대적 작가로 여기게 했습니다. 그 영향을 받았다는 화풍을 나타내기 위해 작품상에 일본부채를 그려넣고 기모노 입은 여인을 등장시켜 나타내 보였습니다. 모네(1840-1926), 마네(1832-1883), 반 고흐(1853-1890), 세잔느(1839-1906)까지도 나타내 보였습니다. 이런 일본 목판화의 영향을 받은 작가들을 '자포니즘(Japonism)'이라 부르며 그 시대의 현대화가로 일컫고 있었습니다.

반면에 서양화를 동양에서 제일 일찍 받아들인 일본의 미술학교 교육은 인상주의 화풍을 잘 알았을 터인데도 색채사용에 있어서는 학생들에게 매우 억제된 클래식한 미술사 수업을 시켰던 것 같습니다. 왜냐하면 일본유학을 다녀 온 우리나라 선배화가들이 어두운 화풍으로 일관되어 있기 때문입니다. 만약 우리나라 선배화가들이 일본을 통한 서양화를 배우지 않고 프랑스로 직접 유학을 떠날 수 있었더라면 우리나라 화가들의 색채가 훨씬 빨리 밝아졌으리라는 생각을 하게 됩니다.

그리고 1980년, 보스턴에 갔을 때 학교 미술반 출신 건축가 우규승 선배와 동행해 미술관에 가서 폴 고갱의 대작 〈우리는 어디서 와서, 어디에 있고, 어디로 가는 것인가〉를 오랜 시간 감상하고 있을 때 그 선배가 우리나라의 색깔 조화는 저 그림에서처럼 보색 관계로 사용된 초록색과 빨강색인 것 같다고 했을 때 그의 의견에 전적으로 동감했습니다. 그 선배가 지적한 우리나라 적인 색채의 조화라는 것은 절간의 단청에 칠해진 초록과 빨강색의 대비된 조화였습니다.

파리에 도착해서 나를 제로로 놓고 그림 그리기를 처음부터 다시 시작한다고 해서 구상 세계로 돌아갔을 때에도 나의 강한 색채는 그대로 나를 따라왔습니다. 그런데 언제부터인가 나의 큰 장기였을 자유스러운 색채의 무한한 사용이 나의 의도된 표현을 방해해 어지럽히고 있다는 사실로 고민하기 시작했습니다. 나는 그 혼란함을 해결해 보려고 1975년부터 6년간 색채를 버렸고 단색을 사용한 모노크롬한 화면과의 씨름을 시작했습니다. 그런 우회적인 과정을 거친 후에 다시 찾아지게 될 나의 색채사용이 과연 어떻게 변할 건가에 대해 나 자신은 궁금해하며 기대를 걸었습니다. 그래서 내가 이제까지 새김질했다고 생각한 나의 색채를 1980년 초부터 조금씩 다시 꺼내 조심스럽게 색채를 사용하기 시작했습니다.

그때 마침 나의 작업을 한참 들여다본 어느 미술 이론가가 '색과 선 중에서 하나만을 빨리 선택해야 하겠다'라는 충고를 해주려 했습니다. 그 이론가는 아마도 서양화는 색(명암)이고 동양화는 선이지 않겠느냐를 빗댄 것 같았지만 나는 아직도 그의 말이 맞는지 안 맞는지를 모르고 있습니다만… 왜냐하면 그것을 그가 말한 것처럼 딱 분리해서 존재시킬 수 있는 것인지 아닌지의 의문을 품으며 아직 풀어내지 못하고 있어서입니다.

그런데 그 의문을 풀지 못하고 있으면서 이번에는 절대적인 색의 가치 찾기 문제가 나의 새로운 문제로 대두되었습니다. 이 명제는 마티스가 풀다가 후세 화가들에게 풀라고 남긴 문제이기도 하였기에 기꺼이 이어받고자 한 것인지도 모릅니다. 나에게 있어서 이 문제 풀기의 길은 결국, 단색의 나뭇잎들을 캔버스 위에 거리를 두며 배치하면서 독립된 색(잎)들간의 조화를 완벽하게 해보려는 일이 되었습니다. 그것에 대한 열중은 끝이 보이지 않는 작업이 됐고 자그마치 7년 동안이나 계속되면서 지치고 말았습니다. 더 더군다나 나의 이 작업에 대해 아무도 관심을 보이지 않았기 때문에 나는 나의 길을 계속하기 위한 나의 재능이 한계에 왔다고 인정해야 했습니다.

우여곡절의 나뭇잎 작품 시리즈 작업을 지난 여름 어느 날 마무리 짓기로 결심하였고, 붓을 꺾고 글을 안 쓰기로 한 문인과 같이 나도 붓을 꺾었습니다. 그리고 한가히 놀기 시작하였습니다. 한 반년을 놀기를 계속해보니 그 계속 흐르는 놀기 시간은 나에게 또 하나의 지옥 같은 시간으로 변했습니다.

나는 붓을 다시 들기로 하였고 문제를 풀려는 고민 같은 것은 하지 말자면서, 편안한 마음으로 파리에 도착했을 때 그림처럼 붓을 사용하기로 하고 보이는 대로의 풍경화를 그리기 시작했습니다. 마치 베토벤이 7번 교향곡을 쓰고 나서 모차르트적인 편안한 8번 교향곡을 작곡했던 것을 흉내 내는 것처럼 위로하면서.

3
수필과 시

PART 3 | 01

내가 키운 오리

1

   3월 어느 토요일 아침, 파리 남쪽 사클라에 있는 나의 시골집 전화벨이 울렸습니다. 귀에 익지 않은 음성의 남자가 한국말로 나의 집 근처에 와 있는데 혹시 잠시 들려도 괜찮은지 물었습니다. 내가 잠시 머뭇거리니 그는 S신문사 파리 특파원 K라고 말했습니다.

   마을에 하나밖에 없는 공중전화에서 전화를 건 그에게 나의 집으로 오는 길을 알려주니 잠시 후 그의 차가 내 집 대문 앞에 도착하였습니다. 그는 다소 멋쩍은 듯이 차에서 내려 같이 온 동안의 장난기 있어 보이는 사나이를 나에게 소개했습니다. 그는 M TV의 파리지사 L 국장이었습니다.

   K 특파원은 집에 계실지 몰라서 빈손으로 왔다가 마침 마을의 담배 가게를

발견하여 담배 한 보루를 사 왔다고 내밀었습니다. 나는 좋아하던 담배를 굳은 결심으로 끊은 지 얼마 안 되었기 때문에 담배가 필요 없었지만, 그냥 고맙다고 받아두었습니다. 그들도 담배를 피우지 않았습니다.

두 사람은 집 뜰에 들어서면서 이곳에 온 사연을 설명했습니다.

"우리는 낚시꾼들인데, 낚시터를 찾느라 새벽부터 남쪽으로 내려오다 여기까지 왔다가 오화백 집이 이 근처에 있는 것 같아 전화했습니다. 프랑스에서는 물가를 모두 개인이 차지하고 있어 접근할 수가 없네요. 들기로 오화백 시골집이 물가에 있다고 해서…"

1989년 가을 정명훈이 바스티유 오페라 극장의 초대 음악감독에 취임해서 극장 개관 기념으로 베를리오즈의 〈트로와이엥(트로이 사람들)〉을 무대에 올렸을 때 당시 S 신문사 문화부장을 역임한 S 논설위원으로부터 그 오페라 참관기를 써달라는 원고 청탁을 받은 적이 있었습니다. 그 원고를 넘기고 원고료를 받느라고 K 특파원을 한번 만났던 적이 있었습니다.

나는 자연과 더욱 가깝게 지내면서 전원과 수목들을 소재로 삼아 작품을 하고 싶었기 때문에 1985년 시골집에 아뜰리에를 마련했습니다. 그래서 1989년부터는 아예 7년간 나는 파리 아뜰리에를 놔두고 시골집에서 전원생활을 하면서 자연을 소재로 작품을 만들기 시작했습니다. 이때 물가의 정경을 묘사한 작품을 많이 만들었는데, 물오리와 조각배 그리고, 전원 풍경화 속에 낚시꾼도 그려 넣었습니다.

정원 일을 하다 보니 꽃의 모양이나 잎의 형태에 대한 관찰을 자세히 할 수 있었습니다. 또한 계절과 더불어 바뀌는 대기의 변화를 피부로 느껴보고, 아침 새벽부터 한낮을 거쳐 저녁노을에 이르기까지 하루 동안에 일어나는 빛의 현상을 관찰했습니다. 밤이 되면 달빛과 별빛이 반짝이는 아득한 밤하늘을 응시하며 어둠의 신비를 음미했습니다. 바람 소리에 귀를 기울이며 바람이 지나가는 공간을 머릿속에 파노라마로 펼쳐서 상상했고, 폭풍과 폭우가 지나가면 조용하던 새들이 다시 요란히 부르짖는 노랫소리를 들었으며, 초원으로 떨어지는 찬란한 빛을 훔쳐보았습니다.

노동이 귀중한 것도 이때 알게 됐습니다. 나의 시골집은 지은 지 100년이 넘어서 낡고 손볼 데가 많았습니다. 집을 뜯어고치고 수리하는 데는 적지 않은 돈이 들어가므로 웬만한 것은 내 손으로 고쳤습니다. 직접 수리를 하면서 집의 모양과 공간을 더듬어 보았고, 자로 재면서 사람이 거처하는 곳 안팎의 생김새를 이해함으로써 입체 공간에 대해서 새로운 개념을 갖게 되었습니다. 그래서 전원 속에 있는 이런저런 그림의 요소를 섭렵하며 작품으로 나타내 보다가 결국은 모든 자연의 요소들을 생략하기에 이르렀습니다.

짙은 안개가 낀 어느 가을날 아침, 나는 부슬비 내리듯 사뿐히 떨어지는 나뭇잎들을 보고 새로운 시도를 시작했습니다. 땅에 닿기가 싫은 듯 공중에 잠시 떠 있는 가벼운 자세의 낙엽을 흰 화면에 배치하면서 구도를 잡은 멜랑꼴리한 작품을 7년 동안이나 줄기차게 계속했습니다. 그것은 내가 즐겨 쓰는 색채를 오색(五色)의 단풍 낙엽의 형태를 빌려서 화면에 잘 배치하고 구성하여 어떤 새로운 조화를 찾아내려는 매우 심미적이고 진지한 작업이었습니다. 이 작업은 아마도 나의 노년기를 결정짓는 듯한 외로움과 싸움이었습니다.

비록 조그만 샛강이지만 집 앞에 강이 흐른다는 것이 자랑스러웠기 때문에 나는 낚시꾼들을 정원 끝의 물가로 안내했습니다. 두 사람은 물을 보더니 희색이 만면해져서 '여기에 물고기가 많을 것 같다'고 했습니다. 그러고는 자동차에서 낚시 장비를 꺼내 가지고 내려와 고기 잡을 준비를 하기 시작했습니다.

나는 강태공들이 낚싯대를 드리우고 찌만 뚫어지게 보고 한없이 앉아 있는 모습을 그려 보긴 했어도 낚시를 해 본 적이 없었습니다. 또한 낚시에 대한 사람들의 열정을 잘 이해하지 못하는 축에 듭니다. 그래서 나는 아뜰리에로 올라가서 내 작업을 했고 점심때가 되어서 늦은 점심을 같이 먹었습니다.

그날 아침 내내 우리 강태공들은 고기를 한 마리도 잡지 못했습니다. 자기들은 물이 정지해 있는 연못 낚시만 했기 때문에 빠르게 흐르는 물에는 서툴다는 것입니다. 낚싯대를 걸어놓고 기다리는 붕어 낚시에는 자신이 있으나 낚싯줄을 길게 늘어놓고 마냥 풀었다 감았다 하면서 고기를 유혹해야 하는 송어낚시엔 빵점에 가깝다는 얘기였습니다.

유럽의 정치적 중심지인 파리에는 미국과 일본 다음으로 한국이 가장 많은 특파원을 파견하고 있습니다. 특파원이란 대체로 바쁘고 경쟁도 심해서 스트레스가 많은 직업으로 알고 있습니다. 특파원도 여가가 생기면 한국인이라면 다 미쳐버리는 골프를 치러 골프장에 가는 것이 보통입니다. 그런데 두 사람이 시대에 역행이나 하듯이 한가하고 명상적인 낚시를 하러 왔다는 것에 우선 정다움을 느낀 데다 적적한 시골생활에서 의외의 나그네들과 잠시 유쾌한 시간을 갖게 된 것이 반가워서 나는 그들에게 포도주를 대접했습니다.

강태공들도 파리에서 만나기 힘든 한 화가가 시골구석에 내려와 세상과 단절된 채 작품을 하는 것을 신기하게 생각하며 은근히 아뜰리에를 구경시켜 주기를 바라고 있었습니다. 그러나 나는 이 시골집 아뜰리에를 아무에게도 공개하지 않겠다는 방침을 일찍이 세워 놓았습니다. 그래서 그런 뜻을 설명하면서 아뜰리에 문을 열지 못한다고 양해를 구하고 낚시나 실컷 즐기시다 가시라고 했습니다. 나의 집을 방문하는 대부분 사람은 내 아뜰리에를 보고 싶어 했지만, 그때마다 나는 아뜰리에를 보여주지는 않겠다고 먼저 양해를 구했고, 실제로 내 시골집 아뜰리에를 구경하고 간 사람은 거의 없습니다.

그리하여 서로 눈치 빠른 우리는 서로의 직업적인 일에 관한 대화는 쉬어야 하는 주말 동안에는 그런 대화를 피하고 있었습니다. 점심 후에도 물고기를 잡기는 다 틀렸다고 생각한 낚시꾼들은 낚시를 고정해 걸어 놓고 교대로 가끔 물가로 내려가서 고기가 걸렸나 보기로 하고 연신 포도주 잔을 기울이며 얘기 꽃을 피웠습니다.

한참 만에 K가 물가로 내려갔다 오더니 물고기가 낚싯대 하나를 물고 도망가 버렸다고 했습니다. 그는 물고기가 낚싯대를 채가는 것은 낚시꾼에게는 길조라면서 좋아했습니다. 내가 배를 띄워서 찾아보자고 했으나 그는 굳이 낚싯대를 찾을 생각이 없는 듯했습니다. 그에게는 이미 낚시질보다는 술타령이 더 재미 있는 것 같았습니다.

우리 세 사람은 아침에 오자마자 통성명을 했으므로 이제 한국식으로 나이를 따져 보자는데 합의를 했습니다. L 국장, 나 그리고 K 특파원이 차례대로 연년생이었습니다. 그러나 나는 L을 L 국장, K를 K 특이라고 불렀습니다.

K 특이 "여기에 참새가 꽤 많네요." 하길래 이 계곡은 프랑스에서 제일 큰 밀밭 한가운데의 평원에 파여 물이 흐르고 있어서 새들이 제일 많은 곳이라고 했더니 참새를 쉽게 잡는 방법을 아느냐고 느닷없이 물었습니다. L 국장이 삼태기를 막대로 버텨놓고 잡는 방법이 있지 않느냐고 했더니 K 특은 그게 아니고 소주에다 쌀을 불려서 마당에 뿌려 놓으면 참새들이 사정없이 먹고 나서 술 취해서 비틀거릴 때 망태기에 주워 담으면 된다는 것이었습니다.

역시 시골 출신이라고 밝힌 L 국장은 지지 않고 저 강물에 오리 때가 줄곧 왔다 갔다 하는데 오리를 쉽게 잡는 방법이 있다고 했습니다. 자기가 살던 시골에서는 오리가 다니는 곳에 말뚝을 박고 낚싯줄에 지렁이를 미끼로 달아 놓으면 오리가 그것을 홀딱 삼키고는 움직이기만 하면 목에 걸린 낚싯바늘이 찌르니까

목이 아파서 꼼짝을 못 한다는 것이었습니다. 이런 우스운 이야기를 하면서 시간 가는 줄 모르고 포도주를 주거니 받거니 하였습니다.

2

나의 시골집이 있는 사끌라 마을은 파리에서 남쪽으로 65킬로미터 떨어진, 파리와 오를레앙 중간지점에 있습니다. 프랑스에서 제일 큰 밀밭인 보스 평원의 협곡을 굽이굽이 흐르는 주인느라는 작은 강가의 마을입니다.

강폭은 8미터쯤 되고 가운데 깊은 곳은 사람 키 한길 정도 됩니다. 강의 수원지는 나의 집에서 10킬로미터쯤에 있습니다. 이 강은 마을과 마을을 두루 거쳐 에손느 강으로 흘러 들어가고 에손느 강은 세느 강과 합쳐집니다.

에손느 강이 흐른다고 하여 에손느라고 부르는 이 지방은 파리를 크게 둘러싸고 있는 파리 생활권인 '일 드 프랑스' 남쪽이 되며, 사끌라는 그 외곽 거의 끝에 위치해 있습니다. 세느 강은 샹파뉴 지방을 통과하여 흘러온 마른느 강과 만나 파리를 관통한 후 지그재그로 흘러 노르망디 평원을 지나 도버해협으로 빠져 버립니다.

주인느 계곡 위 보스 평원은 바다처럼 한없이 펼쳐져 있어 그 끝이 하늘과 맞닿아있습니다. 밀밭 길을 차로 달리노라면 한참 동안 큰 원의 중심에서 벗어나지 못하는 듯한 착각을 하게 됩니다. 이 밀밭에 서면 늘 나의 존재가 얼마나 미미한지를 절감하게 됩니다.

보스 평원 계곡에 봄기운이 완연하던 어느 날 낚시를 하러 왔던 L 국장으로부터 다시 한번 사끌라고를 방문하겠다는 전화가 왔습니다. 그날 유독 화사한 봄날이었는데, L 국장은 이번에는 부인과 함께 왔습니다. 그는 차에서 내려 트

렁크를 열더니 마분지로 만든 큰 상자를 꺼내 들고 대문을 들어섰습니다.

여전히 낙천적인 표정을 띤 L 국장은 싱글벙글 웃으며 정원 계단과 풀밭을 지나 샛강이 저만치 내려다보이는 테라스까지 내려와 큰 상자를 내려놓았습니다. 그러고는 '자, 봐라, 내가 얘기한 대로 정말 멋진 곳이지?'하는 다정한 눈길을 아내에게 보내고 있었습니다. 초면의 부인은 "참 좋은 곳에 사십니다! 이 계곡을 들어서니까 경치가 아름답고 시골 냄새가 물씬 나면서 딴 세상 같네요. 파리에서 아주 가까운데도…. 제 남편이 꼭 구경시켜 주겠다고 성화를 해서 염치 불구하고 이렇게 저도 불현듯 함께 왔습니다." 하고 이곳 풍치를 칭찬했습니다.

L 국장은 지난번에 느닷없이 K 특파원의 안내로 왔다가 낚시질도 하고 예기치 않은 환대를 받아서 오늘은 내외가 고맙다는 답례로 이렇게 인사차 왔노라고 예의를 차렸습니다. 그러고는 가져온 커다란 상자를 가리키며 나에게 가져온 선물이라고 했습니다.

나의 개 돌이는 손님이 도착한 대문에서부터 상자를 맴돌면서 냄새를 맡으며 계속 끙끙거리고 있었습니다. 상자에는 동그란 눈 구멍이 여러 개 뚫려 있고 무언가 움직이기도 하고 가끔 뒤뚱거려서 나도 무엇이 들어있는지 궁금하게 생각하고 있던 참이었습니다. 선물치고는 상자가 너무 커서 그 속에 무슨 장난이 숨겨져 있으리라 의심을 하면서 상자 뚜껑을 열었더니 그 속엔 뜻밖에 귀엽게 생긴 한 쌍의 오리가 들어 있었습니다.

깜짝 놀라 "아니, 오리는 웬 오리?" 하였더니 L 국장은 자기 아내와 눈을 맞추며 재미있어 못 견디겠다는 듯이 껄껄 웃더니 사연을 설명했습니다. "지난번에 왔을 때 저 강가에 오리가 많이 헤엄쳐 다녀서 잡아먹자고 하고 싶었지만 오 화백이 자연 보호론자 같아서 야생오리를 잡기는 틀렸기에 집오리를 사서 왔습니다. 부탁인데 좀 길러 주시고 가을쯤 다시 올 테니 그때 우리 술안주로 잡아

먹읍시다." L 국장 내외는 그날 아침 일찍 파리의 센느 강변 뚝 메지 스리거리에 있는 유명한 조류 시장에 가서 이 오리 한 쌍을 사서 차로 한 시간 거리인 우리 집으로 부리나케 달려왔다는 것입니다.

그토록 오리고기를 술안주로 하고 싶다면 사냥한 오리를 그때 가서 사면 되련만 그 값의 열 배나 되도록 지불하고 관상용으로 파는 산 놈으로 사 온 것입니다. '오리고기라면 사다가 요리해 먹으면 될 텐데⋯.' 하는 짧은 생각만 할 줄 아는 나는 불현듯 허를 찌르는 기습을 당하고는 어떻게 대처해야 할지 몰라서 잠시 할 말을 잊고 있었습니다.

L 국장의 아내는 커다란 눈만 떴다 감았다 할 뿐이었습니다. 남편이 신바람이 나서 아침부터 서둘러 한 일이기 때문에 자기로서도 어쩔 수 없었노라는 듯한 난처하고도 유쾌한 표정만 보이고 있었습니다. 할 수 없이 나도 한바탕 소리 내어 웃으면서 그것이 놀랍도록 재미있는 선물이라는 것을 인정했습니다.

L 국장은 여기에 희한한 이야기를 덧붙였습니다. 집오리는 알을 낳기는 낳는데 품을 줄을 모른다는 것입니다. 그래서 오리가 알을 낳으면 먹물로 오리알을 새까맣게 칠한답니다. 점점 알 수 없는 이야기를 하길래 왜 그렇게 하느냐고 물었더니, 새까맣게 칠한 오리 알을 이번에는 다시 흰 알이 되도록 검은 표면을 칼로 말끔히 베껴 낸 후 암탉이 품고 있는 달걀과 섞어 놓으면 부화가 되어 병아리와 함께 오리 새끼가 태어난다는 것입니다.

"그런데, 오 화백 댁에선 닭을 안 키우니 어쩌나." 하더니 "이 동네에 닭 키우는 집 없습니까?" 하고 되묻는 것이었습니다. 오리 박사 L 국장의 이야기가 무슨 소리인지 이해가 안 되었지만 더 물어봐야 점점 바보가 될 것 같아서 머리만 긁적이고 있었더니 그는 이내 알아차리고 친절한 설명을 더 해주었습니다. 오리알의 부화 기간은 28일이기 때문에 21일 만에 부화하는 달걀과 부화 시간을 맞추기 위해서는 오리알의 껍질을 얇게 해주어야 한다는 것입니다. 그것이 L 국장 고향마을 사람들의 희한한 오리알 부화법이었습니다.

그제야 나는 학교 때 배운 달걀의 부화 과정을 더듬어 생각해 냈습니다. 그의 이야기를 다 듣고 보니, 암수 한 쌍을 사 온 이유가 분명해졌습니다. 오리를 번식시켜서 술안주 감이 끊기지 않게 한다는 '음모'였던 것입니다. 그래서 또 한 번 웃어야만 했습니다.

스파게티 국수는 이탈리아 롬바르디아 평원의 작열하는 태양 아래서 익은 밀로 만들어야 제격이고, 바게트 빵은 대서양에서 불어오는 바닷바람을 맞으며 익은 보스 평원의 밀이어야 한다는 말이 있습니다. 이처럼 보스 평원에서 생산되는 밀은 세계적으로 질이 제일 우수한 밀입니다. 이 평원에서 생산하는 밀을 도시로 운반하기 위해서 주인네 강은 뱃길로 이용되었던 것입니다. 프랑스에서 가장 먼저 철도가 깔린 것도 파리와 보스 평원을 잇는 철도였습니다. 강변 곳곳에는 밀을 빻는 물방앗간이 있습니다. 규모가 아주 큰 기념비적인 물방앗간들도 아직 많이 남아 있어서 관광객들의 발길이 이어지고 있습니다.

주인느 강변에는 또 빨래터가 강변을 따라 여러 곳에 남아 있습니다. 마을 공용 빨래터는 규모가 크고 개인용은 조그맣습니다. 빨래터는 세탁기가 나오면서 무용지물이 되었지만 빨래터를 잘 보수하여 기념물로 각기 보존하고 있습니다. 빨래터라고 하지만 우리나라 마을의 빨래터와는 모양과 규모가 다릅니다. 빨래터의 건물은 돌로 번듯하게 벽을 쌓고 기와지붕을 얹었으며, 건물 내부에 널찍한 공간이 있고 물가 쪽은 벽을 안 세워 여럿이 함께 빨래를 할 수 있도록 되어 있습니다. 빨래판으로 쓰이는 경사진 넓은 반석이 물가를 따라 설치되어 있고, 세탁이 끝난 침대 보와 옷가지 등을 걸어 놓아 물을 빼도록 긴 철봉이 허리 높이로 튼튼히 가로질러 놓여있습니다.

여성해방에 기여한 20세기 문명의 이기로서 제일 먼저 손꼽아야 할 것이 있다면 아마도 세탁기일 것입니다. 빨래터를 보고 있노라면 지난날 빨래가 여성들에게 얼마나 성가신 일이었을지 짐작이 갑니다. 그러나 옛날의 빨래터에는 아낙네들이 시끌벅적한 수다와 웃음이 있고, 삶의 활기와 낭만이 넘치는 모습이었을 것입니다.

나의 시골집 정원에도 빨래터로 쓰던 건물이 강가에 조금 남아 있습니다. 다 허물어졌지만 전에 이 집에 살던 사람이 나아진 ㄴ자 돌벽에 나무판자로 ㄴ자를 보태어 직사각형 ㅁ자 모양의 닭을 키우던 우리가 남아있었습니다. 나는 L 국장이 선물한 오리 한 쌍을 우선 거기에 가두었습니다. 그날 밤 돌이는 밤새도록 컹컹 짖어댔습니다. 새로 들여온 오리 부부를 살쾡이로부터 보호하려는가 보다 하고 잠을 청했습니다.

3

동이 틀 무렵부터 햇살이 계곡에 퍼지기 직전까지 새들은 노래잔치를 신나게 벌입니다. 이 요란한 새들의 교향악을 아침마다 듣는 것은 시골에 사는 큰 기쁨 중 하나입니다. 온갖 새가 서식하고 있는 이 계곡에서는 하루 종일 새가 울지만 특히 아침에 일제히 노래합니다. 뭇 새들의 음악이 조금 잠잠해지는 한낮에는 산비둘기와 뻐꾸기의 차례가 됩니다. 뻐꾸기가 울면 내 조국 산야가 그립게 됩니다.

날마다 새소리에 아침잠에서 깨어나서 잠자리에서 한참 동안 뒤척거리며 비몽사몽간을 헤맬 때가 나에게는 정말 행복한 시간입니다. 글을 쓰는 이들은 이럴 때 간밤에 써 내려간 문장 속에서 마음에 걸리는 단어를 바꾸어 보고 어순을 더 잘 배열해 볼 수 없을까 궁리를 하겠지요. 마찬가지로 화가인 나도 선과 색채를 어떻게 더 낫게 사용하고 배치할 방법이 없을까 수없이 돌이켜 생각하다가 어수선한 잠에서 깨어나기 일쑤입니다.

그래서 실제로 붓을 놀릴 때보다도 새벽에 눈을 감고 어제 작업한 일을 머릿속에서 처음부터 다시 그려보고 고쳐 보았던 반추의 결과가 작업을 갑자기 잘 풀리게 하여 작품을 일사천리로 완성할 수 있게 해주는 경우가 많았습니다. 그러므로 침대에서 일어나기 전 지난밤에 고심하던 작품을 잘 마무리할 아이디어를 얻었을 때 들려오는 활기찬 새들의 노래는 나의 아침을 더욱 찬란하게 해줍니다.

오리 한 쌍이 우리 집에 온 다음날 아침 침대 속에서 나는 그림 생각은 제쳐두고 오리를 어떻게 길러야 할지 골똘히 생각할 뿐이었습니다. 자리에서 일어나 나의 충견 돌이를 앞세우고 발목까지 다 젖도록 이슬을 머금은 풀밭을 지나 오리를 가둔 우리로 갔습니다. 두 마리의 오리는 몸을 서로 꼭 붙인 채 있었습니다. 물그릇에 물을 더 채워주고 모이 그릇에 쌀과 보리를 더 담아 주었습니다. L 국장은 오리가 날지 못하게 하려면 속 날개를 가위로 싹둑 잘라 주라고 했는데 정확히 어디를 잘라야 할지도 모르고 함부로 가위질을 하는 것이 내키지 않아 그대로 두기로 했습니다.

오리가 물을 즐길 수 있도록 오리장을 넓히기로 했습니다. 오리 우리와 냇물가 일부를 합쳐 넓은 울타리를 만드는 설계도를 스케치해 보았습니다. 그 다음에 애완용 동물도 팔고 정원용 장치 기구를 파는 규모가 큰 가게인 자르딜랑에 갔습니다.

자르딜랑은 나의 집에서 10킬로미터 떨어진 계곡 초입에 있는 에땅쁘라는 큰 도시에 있습니다. 이 대형 상점에서는 각종 묘목과 씨앗, 정원수, 정원 기구와 관상용 열대어에 한국산 다람쥐까지 팔고 있습니다. 시골 사람들처럼 나도 그 가게에 철마다 자주 가서 꽃씨와 모종, 묘목과 채소종자를 사 왔습니다. 그 상점에서 나는 오리장 울타리를 치는데 필요한 철망과 오리 먹이로 '새들을 가까이서 보려면'이라는 그럴듯한 문구가 포장지에 쓰여있는 막 보리쌀 한 자루를 샀습니다.

 오리장을 만들 만반의 준비를 한 후 끈으로 오리 발목을 잡아매어 배를 매두는 말뚝에 묶고 오리를 강물에 띄워 주었습니다. 오리가 묶이지 않고도 물놀이를 즐길 수 있도록 우리 안으로 냇물이 흘러가게 철망을 넓혀서 친 후 지난해 대나무 밭에서 솎아낸 마른 대나무로 울타리 위를 얼기설기 엮어 지붕 덮개를 만들었습니다. 온종일 오리 집을 만드느라 분주하게 보내다 좀 이상한 예감이 들어 오리 있는 쪽을 곳을 힐끗 보니 두 마리 중 한 마리가 보이지 않았습니다.

 발목에 단단히 맸던 끈은 어느 틈에 풀려서 물에 둥둥 떠 있고, 그 자리에 있어야 할 오리는 온데간데없이 없어진 것입니다. 그 암놈의 다리를 묶을 때 너무 세게 매면 피가 안 통할 것 같아서 좀 느슨히 맸던 생각이 났습니다. 혼자서 헛갈퀴질을 하고 있는 숫놈만을 어이가 없어서 바라보고 있는데 가만히 바라보니 저만치 물 위에서 암놈이 이쪽을 바라보고 있었습니다. 그래서 '옳지 거기 섰거라' 하고 배를 저어 오리에게 다가가니 그 놈은 내가 다가간 만큼 거리를 유지하며 계속 도망을 가다가 나중에는 강 건너편 뭍으로 올라가는 것이었습니다.

 내 오리를 잡을 요량으로 남의 집 땅이거나 말거나 나도 뭍으로 올라가 이리 뛰고 저리 뛰면서 그 놈을 잡아 보려고 했으나 그 놈은 껑충 날기도 하고 뒤뚱거리기도 하면서 내가 접근한 거리보다 두 배 세 배 더 멀리 도망다녔습니다.

 덤불에 걸려서 넘어지고 곤두박질을 치면서 따라다녔지만, 마냥 남의 집 숲 속을 휘젓고 뛰어다닐 수도 없는 데다 잡을 가능성도 없었기에 나는 추격을 포기하고 배를 타고 집으로 돌아왔습니다. 그 놈을 잡아 올 묘안을 궁리하며 테라스에 앉아 숨을 돌리고 있자니 어느새 그 암놈이 숫놈 곁에 와 있는 것이 보였습니다. 옳지 됐구나 하는 생각으로 잡으러 뛰어가 보았으나 암놈은 이번에도 나를 조롱하듯이 멀리 도망쳤습니다. 몇 차례 이 짓을 되풀이한 후 그제서야 나는 오리가 자유를 준다고 정처 없이 어디론가 멀리 가버리는 것이 아닌 것을 알게 됐습니다. 이 오리 한 쌍이 파리 시내 메지스리 조류 시장에서 어떻게 만났는지는 모르겠으나 그동안 동반자도 생겼고 하룻밤 지낸 잠자리도 있으므로 결코 멀리 떠나지는 않을 것을 믿게 되었습니다.

그래서 이번에는 숫놈을 안아다 정원 가운데 벚나무에 매어 놓았더니 과연 얼마 후 암놈도 뭍으로 올라왔습니다. 나는 그 놈이 물가로 가는 길을 막아선 후 커다란 소쿠리를 들고 몰이를 시작하여 마침내 덤불 속에 머리를 처박고 숨은 놈을 덮칠 수 있었습니다. 마침내 오리 한 쌍은 새 오리장에 입주를 하였고, 나와 돌이는 풀밭에 기대앉아서 오리들이 놀고 헤엄치는 모양을 보며 행복해했습니다. 이때 들오리 한 떼가 지나가면서 우리 속에 갇힌 오리를 보았고, '너희들은 왜 거기 갇혀 있니!' 하는 듯 꽥꽥거렸습니다.

살찐 보리를 모이통에 수북이 담아 우리 안에 놓아 주고 멀리서 살펴보니 좀 전에 날아가던 오리들이 어느새 올라와 우리 밖에서 긴 모가지를 철망 구멍에 넣고 주둥이로 보리를 도둑질해 먹고 있었습니다. 팔자에도 없는 오리 사육을 시작하면서 이런 광경도 즐기게 되었지만 나의 하루 일과는 공연히 바빠지기 시작했습니다. 시골 생활은 마냥 한가로울 것 같지만 일하고 쉬는 일정이 빡빡하게 짜여 있어서 예상치 않은 새로운 일이 끼어들면 시간을 쪼개 써야 하는 방법을 찾아야 했습니다.

이렇게 며칠이 지난 후 아침에 정원에 나가니 돌이 녀석이 꼬리를 흔들며 이상한 표정과 몸짓으로 나를 다그쳤습니다. 무슨 일인가 하면서 습관적으로 강변의 오리장에 가보니 우리 속에는 내가 도날드라고 이름 지어준 숫놈만 있고 암놈이 또 보이질 않았습니다.

우리 안을 샅샅이 살피다 보니 물 밑으로 둘러친 철망 울타리 밑에 기다란 목이 걸려서 암놈이 익사해 있었습니다. 놈은 탈출을 위해 거기까지 잠수를 했으나 철망에 걸려 빠져나가지 못하고 익사해 버린 것이었습니다.

강 상류에 있는 우리나라 미나리와 비슷한 크레송(샐러드용 채소, 물랭이) 논에 강물을 끌어댈 때면 강물의 수위가 잠시 아래로 내려가는데 놈은 그때를 틈타 탈출하려고 했던 듯합니다. 강 상류 쪽으로 6킬로미터쯤에 있는 마을 메레빌에는 차고 맑은 물에서만 자라는 크레송을 재배하는 논과 송어를 키우는 양어장이 있어서 프랑스에서 그곳은 크레송 재배로 이름난 고장입니다.

도날드란 놈은 아무 일 없는 것처럼 우뚝 서 있었고 돌이는 안절부절 못하고 끙끙거리고 울타리 이쪽저쪽을 분주히 왔다 갔다 했습니다.

4

강물에서 들오리들이 짝지어 다니는 것을 보고 있으니 졸지에 홀아비가 된 도날드가 처량해 보였습니다. 들오리들을 관찰하였더니 암컷에겐 언제나 졸졸 쫓아 다니는 수컷들이 몇 마리씩 있는데, 그것도 암컷이 쫓아 다니도록 허락한 놈들만 쫓아다니고 있었습니다. 그렇지 않고 빌붙어 보려고 하는 수컷들은 그보다 훨씬 떨어진 곳에서 서성대지만 절대 함부로 끼어들지는 못합니다.

이 강가에 사는 오리들은 우리나라에서도 흔히 볼 수 있는 청둥오리인 것 같은데 수컷은 암컷보다 색상이 더 화려합니다. 머리와 목은 광택이 나는 녹색이고 가슴은 진한 자갈색이면서 그 녹색과 자갈색 사이에 흰 줄을 목걸이 같이 둘렀습니다. 몸 아래쪽은 진주 빛과 같은 은회색이고 그 나머지 부분은 누릇누릇한 회색이고 꽁지 아래 부분은 검정색이며 넓적한 부리는 황색입니다.

암놈도 짙은 색으로 목에 목걸이를 두르고 있으나 잘 보이지 않고 털 전체가 윤기가 거의 없는 얼룩진 갈색빛이고 날개 부분에 청보라색 띠를 걸쳤고 부리는 연한 황색으로서 몸집이 작고 수수하게 생겼습니다. 그러나 그렇게 수수하게 생겼다고 하지만 눈초리는 매섭고 경계심이 강합니다.

 암컷을 줄줄 쫓는 수컷들은 대개 숙맥들이어서 항상 암컷 앞에서 돋보이려 하고 길을 비켜주고 먹을 것이 있으면 양보했는데, 암컷은 이렇게 수컷들의 사랑을 받으면서도 여우나 살쾡이 같은 다른 짐승들의 표적에서 벗어나려고 몸을 이렇게 보호색으로 감싸고 있습니다. 누런 덤불 숲에 은밀히 숨어서 거의 한 달간 알을 품을 적에는 가까이 가서도 주의해 보지 않으면 오리가 거기에 웅크리고 있는지 알아볼 수 없을 정도로 덤불과 동색인 갈색을 띠고 있습니다. 수컷들도 알을 품는 일을 도울 때는 암컷과 같은 갈색으로 몸털이 보호색으로 변합니다.

 나는 홀아비가 된 도날드에게 들오리 암놈을 한 마리 잡아 짝을 지어주기로 작정했습니다. 도날드를 집 속에 가두어 놓은 다음 오리장 한 가운데에 보리쌀을 듬뿍 담은 모이통을 놓고 물속으로 둘러쳐진 철망 울타리 한쪽 켠을 슬며시 열어젖혀 놓았습니다. 나는 오리장에서 십여 미터쯤 떨어진 채소밭에서 김을 매는 척하면서 오리장 쪽으로 눈길을 연신 보내고 있었습니다. 모이를 먹으러 암컷이 울타리 안으로 들어가기만 하면 번개같이 달려가 열어 놓은 울타리를 닫아 버릴 작정으로 조바심을 내면서도 채소밭 일만 태연히 하는 척하고 있었습니다.

 돌이도 정원에 얼씬 못하게 집안에 가두어 놓았습니다. 우리 집을 잘 아는 들오리들이 볼 때는 경계심을 가져야 할 만한 아무런 이유가 없도록 꾸민 것입니다. 집주인은 채소밭에서 일하고 있고 공짜로 먹을 수 있는 맛있는 통보리쌀은 모이통에 넘치도록 수북이 쌓여 있겠다. 모이통이 울타리 안에 있는 것이 좀 미심쩍지만 들오리에게는 무시해 버릴 수 없는 유혹을 느낄 것이 분명했습니다.
 이런 흉계를 꾸며놓고 기다리고 있자니 평소 자주 행렬을 짓고 다니던 오리떼가 그날따라 뜸한 것 같아서 더욱 조바심이 났습니다. 그렇게 한참을 더 기다리니 마침내 그 오리 떼가 나타났습니다. 집 앞에 나타난 오리들은 뭍으로 한 놈씩 올라와서는 모이통이 있었던 울타리 부근을 기웃거렸으나 모이통이 그곳에 없자 우르르 물속으로 도로 들어 갔습니다.

그런데 물에 뛰어든 숫놈 하나가 열어 놓은 오리장 울타리 안으로 슬며시 들어가 보더니 수상하다는 생각이 들었는지 단숨에 다시 튀어나왔습니다. 그것을 신호로 오리들은 꽥꽥거리며 무리 지어 헤엄쳐 멀리 가 버렸습니다. '실패했구나!' 생각했지만 나는 포기하지 않고 두 번째 기회를 노리면서 거짓 밭일을 계속해서 했습니다. 한참 더 기다리니 오리들이 이번에는 멀리서부터 요란스럽게 코맹맹이 소리를 꽥꽥 내지르며 날아와서는 오리장 앞 강물에 첨벙대며 모두들 차례대로 내렸습니다.

이 오리 떼는 암컷이 세 마리와 수컷이 다섯 마리였습니다. '옳지! 이번에는 무슨 일이 일어 나나 보다' 하였을 때 한 놈이 겁 없이 오리장으로 들어가 보리를 입 속에 넣고 머리를 올렸다 내렸다 하면서 목구멍으로 신나게 넘기기 시작하니 다른 놈들도 우르르 따라 들어가서 모이통에 덤벼들었습니다.

그 순간 나는 '이때다!' 하고는 호미삽을 내동댕이 치고서 날아가듯 삽시간에 뛰어가 제쳐 놓았던 울타리를 순식간에 닫아 버렸습니다. 나의 재빠른 동작으로 결국 암놈 한 마리와 숫놈 세 마리가 울타리 속에 갇히게 되었습니다. 나는 분해서 씩씩거리는 암놈만 붙잡아 놓고 숫놈들은 밖으로 내쫓아 버렸습니다.

그리고는 오리장 울타리를 다시 튼튼히 원상복구해 놓고 도날드를 집에서 꺼내다 도로 오리장에 넣어 들오리 암놈과 짝을 만들었습니다. 짝 잃은 도날드가 불쌍하여 좀 무자비한 짝 맞춤을 강행한 것입니다. 도날드를 풀어놓아 들오리들과 어울려 놀도록 하고 싶지만, 집오리 출신이 들오리들의 엄격한 질서 속에 적응하기는 어려우리라 생각했던 것입니다. 음흉한 계책을 썼지만 잡는 데는 성공하였기 때문에 나와 돌이는 오리장 속에서 다시 한 쌍의 오리가 노니는 모습을 보면서 행복해졌습니다. 도날드와 억울하게 잡힌 들오리는 처음에는 각자 멀리 떨어져서 서로 모른척하고 서로 업신여기듯이 외면하더니 얼마 안 가서 서로 부리를 비비며 사이가 좋아지기 시작했습니다.

봄날이 가면서 햇볕이 따스해 진 어느 날 아침 여느 때같이 오리장 안을 들여다보니 갯가 검은 진흙 속에 눈에 띄도록 둥근 흰 물체가 반쯤 잠겨 빛에 반사되고 있어서 무엇인가 자세히 보았더니 물결에 어른거리긴 했지만, 그것은 분명 오리알이었습니다. 이런 봄날 바구니를 들고 들오리들이 다니는 길과 풀밭을 다녀보면 오리알을 제법 많이 주울 수 있다는 말을 들은 적이 있었습니다. 버려진 알들은 오리가 마땅한 자리를 찾지 못하여 둥우리를 미처 짓지 못했을 때나 둥우리에 넘치도록 알을 계속 낳았을 때 아무 데다 흘려 놓는 것이라고도 했습니다.

드디어 우리 집 암컷 오리도 알을 낳기 시작했지만, 물속에다 빠트리고 있었습니다. 다음날도 또 그 다음 날도 물속에다 알을 빠트렸습니다. 나는 오리알이 콜레스테롤을 낮추어 주는 약효가 있다는 말을 들었기 때문에 장대 끝에 국자를 매달아 물속에서 알을 건져내어 삶아 먹었습니다. 오리알을 몇 번 삶다가 '이렇게 먹어 치울 게 아닌데?' 하면서 오리집에 내려가 밀짚으로 알을 까 놓을 보금자리를 그럴듯하게 만들고 새 오리알을 기다릴 것도 없이 냉장고의 달걀 한 개를 얌전히 그 속에 넣어 놓았습니다.

다음 날 아침에 일어나 부리나케 뛰어가 보니 신통하게도 내가 넣어 놓은 달걀 옆에 새 오리알이 하나 더 놓여있었습니다. 이렇게 매일 알을 하나씩 하나씩 낳아 모두 열한 개가 되어 둥우리가 꽉 차게 되자 그제서야 오리는 알 무더기에 올라가 엎드려 알을 품기 시작했습니다.

오리는 그야말로 식음을 전폐하다시피 하며 자기의 체온을 알에 골고루 쏟고 있었습니다. 나는 우리 옆을 지날 때마다 애처로우면서도 운명적인 사명을 기어코 완성해 내는 오리의 부동자세에 감탄하면서 훔쳐보았습니다. 암컷은 드물게 밖으로 나와서 한 번씩 헤엄을 치고 들어갔는데 그 동안에도 늘 짚을 알 무더기 위에 덮어 놓고 나갔고, 돌아와서는 똑같은 자세로 엎드려 있었습니다. 그렇게 하기를 거의 한 달 만에 오리 새끼 열한 마리가 알을 깨고 세상 밖으로 나왔습니다.

아이들 털모자에 달린 방울과도 비슷한 새끼 오리들은 빠르게 움직이는 것이 방울이 굴러다니는 듯했습니다. 새끼 오리들은 처음 보는 세상의 생김새에 놀라고 있는 듯했습니다. 조그만 것들이 쉴새 없이 짹짹거리며 물속에서 풍덩거리며 노는 모습은 너무도 귀엽고 신기했습니다. 다음 날 아침에 가보니 새끼 한 마리가 안 보였습니다. 내가 미처 생각하지 못했던 일인데, 한 마리가 철망 구멍으로 빠져나갔다가 짐승에게 잡아먹혔는지 가는 뼈와 몇 가닥의 털들이 울타리 옆에 어지럽게 흩어져 있었습니다. 물가에 사는 커다랗고 흉측한 들쥐의 짓이 분명했습니다.

나는 놀라고 분해서 어미와 새끼 열 마리를 상자에 담아서 집으로 옮겨다 탁구대가 있는 반지하실을 치우고 풀어 놓은 후 넓은 세숫대야 같은 양푼을 찾아다 물을 채우고 옆에 모이통을 놓아 주었습니다. 나는 새끼들의 몸집이 철망 구멍으로 빠져나가지 못할 만큼 클 때까지 지하실에서 키우기로 결심했습니다.

이렇게 오리 가족에게 신경을 썼는데도 다음 날 아침 새끼 하나가 물속에 들어갔다가 양푼의 둔덕이 미끄럽고 높아서 나오지 못해 지쳐서 익사해 버렸습니다. 두 마리를 잃어서 아홉 마리로 줄어든 새끼들은 그 후 별 탈 없이 하루가 다르게 부쩍부쩍 커졌습니다.

L 국장이 집오리는 알을 품을 줄 모르는데 어떻게 하나 걱정했었는데….

5

오리들의 임시 우리가 된 지하실은 서향으로 난 조그만 창문을 통해 들어오는 한줄기 햇빛밖에 없어서 좀 어두컴컴했습니다. 그런 곳에서도 2주일쯤 지나니 새끼 오리들이 부쩍 커져서 강가의 우리로 옮겨 놓을 수 있게 되었습니다.

어미 오리와 새끼 오리들을 다시 상자에 담아 오리장으로 옮겨다 풀어 놓으니 도날드 혼자 지키던 쓸쓸한 오리장이 새끼들의 분주한 움직임으로 다시 활기를 찾게 되었습니다. 그 사이 어느새 여름이 가까워져 녹음이 짙어진 주인느 계곡 골짜기는 오리들이 꽥꽥거리는 소리로 시끄러웠습니다. 시끄러운 만큼 나는 오리 모이를 대기에 아침저녁으로 바빴습니다. 아직은 새끼 오리들의 암수를 구별하기 어려웠습니다. 한여름이 돼서야 암수의 자태가 차차 분명해졌는데 암놈이 4마리에 수놈이 5마리였습니다.

또 여름은 가고 가을이 돌아왔습니다. 이제는 오리장이 비좁게 보일 정도로 아홉 마리의 새끼들이 어른 오리만큼 자랐습니다. 프랑스에서 살면서 추석이라고 특별히 무엇을 한 기억은 없지만 그래도 이 명절이 오면 달을 보며 나는 고국에 대한 그리움에 잠기게 됩니다.

올해도 추석을 맞아 좀 적적하던 차에 반갑게도 L 국장이 전화했습니다. 그는 환하게 웃으며 나의 시골집을 세 번째로 방문하겠다고 했습니다. 저녁 무렵 보르도산 포도주 쌩때밀리옹 한 병을 들고 도착한 L 국장은 오리가 대가족을 이루게 된 것을 보고 크게 기뻐했습니다. 그는 마침 날씨가 맑아서 고국의 추석과 같이 휘영청 뜬 보름달을 볼 수 있을 것 같으니 오리를 잡아 술안주 삼아 달빛 아래서 한 잔씩 기울이면 얼마나 멋지겠냐는 제안을 했습니다.

그것은 그가 나에게 씨오리 한 쌍을 가져다주면서 약정한 사실이고 또 그것이 오늘 나를 방문한 분명한 목적일 것이었습니다. 나는 '그거 좋지요!'라고 즉각 응답은 했으나 오리를 잡아야 한다고 생각하니 영 마음이 내키지 않았습니다. 그러나 오늘 같은 날 집에서 키운 짐승으로 추석 명절을 기리는 것도 좋을 듯싶었습니다. 그랬지만 정작 오리를 어떻게 잡아야 할지 몰라 망설이고 있는데 L 국장은 벌써 장대 끝에 철사로 올가미를 솜씨 좋게 만들어 매달고는 오리 우리 지붕을 들치고 쑥 넣어 멋도 모르고 서 있는 숫놈 목에다 걸고 단숨에 잡아 올렸습니다. 목이 조인 오리는 발버둥을 치며 잡혀 올라왔습니다.

그 다음은 그놈을 잡는 것이 문제였습니다. 잠시 주저하던 L 국장은 "옛날엔 목을 확 비틀어 죽였는데 지금은 못 하겠네요." 하며 한발 물러섰습니다. 그러더니 "오 화백, 이놈 몸통과 머리를 양쪽 손에 나누어 꽉 잡고 이 나무 그루터기 위에 올려놓으면 내가 단칼에 목을 치지요." 했습니다. 나는 시키는 대로 생각 없이 올려놓았고, 올려놓자마자 내리친 넓적한 손도끼 날에 기다란 오리 목이 싹둑 잘려 나가는 순간 나는 그만 질겁을 하여 몸통을 놓아 버렸는데, 글쎄 목 없는 오리가 벌떡 일어나더니 숲 속을 향하여 뛰어가는 것이 아니겠습니까! 목 없는 귀신이 있다더니! 그러나 힘차게 몇 발자국 뛰던 목 없는 오리는 곧 땅바닥에 비실비실 쓰러졌습니다.

L 국장이 목을 쳤으니 이번엔 내가 배를 갈라 내장을 끄집어낼 차례였습니다. 내장을 뺀 닭을 가끔 요리해 보았기에 나는 털이 뽑힌 오리를 자신 있게 발딱 뒤집어 놓고 칼로 배를 갈랐습니다. 배를 갈라 보니 생전 처음 보는 오리 배 속에는 아직도 온기가 남아 있는 생생한 내장들이 너무도 질서정연하게 가지런히 자리 잡고 있었습니다. 나는 그만 섬뜩해서 뒤로 물러설 뻔했습니다. 나는 멍청하게도 오리를 파리나 모기, 혹은 지렁이처럼 하찮은 동물로 생각하고 있었던 것입니다. 학교 다닐 때 개구리 해부 시간에 어떤 경험을 했었는지 통 기억이 없었지만 내 눈앞에 보이는 오리의 배 속은 너무도 짜임새 있게 구성되어

있어서 하나의 조그만 우주처럼 보였습니다. 나는 그 순간 내가 부술 수 없는 어떤 질서를 망가뜨리고 있다고 생각했습니다. 그러나 이미 뒤늦은 그 생각은 번개같이 잠시 내 머리를 스쳤을 뿐이었습니다.

그러고는 희희낙락하며 L 국장과 더불어 포도주잔을 기울이고 양념을 하여 볶아 놓은 오리고기를 안주로 먹었습니다. 그런데 그 오리고기는 어찌나 질기고 단단하던지 맛을 음미하며 먹을 수가 없었습니다. 바로잡은 오리는 긴장된 근육이 굳어져서 금방 요리하면 고기가 매우 질기다는 것을 몰랐던 것입니다. L 국장도 오리고기가 왜 이렇게 질긴지 모르겠다면서도 포도주를 마시면서 먹성 좋게 잘 먹고 있었습니다. 이렇게 하여 내가 키운 오리 한 마리를 추석날 제물로 삼아 쟁반같이 둥근 달 아래서 우리는 연신 술잔을 기울였습니다.

다음 날 아침 나는 아무런 생각 없이 평소처럼 돌이하고 오리장에 갔습니다. 그런데 오리들은 모두 나를 외면하면서 우리 한쪽 구석으로 몰려갔습니다. 어제까지는 내가 가기만 하면 반겨서 내 앞으로 모여들던 놈들인데, 오리들은 나를 배신자나 적으로 본 것입니다.

언젠가 친구 집에 가니 정원 구석에 임시로 만든 우리 속에 새끼 돼지가 있었고 아드리엔느라는 이름의 나이 어린 그 집 딸아이가 돼지 먹이를 주고 있었습니다. 아드리엔느에게 "돼지 새끼, 귀엽지?"하고 묻자 "응!" 그러더니 크리스마스 때 잡아서 식탁에 올릴 것이라며 "음, 냠냠!" 하면서 아무렇지도 않게 입맛을 미리부터 다시는 것을 보고는 '서양인들은 어른이나 아이 할 것 없이 고기 없인 못 살아서 어린 짐승을 보고도 잡아먹을 생각만 하는구나!' 했던 적이 있었습니다. 나도 그와 다를 것이 없다고 생각하며 가져간 모이를 모이통에 쏟아 붓고 쓸쓸히 오리장을 뒤로했습니다.

천고마비의 계절엔 말이 살찐다는 듯이 오리도 통통하게 살이 올랐습니다.

가을이 더욱더 깊어지면서 아침저녁으로 자욱한 안개가 계곡을 덮고 있을 때가 많았습니다. 바람 없는 날 높다란 나무에서 머리 위로 살며시 떨어지는 나뭇잎은 슬로 모션으로 안개에 잠시 잠시 걸터앉았다가 낙하하는 듯 보였습니다.

여름 내내 푸르러 무성했던 나뭇잎들은 가지에서 떨어져 나갈 때까지 차가운 밤공기에 벌벌 떨고 가을의 따가운 햇볕으로 몸을 다시 녹이면서 하루가 다르게 갖가지 따뜻한 색으로 물들어 가고 있었습니다. 고국에서 가져다 심은 두 그루 은행나무의 진노랑 빛 잎들은 가을볕에 반사되며 너무도 찬란했습니다. 나무 밑에 수북이 떨어진 은행잎은 황금 카펫을 깔아 놓은 듯 풍요롭고 아름다워 감히 갈퀴질 못하고 마냥 두고 보았습니다.

어느 집에서인지 낙엽 긁는 소리가 계곡에 울려 퍼지고, 또 어디선가 풍겨오는 낙엽 태우는 냄새가 하도 향기로워서 나를 둘러싸고 있는 이 가을의 풍경이 먼 옛날 어느 때 어느 날 그것과 똑같다는 기억을 해내면서, 나는 마치 4차원의 세계를 순식간에 오르락내리락 하는 듯했습니다. 노르망디 넓은 벌판을 거침없이 내달리며 비를 몰고 오는 훈훈한 대서양의 바닷바람과 반대로 북극에서 밀고 내려오는 찬 바람 때문에 기후 변화가 심한 프랑스 북부지방은 이제부터 길고도 긴 겨울을 맞이할 때입니다. 두 방향에서 번갈아 달려온 큰바람, 작은 바람들은 나뭇가지 사이를 윙윙 오가면서 어느새 모든 잎을 떨어뜨려 땅 위에 뒹굴리고 있었습니다.

한 떼의 철새들은 떠나기 전 마지막 축제라도 벌이듯이 텅 빈 밀밭 위 넓은 창공에서 높은 하늘로 향하여 솟구치고 아래로 내리치면서 미친 듯 춤추며 이리저리 방향을 바꿔가며 몰려다니고 있었습니다. 이렇게 환상적인 가을이 다 가버리고 다가온 그해 겨울은 나에겐 참으로 어둡고 괴로운 계절이었습니다.

불행하게도 나는 아뜰리에에서 그림 세계를 놓고 고심하는 것 이상으로 오래

전부터 아내와 갈등을 겪고 있었고, 사춘기의 어려운 나이에 든 세 아이들과도 차례대로 부딪치면서 불화가 많았습니다. 그런 갈등과 불화의 원인이 가장인 나에게 있는 것이 아니냐는 비판이 가족들 사이에 분분했으며, 시골집으로 내려와 외로이 지내고 있었던 데는 그런 이유 때문이기도 했습니다. 화가라는 직업은 주로 아뜰리에에 처박혀 있어야 하는 데도 가족들은 내가 하루 24시간 늘 아뜰리에가 있는 집안 속에 있는 것을 결코 좋아해 주지 않았습니다.

그러나 내가 파리의 집을 떠났음에도 나와 가족들 사이의 갈등은 풀리지 않고 오히려 그 골이 더 깊어졌으며, 그 깊게 팬 골이 결국은 나의 가정적인 불행을 촉진할 것이라는 예감 속에서 나는 홀로 깊은 고뇌에 점점 빠져들어 갔습니다. 그해 12월을 한 달 내내 고독하고 캄캄하고 음울한 마음으로 보낸 후 새해 첫날을 맞았을 때 나는 돌이와 오리장에 갔다가 나 자신의 평화를 스스로 구축해 보는 상징적 행동으로 오리장 울타리를 부수고 오리들을 주인느강에 풀어놓았습니다.

6

우리에 갇혀있다 풀려난 오리들은 주인느 계곡을 마음대로 누빌 수 있는 자유를 얻었습니다. 그러나 오리들은 아직은 멀리 가지 못하고 무너진 오리장 부근에서만 헤엄치며 놀았습니다. 우리를 떠난 오리 일가를 본 돌이는 애가 타는 듯 연신 물가를 오르락내리락 거리면서 끙끙거렸습니다. 콜리 종인 돌이는 타고난 목양견의 본능으로 오리 일가를 한데 몰아서 보호해야 한다는 의무를 느끼고 있지만 물과 뭍이 어울린 이런 상황에서는 어떻게 해야 할지 몰라 안절부절 못하는 것 같았습니다.

저녁때가 되니 어미를 선두로 오리 가족들이 뭍으로 한 놈씩 줄지어 올라오더니 물가에서 40미터나 떨어져 있는 정원 테라스까지 올라와 그곳에 앉아 있던 나에게로 다가왔습니다. 오리 일가는 뒤뚱거리며 올라오던 중 돌이를 보고 잠시 멈칫거렸으나 눈치 빠른 돌이는 뒷걸음을 치며 그들에게 길을 비켜 주고 아예 멀찌감치 물러서 버렸습니다. 그래서 오리들은 마음 놓고 내게로 다가왔습니다. 내가 모이를 주던 시간이었기 때문에 습관적으로 접근한 것입니다.

시골에서 자연과 가까이 살다 보면 동물들의 일상적인 행동이 모두 시간에 맞추어 차례대로 이루어지고 있음을 알 수 있게 됩니다. 동물들이 어떻게 시간을 아는지 모르겠지만, 새가 우는 시간도 정해있고 개미가 일하는 시간도 정해져 있었습니다. 사람을 기준으로 하는 서머타임 실시를 제일 강력히 반대하는 사람들이 축산업을 하는 사람과 농민들입니다.

먹을 것을 달라는 눈치를 챈 나는 얼른 광으로 들어가 모이통을 들고나와 테라스 바닥에 놓고 남아있는 보리쌀을 모이통에 쫘르르 부어 줬습니다. 오리들은 기다렸다는 듯이 일제히 덤벼들어 모이를 넓적한 부리에 넣고는 머리를 하늘로 들어 올렸다 내렸다 하면서 바쁘게 삼켰습니다. 그렇게 모두들 게걸스럽게 먹더니 다시 궁둥이를 뒤뚱대며 물가로 내려가서 한 놈씩 차례대로 물속으로 들어가 물을 마시고 만족스러운 듯 일제히 날갯짓을 했습니다.

이 모든 일이 다 끝나도록 돌이는 정원 한구석에 앉아 혀를 쭉 빼고 헐떡거리며 꼼짝 않고 쳐다보고만 있었습니다. 이렇게 착한 돌이는 그때 다섯 살이었는데 인근 농가에서 새끼를 분양해서 판다는 신문광고를 보고 낳은 지 한 달 된 놈을 사다가 가슴에 안고 기른 강아지였습니다.

이놈을 사러 갔을 때 새끼 세 마리가 남아 있었는데 이놈이 꼭 마음에 들어 집에 안고 왔습니다. 그런데 다음 날 아침에 보니 두 눈동자 빛깔이 짝짝이였습니다. 오른쪽 눈은 서양 사람같이 파란 눈이고 왼쪽 눈은 나같이 밤색 눈이었습니다. '아차! 잘못 골라 왔구나!' 하고 다른 새끼로 바꾸러 갈까 하다 그냥 기르기로 했습니다.

나는 놈의 이름을 지을 때 어려서 읽은 어린이 모험 이야기 ≪똘똘이 모험≫을 생각해 내고 똘똘이에서 '똘자'를 떼고 그냥 '돌이'라고 지어 불렀습니다. 이런 짝짝이 눈은 돌이와 같은 콜리종과 에스키모 썰매를 끄는 개들에서만 왕왕 생긴다는 것을 나중에 책에서 읽었습니다. 콜리종은 스코틀랜드가 원산지인데 아주 영리한 목양견으로서 〈래시〉라는 영화의 주인공으로 사람들에게 널리 알려진 개입니다.

옆집 마나님 자끄린느가 "너의 콜리는 정원 잔디밭에 앉아 있는 것을 보기엔 아름다울지 몰라도 집을 지키기엔 부족할 것이다."라고 했었습니다. 자끄린느는 아주 크고 무서운 독일 세파트 두 마리를 기르고 있습니다.

돌이의 눈이 짝짝이인 것이 나중에는 나에게 더 마음에 들었습니다. 그 이유는 내가 아무리 오랫동안 서양에 살아도 나의 외모는 서양 사람이 될 수 없고, 나의 내면세계도 서양의 것과 동양의 것이 반반씩 섞여 있을 뿐이라는 생각을 종종 했기 때문입니다. 나는 완전한 좌우대칭이 절대로 될 수 없는 짝짝이 신세라는 느낌이었습니다. 내가 파리에 와서 12년 만에 처음으로 개인전을 열었을 때 어느 평론가가 나의 작품을 보고 동양적이지도 않고 서양적이지도 않다는 지적을 벌써 해버렸습니다.

돌이를 파리에 데리고 가 함께 거리를 산보할 때면 지나가는 파리지엥들이 잘생긴 나의 돌이를 보면서 하나같이 "저 콜리가 눈이 짝짝이야!" 하며 지나갔습니다. 동양 사람들은 상대방을 만나 인사를 할 때 상대방과 눈을 맞추지 않고 인사를 한 데 비해서 서양 사람들은 반드시 상대방 눈을 들여다보며 인사하고 악수를 합니다.

술잔을 들고 상대방의 건강을 위해서 술잔을 마주 부딪쳐 소리 낼 때도 우리는 술잔을 쳐다보지만, 서양인들은 상대방 눈을 똑바로 쳐다봅니다. 그래서 그런지 서양인들은 길에서 만나는 개를 볼 때도 어느 신체 부분보다도 눈동자를 먼저 유심히 본다는 사실을 알게 됐습니다.

나는 오리들이 배부르게 모이를 먹고 물속에 들어가는 모습을 보고 흐뭇해하면서도 저놈들이 때가 되면 매일 모이를 달라고 뭍으로 올라올 텐데 내가 집을 비우면 어떻게 하지 하는 걱정부터 앞섰습니다. 그날 밤 침대에 누워 눈을 감고 생각하기를 오리들은 무너진 울타리 안에 들어와 어제처럼 식구들끼리 모여서 잘 것이고 돌이는 그것들을 지켜주느라 쓸데없이 컹컹 짖겠지 하며 잠이 들었습니다.

다음 날 아침 현관문을 여니 문밖에는 오리 일가가 일렬로 늘어서서 내가 나오기를 기다리고 있었습니다. 깜짝 놀랄 일이지요. 돌이는 어디로 갔는지 안 보여서 이름을 불렀더니 제 집 속에서 슬며시 얼굴만 내밀었습니다.

오리 일가는 자유를 얻었지만, 아직도 그리고 그 후로도 한참 동안 나를 졸졸 따라다녔고, 내가 그들을 키워주어야 할 책임이 있다고 믿는 듯했습니다. 현관문까지 올라오려면 놈들이 어제 왔던 테라스에서도 한참 더 비탈진 경사를 올라와야 합니다. 놈들이 내가 집으로 드나드는 문을 잘 알고 있다는 것이 신기했습니다. 신기하다는 생각과 함께 가슴이 뭉클해짐을 느끼며 얼른 모이를 가져다 어제처럼 테라스의 모이통에 부어 주었습니다.

그러나 오리들은 내가 아주 가까이 가거나 만져 보고 싶어서 손을 내밀면 무척 경계했습니다. 이런 일이 있었지만, 아무튼 이제 오리를 돌보는 일은 신경을 덜 써도 되겠다고 생각하면서 나는 그날 오전 내내 아뜰리에에서 그림을 그렸습니다. 내가 그림을 그릴 때면 돌이는 아뜰리에에 들어와 있기를 좋아했습니다. 편안히 문에 기대 누워서 자는 게 놈의 버릇이었습니다.

오전 일을 끝내기로 하고 점심을 먹으려고 아뜰리에 문을 열고 나오려니 오리들이 또 문 앞에서 서성거리고 있었습니다. 이 아뜰리에까지 오려면 아침에 왔던 집을 지나 다시 정원 층계를 한참 올라오고 돌이 집 앞을 지나서 또 다섯 개의 높은 층계를 올라와야 하는 험한 길인데도 놈들은 용케 여기까지 찾아 올라온 것입니다.

내가 이곳에서 일하고 있다는 것을 놈들이 아는 것이 이상할 정도였지만 나는 오리들이 내게 보여주는 애정 때문에 기쁨의 눈물을 참을 수가 없었습니다. 그들은 나를 보자 됐다는 듯이 작은 소리로 모두 꽥꽥거리며 정원 계단을 껑충껑충 내려갔습니다. 이렇게 나를 그리워하고 찾아주는 오리들을 보니 기뻤지만 한편으로는 울적하기도 했습니다. 기쁜 것은 그렇고 울적한 이유는 나의 가정생활이 자연의 이치를 따르지 못하고 단란한 가정의 조화를 이루지 못해 어려움만을 겪고 있었기 때문이었습니다.

상류 쪽으로 하류 쪽으로 기다란 주인느강을 따라 집에서 점점 멀리 간 오리들은, 내가 봄에 씨를 심은 채소밭에 물을 주기 위해 조로를 들고 물을 길어 나를 때면 멀리서 물속에 비친 내 모습을 보고 꽥꽥대면서 내게로 날아왔습니다. 이렇게 무심히 강물에 흩어진 오리와 나는 한참 동안 서로 숨바꼭질하듯 찾고 찾으며 몇 년을 보냈습니다.

오리는 세상에 태어나서 72시간 동안 그들이 겪고 본 것을 영원히 잊지 못한다고 합니다. 그리고 오리의 수명은 29년이라고 하며 생존율은 52%라고 합니다.

얼마 전 봄이 끝날 때, 이제는 돌이도 없는 정원에 외로이 앉아 먼 하늘을 바라보고 있노라니 어디서 나타났는지 오리 한 쌍이 뒤뚱거리며 뭍으로 올라오더니 내 바로 곁에까지 와서는 머리를 뒤로 돌려 날갯죽지에 파묻고 앉아 낮잠을 한숨 자 주었습니다. 한참 만에 잠에서 깨어난 그 오리 한 쌍은 기지개를 켠 후 물속에 들어갔습니다. 강물에 비친 숲과 하늘은, 숲의 깊이와 하늘의 높이까지 완연하고 선명하게 보여주고 있었습니다. 물속에 잠긴 숲의 그림자와 두둥실 떠 있는 흰 구름이 오리의 갈퀴질로 금새 바르르 떨며 주름이 여러 겹 잡혔습니다.

잠자리가 얕게 가볍게 날아다닙니다. 바야흐로 한여름이 됐습니다. 닭이 홰치는 새벽부터 땅거미 질 때까지 재잘재잘 짖어 대는 새들의 소리는 시간마다 다르게 들려옵니다. 새들은 각가지 음색으로 노래합니다. 새들에게도 소프라노도 있고 테너도 있고, 알토, 바리톤과 베이스도 있습니다. 바르르 떠는 목청을 가진 놈, 휘파람 부르듯이 불어대는 놈, 스타카토로 짹짹이는 놈, 찰 찰 찰 얇은 북소리를 내는 놈, 목청이 째지도록 찌찌찌 찌찌찌 하는 놈, 한 곡조 높게 부르듯이 길게 목청을 뽑는 놈, 깍깍깍 끽끽 끽 숨 넘어가듯 싸움질하는 놈, 꼭 중국말 같은 곡조를 내는 놈, 콜로라투라 소프라노의 기교로 높고 가볍게 한 구절을 뽑아내는 놈.

아침 노래잔치가 이렇게 한차례 끝나면 까—아깍 까치소리와 딱딱딱 딱따구리 나무 구멍 뚫는 소리가 있고, 한낮이 되면 점잖고 느린 그리움에 찬 뻐—꾹 뻑뻑—꾹 하는 뻐꾸기, 구우국—구우국—국 하는 산비둘기, 하루 종일 우는데 높은 하늘 깍깍깍 굵직한 까마귀 울음소리도 곧잘 섞이곤 합니다.

옆집 자클린느의 남편 이브처럼 새 박사가 못되니 새의 소리와 이름을 짝 맞추어 낼 도리도 없고, 멀리서 동네 개들이 컹컹 짖는데 물가의 개굴개굴 개구리 소리와 오리의 꽥꽥 소리까지 합쳐지면 세상을 알고 싶은 생각 없이도 살 수 있을 듯합니다.

PART 3 | 02

찾아온 중학교 제자

2005년 봄 어느 토요일 아침, 울리는 전화 수화기를 들었습니다. 어떤 남성 목소리였으나 음성이 조심스러웠습니다.

"여보세요. 실례합니다. 저….."

"오 화백님이신가요? 저를 기억하실지 모르지만 오수상이라고 합니다. 제가 성수중학교에 다닐 때 화백님께서 제 담임 선생님이셨습니다. 만나 뵙고 인사 드리고 싶습니다."

순간 어리둥절하면서 나의 성수중학교 교사 생활이 막연히 떠올려지기 시작하였고, 나의 반 학생이었던 오수상이라는 이름이 어렴풋하게 떠올랐습니다. 그는 연이어 말하기를,

"파리에 3년 전에 왔는데 파리로 떠나오기 전부터 선생님께서 파리에 계신 사실을 알았지만, 인사를 드릴 기회를 찾다가 이제야 연락 드립니다. 죄송합니다. 저는 은행감독원 파리 주재원으로 와 있었습니다. 저는 이제 근무를 마치고 본원으로 한 달 후면 귀국합니다. 귀국하기 전 꼭 만나 뵙고 싶고 인사 드리고 싶습니다, 선생님!"

"아! 네! 그러세요? 반갑습니다. 나는 지금 얼굴을 기억해 낼 수가 없는데. 그럼, 언제 뵐까요? 귀국을 앞두셨으니…."

"선생님 저에게 높임말을 쓰지 말아 주세요. 제가 선생님과 말씀 나누기가 어렵습니다."

"아! 그렇지만 너무 오래돼서 그렇게 안 되네요. 전화상에서는 오늘은 이렇게 존댓말 하겠으나 만나면 말을 놓을 수 있을 거예요." 라고 대답하면서, 교직생활 당시 내 나이 27살 때이니 그 중학생도 이제 50살이 넘었겠구나 했습니다.

"네, 알겠습니다. 그러면 내일이면 어떠실까요? 점심을 같이 나누며 인사 드리고 싶습니다. 선생님께서 15구에 사시니까 한국 음식 괜찮으시면 예약하고 다시 연락 드리겠습니다. 뵐 수 있도록 허락해주셔서 제 큰 소망이 이루어졌습니다. 감사합니다. 선생님!"

걸어서 10분에 갈 수 있는 가까운 식당에서 오수상과 마주 앉았습니다. 익숙하여야 할 그의 중학생 때 용모가 떠올려지지 않았지만, 그가 제자였다고 하니 틀림없는 나의 제자일 것이었습니다. 하지만 얘기가 계속 이어져가니 우리 반 학생이 분명해지면서 점점 오수상이 누구였는지가 떠올랐습니다.

옛 제자는 이렇게 설명하기 시작했습니다.

오수상 군은 이제까지의 생을 통해서 나를 잊지 못하는 한 분의 선생님이었다는 것입니다. 그는 나에게서 많은 가르침을 받았다 했습니다. 아주 몹시 가난한 동네, 가난한 집안에서 두 형이 있었는데 두 형은 학교를 못 다니고 줄곧 직장에 다니며 돈을 벌어 자기만을 도와 공부를 시켰다고 했습니다. 그는 성수중학교를 졸업하고 상업고등학교로 진학해서 고려대학을 다녔고 대학원과 미국 유학까지 마칠 수 있었습니다. 학업 후 은행감독원에 취직해 파리까지 오게 됐고 근무 기간을 마치고 이제 본원으로 복귀해 돌아간다고 했습니다. 일주일 전 가족을 서울에 먼저 귀국시켰고 해서 한가하다고 했습니다. 그래서 귀국하기 전까지 매주 한 번씩 선생님을 모시고 식사를 하고 싶다고 했습니다. 가족을 먼저 귀국시킨 건 더 많은 시간으로 선생님을 자유롭게 여러 번 만나 뵙기 위해서였다는 것입니다.

"선생님 한국 음식 자주 드시지 못하시죠? 저는 3년 파리 근무하는 동안에 프랑스 식당은 거의 간 적이 없고 파리에 있는 한국 식당은 잘 압니다. 그래서 매번 뵙는 날마다 한식을 대접해드리려고 합니다. 여기 교포들께서는 한국 식당에 자주 가지 못한다고들 하더군요. 그래도 되겠지요, 선생님?"

"내가 알기론 파리 근무 공무원들이 아주 바쁜 일정에 있다는데, 이렇게 만났으면 나는 되었네. 고맙네! 오수상 군."

나는 그를 '군'이라고 불렀고 그가 옛날 나의 반 학생이었다는 사실을 나도 모르게 확실히 인정했습니다.

오 군은 계속 나에 대해서 이렇게 말을 이었습니다.

선생님이 그때 수업 종료 후 종례 시간에 들어오셔서 반 학생 모두를 집에 보내시지 않고 교단을 지키고 앉으셔서 그날 영어 시간에 배운 영어 문장을 한 학생씩 나와 외우도록 하셨습니다. 그리고 외운 학생은 집에 보내셨습니다. 그 때문에 저는 영어 공부의 중요성을 깨달아 열심히 하게 되었고 영어를 아주 잘하게 되었습니다. 대학 과정에서도 나의 영어 실력으로 인해 학점을 많이 받고 장학금도 받게 되었으며 미국 유학의 길도 열렸습니다. 제가 이렇게 된 일이 모두 선생님의 가르치심으로 된 것임을 알고 이제까지 내내 기억하며 잊지 않고 있었습니다. 그때 학창 시절 우리 집에서는 부모님도 형님들도 모두 내가 성공하기를 원하시며 저의 학업을 도왔습니다.

나는 1968년 성수중학교에 발령을 받아 1학년 3반 담임을 맡았습니다. 학생들 가정은 모두 가난했습니다. 나는 결심하기를, 다른 과목은 몰라도 영어를 잘해야 한다고 생각했기 때문에 방과 후 반 모든 학생들에게 강제로 내 앞에서 오늘 배운 영어 문장을 외우게 한 후에 집에 가도록 했습니다. 방과 후 반 학생들에게 영어를 외우게 하려면 따로 시간을 만들어야 해서 교실 청소 시간을 이용하고자 했기 때문에 청소를 안 할 수 있는 방법으로 반 학생들에게 종이 한 장 떨어뜨리지 못하게 하였고 그래서 청소하지 않아도 깨끗하고 정리된 교실이 되자는 방침을 세웠습니다.

그렇게 두 주일 실천하고 있으니 교장실에서 저를 호출했습니다. 오 선생이 방과 후 교실 청소를 안 시키는 것을 본 옆 반 학생들이 자기네들도 청소하지 않겠다고 담임 선생에게 요구한 보고를 받았으니 중단하라는 명령을 받게 되었고 공평한 학교 방침을 따라야 한다는 이유로 나의 반 영어 외우는 시간을 멈췄던 기억이 납니다.

지금 보니 내가 참 엉뚱한 선생이었구나 하는 생각을 하게 되었습니다.

PART 3 | 03

설경 셋 _ 시골마을

2010년 겨울
나의 시골엔 눈이 많이 왔다

나는 내 나라에서 눈을 좋아했다
겨울이면 눈이 많이 내려서

1940년대까지엔 여기도 눈이 제법 내렸단다
내가 태어나기 전 이야기다
이젠 눈 만나기 드물다

파리에 눈이 많이 올 때가 있었는데
차를 타고 퐁뗀느블로 숲*까지 눈 찾아갔었다

푹푹 빠지고 싶었고
발걸음 버석버석 났던 소리도 듣고 싶었다

---

* 퐁뗀느블로 숲 : 파리 남쪽 80 km 에 있는 숲으로 파리사람들이 많이 가는 규모가 큰 숲이다.

그러면 내가 10살 때
피난살이 외삼촌 집에서
땔나무 하러 지게 지고
눈길을 다녔던 생각이
잘 날 것 같았다

그리고 멋없이 1시간 차 달려 돌아왔다

PART 3 | 04

나뭇잎

1995년에서 2002년까지 7년 동안

나는 나무 잎을 주제로 한 작품에 몰두했다.

나의 그림 편력에서 이 시기를 '낙엽시대'라 불러도 좋을 것이다.

가을날

나뭇잎은 낙엽이 되어 머물던 가지를 떠난다.

떨어지는 나뭇잎은 떨어지기가 아쉬운 듯

잠시 허공에 머문다.

대기 중에 잠시 걸터 앉아 쉬다가 사뿐히 떨어진다.

나는 그런 가벼운 비상을 흰색 캔버스에 받아 옮겨 보려고 했다.

알퐁스 드 라마르띤느[*]는 이렇게 노래했다.

"오! 시간이여! 너의 비상을 잠시 멈추어다오,

그리고 당신은 그대의 진행을 멈추고 자비스러운 시간으로…."

드 라마르띤느의 시에서

그리고

비 뿌리듯 쏟아지는 낙엽의 낙하에 황홀해진 나는

---

* 알퐁스 드 라마르띤느(1790-1868) : 프랑스 낭만파 시인

그 색색의 비상을 공중에 마냥 매달아 놓고 싶었다.
짙은 안개 낀 숲속에서 만난 낙엽의 선명한 윤곽을
부조처럼 도드라지게 각인하고
세월을 간직한 그윽한 색채의 내면을 표현하고자 했다.
불투명한 안개 속에서
나뭇잎은 더욱 따뜻한, 혹은 더욱 차가운 색채를 띤다.
이를 백색 바탕에 명료하게 배치하여
스테인드 글라스나 상감이 주는 효과를 내고 싶었다.
나의 의도는 단순히 잎을 그리려던 것은 아니다.
잎의 형태를 빌려서 일생 즐겨 쓰던 여러 색채를
흰색의 무한대 화면에 배치해 보자는 것이었다.
어떻게 하면 동떨어진 색들이
서로 간격을 유지한 채 완벽한 조화를 이루어 낼 수 있을까 하는 집념이
나로 하여금 그토록 긴 시간 동안 나뭇잎에 매달리게 했다.

아뜰리에 창문

봄을 빛내주지 않는가

성큼 먼저

돌층계 옆

프림베르*(primev.res)

돌보지도 않고 심지도 않았던

풀밭에

별자리처럼

총총히 박힌
프림베르

---

* 프림베르 : 앵초꽃

옆집은

오른쪽 옆집은
한 포기도 없지 않은가?

왜?

이른 봄만 되면

내 집에 도착할

찬란할 봄 미리 알려주는가?

유리에 낀

차가운 수채화

첫 꽃으로 말야

아름다운 프림베르야

흙내음

쇠스랑이로 두엄더미를 헤칠 때마다
풍기는 비옥한 내음

삽으로 장미 구루 밑을 뒤엎을 때마다
솟아나는 흙내음

그들 향기 속에
아련히 옛 생각이 떠돈다

어렸을 때
지게 지고 나무하러 가던 생각이

지게 작대기를 두드리면서
육자배기를 부르며 비탈을 오르던 사촌 형이

아지랑이 피어나던 곳
나의 시골은 육이오가 없었으면 없을 뻔 했다

경기도 광주군 대왕면 금토리 계곡
난, 거기서 3년을 살며 시골을 익혔다

 시골에 도착했을 때
이종사촌들은 나더러 서울내기 왔다고 놀렸다

놀림을 당했지만
떠날 때는 사촌들 못지않게 더 시골뜨기가 됐다

잡혀가신 아버지 때문에
가장 노릇을 하려던 나

 무엇이든지 힘든 일이라도
사촌들이 하는 일이면 나도 했다

지게 지고 나무하기, 꼴비러 다니기
작두질하기. 소 죽 끓이기, 군불 때기

물고기 몰기
가재 잡기
미꾸라지 잡기

그 중에 제일 싫은 것은
모내는 일이었는데
정강이 따끔하여 내려다보면
어느 틈에 시커멓고 통통한 거머리가 박혀 있었다.

한겨울 할 일 없이 어머니가 바느질할 때면
등잔불 밑에서 나는 할 일 없이 천자문을 외웠다

 그런 겨울이 지나면 들에 밭에 봄 냄새가 났다

산 높고 물 맑은 우리 마을에
꽃피고 새우는 봄이 왔어요

이 노래를 입 속으로 웅얼거리면
정말 사방에 봄이 와 있었다.

PART 3 | 07

내 정원의 한 송이 튤립

나의 정원에는 수선화가 질 때쯤 튤립이 핀다.

내가 가꾸지 않는 한 송이 빨간 튤립이 매년 앞 정원의 같은 자리에서 30여 년간 외롭게 피어난다. 이 튤립은 내가 심은 것이 아니다. 내가 이 집으로 이사 오기 전부터 있었던가 보다. 사람이나 짐승이나 혹은 나무도 나이를 먹으면 그 나이를 보여야 하는데 이 튤립은 언제나 아기로 태어나 피었다 진다.

이 수수한 튤립은 우리 집 튤립 중에서 내가 제일 사랑하는 튤립이다.

잔디를 깎을 때면, 이 튤립이 다칠까 아니면 한눈 파는 사이 싹 잘려 나가지 않을까 바짝 정신을 차린다. 꽃이 피기 전에 잘려 나갈 수도 있겠거니와 꽃이 져도 다음 해의 준비를 위해서 잎이 햇빛을 받아야 하므로 면도하듯 잘라 버리면 안 될 것이었다. 그렇게 조심해서인지 올해도 잔디밭 그 자리에서 그의 아리

따운 모습을 보였다.

튤립은 좀 어려운 꽃이다.

수선화는 한번 심어 놓으면 다음 해도 그 다음 해도 심은 자리에서 피고 또 번식도 한다.

1987년쯤에 튤립의 나라 화란에 갔을 때 여러 가지 꽃 모양의 튤립이 있어서 환상적인 놈들부터 신기한 놈들마다 보이는 대로 여러 자루의 구근을 사 왔는데, 이를 심느라 손이 부르트고 하도 힘들어서 많이 사 온 것을 후회했었다.

튤립을 심으려면 삽으로 땅을 파서 간격을 두고 심으면 되는데, 가게에서 튜브 모양으로 생긴 강철 굴착기를 땅에 대고 손으로 힘껏 빙글빙글 돌려서 파 올리면 흙이 뽑히는, 심기에 손쉽게 보이는 기구를 팔았다. 그 기구로 파면 15센티 깊이의 구멍이 생겨 그곳에 알뿌리를 넣고 흙을 메워 덮으면 되었다.

그러나 그것도 열 개나 스무 개지, 300개를 심자니 손이 화끈거리도록 손이 모양 나게 부풀어 올랐다. 그러나 꽃이 피고 보니 너무나 좋았다. 좋은 나머지 그 가운데서 나는 춤추듯 행복해했다. 화란에서 각종으로 개량한, 지금은 이름을 다 잊어버렸지만 갖가지 이름을 가진 튤립들이 나의 정원과 나의 봄을 그렇게 화려하게 했다. 그러나 여름이 되니 큰일이었다.

튤립 구균을 모두 캐내어 그물같이 짠 자루에 넣어 서늘한 곳에 보관했다가 10월 말쯤에 다시 심어야 했다. 이 짓을 매년 하자니 꾀가 났다. 그런데다 나는 7년 동안 있던 시골집에서 파리 화실로 다시 갔기 때문에 캤다 심었다 하기를 잊어버리고 싶었는데 마침 잘 됐다고 그때부터 땅속에 그냥 놔두었더니 한 해 한 해가 지나면서 정원의 그 아름다운 자태의 각종 튤립은 점점 줄어들고 마침

내는 자취를 감추기 시작했다.

그래서 그 많던 갖가지 꽃 모양의 튤립을 다 잃어버렸는데 튤립 중에 개량하지 않은 튤립은 생명력이 강하여 여름에 캐내고 초겨울에 다시 심지 않아도 자기 자리를 지키며 죽지 않았다. 수수하게 생긴 상식 그대로의 빨간 튤립들이 그 강한 튤립들인 것이다. 나의 게으름에도 계속 해마다 보고 있는 이 빨간 튤립들이 내 정원에는 여기저기 아직도 그대로 남아 있으며, 내가 심지 않았는데 자라는 잔디밭 속 빨간 튤립 한 송이도 올해도 내년에도 피어나는 것이다.

튤립의 원산지는 인도네시아이다. 약 400년 전에 인도네시아에서 유럽으로 건너왔다. 인도네시아에 외교관으로 갔던 사람이 튤립 구균 몇 개를 가지고 귀국하였고 열대지방에서 자라는 꽃을 기후가 다른 유럽 땅에서 정성에 정성을 들여 가꾸어 피어나게 했다.

그에게서 화분에 담긴 튤립 한 송이를 얻으면 귀중한 보석을 얻은 양 좋아했다는 것이다. 화분에 담긴 튤립 한 송이 옆에서 그때 사람들이, 왕궁에서만 먹던, 유목민 몽골인에게서 제조법을 배워 만든 아이스크림을 은쟁반에 받혀 퍼먹는다고 생각하면 그들 한 여름날의 행복을 짐작하는 것은 그렇게 어렵지 않을 것이다. 인도네시아를 식민지로 했던 화란, 네덜란드의 튤립이 유럽 사람들에게 인기를 얻자 그 구근을 많이 가져다 고약한 유럽 기후에 맞도록 본격적으로 키우기 시작했고 급기야는 자기 나라의 꽃으로 만든 것이다.

내가 국민학교(초등학교)에 다닐 적 도화 시간에 그림을 그리라 하면 반 아이들이 풍차를 그리고 튤립을 도식적으로 그리는 것을 그때 어린 나이의 멋으로 생각했던 기억이 난다.

보지도 못한 튤립을 왜 그렇게들 그렸을까?

4
미술 이야기

PART 4 | 01

숨겨진 미술의 보고, 반스 재단

알버트 C. 반스 박사 (1872–1951)

알버트 반스는 19세기에서 20세기 초에 남보다 가장 앞서서 현대미술의 태동인 프랑스 인상주의 화가 작품을 많이 수집한 사람이다. 그리고 동양미술품과 아프리카 가면 및 조각품들도 수집했다. 한편 음악 애호가였던 그는 전문인들로 하여금 미국 곳곳 지방에 파묻혀 있는 흑인영가를 발굴해 내는 사업을 벌였고, 감상 위주의 순수미술과 실용적 공업미술 사이에 벌어진 시각의 격차를 줄여보는 일에도 지대한 관심을 가졌다.

그는 그리스, 이집트 로마의 미술품은 물론이고 멕시코 벽화를 비롯해 아메리카 인디언의 보석, 도기품 그리고 아메리카 18세기 가구 등을 사들이며 무려 2500여 점의 소장품을 모았다. 소장만을 위해 소장품을 사들이는 단순한 소장가들과는 다르게 알버트 반스는 사들인 소장품을 미술교육 프로그램에 현장 학습 자료로 이용할 수 있다고 생각했다.

 미술교육 목적으로 창립된 '반스 재단(The Barnes Fondation)'은 반사 박사가 죽기 1년 전인 1950년, 재단 이사장을 링컨 대학 이사회에서 선출하도록 변경했다.

한파로 망가진 반스 재단

 1990년 겨울, 엄습한 한파로 인해 반스 재단 내의 난방시설 파이프가 얼어 터지는 사건이 일어났다. 이로 인해 건물이 상하며 진열 작품들도 손상됐다. 반스 재단은 그 피해를 복구하는 문제를 놓고 고민하였다. 이 재단은 설립자 반스 박사의 고집으로 유언에 따라 운영해야만 했다. 글란튼 관장은 재정상의 어려움 때문에 보수공사를 때맞추어 제대로 해놓지 못한 데에 그 사고의 원인이 있다고 판단했고 엄격하게 지켜야 하는 설립자의 유언장 내용을 일시적으로 중지시켜 달라는 신청을 워싱턴 법원에 제출했다.

 그 엄격한 유언장이란, 반스 박사가 일생 동안 지켰던 철칙인 '첫째, 자기가 죽은 후라도 언제까지나 자기가 진열한 순서대로 진열되어 있어야 함. 즉, 자기가 정해 놓은 작품들의 위치를 조금이라도 바꾸면 안 됨. 둘째, 재단 관람은 아무에게나 시키지 아니함. 셋째, 작품사진을 절대로 찍지 못하게 함. 넷째, 재단이 발행한 소장품의 도판도 외부에 내보내지 못함. 다섯째, 소장품을 다른 미술관이나 같은 류의 기관에도 빌려줄 수 없음' 등등 매우 직선적이고 고집투성이인 사항들이었다.

 그러나 글란튼 관장에겐 우선 파손된 건물의 내부수리와 난방시설을 복구하는데 들어가는 500만불이 필요했다. 관장은 하나의 방편으로 수리공사가 진행되는 동안 소장품을 파리, 동경 그리고 워싱턴 미술관에 유료로 빌려주어 그 대여금으로 수리비용을 얻자는 계획이 있었고 이 때문에 꼭 지켜야 하는 유언장의 엄격한 사항이 법적으로 잠시 중단되었어야 했던 것이다.

마침내 워싱턴 법정은 재판에서 관장의 이유가 합당하다는 예외적인 판정을 내렸다. 반스 재단은 소장품 2500여 점 중에서 최고 걸작 소장품으로 여겨지며 프랑스가 빌려가기를 원하는 유화작품 72점을 선정하고 파리 오르세 미술관에서 1993년 넉 달 동안 전시되는 조건으로 200만불, 1994년 동경 서양미술관에서의 대여금 200만불, 다음은 워싱턴 내셔날 갤러리에서의 대여금 100만불을 수거하였다. 이로써 반스 재단의 한파로 인한 피해는 완전히 복구됐다.

1993년의 파리 전시 때, 반스 재단 미술관에 실제로 가 본 사람들을 제외하고는 실로 처음 작품들을 보게 된 파리지엥들은 오르세 미술관 앞에 매일 장사진을 쳤는데 그도 그럴 것이 프랑스를 떠난 지 50~80년이 훨씬 지나서야 그 작품들이 탄생한 고향 나라에 일시적으로나마 돌아와있기 때문이었다.

빈민가 소년에서 스무 살에 의사가 된 반스

알버트 반스는 1872년 1월 2일, 필라델피아 노동자 동네인 빈민촌 켄싱톤에서 푸줏간 집 둘째 아들로 태어났으며 독실한 감리교신자인 어머니의 특별한 관심 속에서 자랐다. 어렸을 때 그림을 그리기도 했고 여러 악기를 연주해보기도 했으며 동네 골목 부랑배들로부터의 공격을 방어하느라 복싱도 배웠다. 8살 때부터는 동네의 많은 흑인 아이들과 잘 어울리며 차츰 아메리카 흑인들만이 가지고 있는 종교의식과 풍습, 문화에 대해 좋은 인식을 갖기 시작했다. 이 때의 그 좋은 인식은, 아메리카 흑인의 자유와 권익이 미국의 가치관 아래에서도 분명히 잘 보호받아야 하고 백인들과 동등한 입장으로 모든 문화도 향유할 수 있어야 한다는 신념에 대해 반스가 일생 동안 끊임없이 노력하게 된 동기가 되었다. 그 하나의 예가 현 반스 재단의 관장인 글란튼이 흑인인 것이다.

반스는 13살 때인 1885년 6월, 과학분야와 문학분야에서 명성이 빼어난 학교인 미국 필라델피아 센추럴 하이스쿨에 입학했다. 4년 후인 1889년에는 우수한 성적으로 대학입학 자격시험을 패스하고 펜실바니아 대학교 의과대학에 입학, 우수한 논문과 함께 1892년 박사로서 졸업했는데 이때 그의 나이는 약관, 20살 이었다.

졸업 후 펜실바니아 이공과 대학에서 연수교육을 받으며 피츠버그 머시 병원에서 인턴생활을 마친 후에, 희망하던 의사가 자기가 생각하던 일생의 직업이 아니라고 판단한 반스는 생리학에 관련된 화학분야에 그 관심을 돌렸다. 1893년 여름, 런던과 파리에 있는 병원들을 방문하고, 1894-95년 사이에는 베를린 대학에서 임상의학과 체험생리학을 연구하고 돌아와 펜실바니아에 있는 워렌 정신병원에서 6개월 간 정신병리학을 연구했다.

특효약 아지롤(Argyrol)의 발명

1899년, 그는 멀포드 제약회사에 취직하여 홍보와 판매일을 맡게 되었고 다음 해 회사는 그를 하이델베르그 루프레트 칼 대학에 파견하여 약리학공부를 시킨다. 거기서 그는 철학강의도 함께 철저히 수강하였고 후에 동업자가 될, 독일 화학자 헤르만 힐과도 알게 됐다.

1901년, 브룩크린 출신 로라 리젯트와 결혼하고 유럽으로 긴 신혼여행을 떠난 그는 하이델베르그와 베를린대학에 가서 옛 교수들에게 자기 부인을 소개했다. 이때 헤르만 힐과 반스는 둘이서 독립적으로 합동연구를 시작하였는데 운 좋게 은의 새로운 합성에 성공하여 안구염증 특효약이며 특히 신생아치료에 적합한 약인 '아지롤'을 발명하게 되었다. 곧이어 1902년, 그는 필라델피아에 반스와 힐(Barnes and Hill) 회사를 설립하였다. 그 후 1907년 회사를 해체하게 됐을 때, 반스는 회사를 인수하면서 혼자서 운영하기 시작했다.

전직 경험으로 회사경영에 자신감이 있었고 하이델베르그 대학에서의 철학 수강을 바탕으로 사람들의 심리 파악에 아주 능했던 그는, 1929년 재단 일에 전념하기 위해 회사를 처분할 때까지 매우 많은 돈을 벌었다.

미술품 수집

반스는 센추랄 고등학교에 다닐 때부터 후에 화가가 된, 그리고 일생 동안 줄곧 영향을 받았던 동창생 존 윌리엄 글락큰(1870-1938)에게서 미술에 대한 강의를 자주 들었고 그와 토론을 벌이며 미술의 역사를 이해하기 시작했다. 따라서 화가들에 대한 관심이 남다르게 많았다.

1901년, 반스 부부의 신혼여행지는 독일을 경유한 후 꿈에 그리던 피렌체였다.

그는 그동안 글락큰에게서 배운 전통미술에 대한 많은 지식을 가지고 우피지 미술관을 찬찬히 그리고 샅샅이 살펴보았고 화가 친구의 미술사 강의의 진면목을 일일이 확인할 수 있었다. 그리고 이 과정에서 미술사의 흐름을 실제적으로 파악할 수 있게 되었으며 미술작품에 대한 감식안이 매우 높아졌다.

한편으로, 그는 그때 당시 파리 화단에서 일고 있는 최신식 미술흐름을 듣고 이에 대한 동경심으로 파리의 화가들 작품을 직접 보고자 하는 열망을 느끼기 시작했다. 반스는 제약회사의 약진으로 재력이 넉넉해지자 1912년, 제일 먼저 화가 친구 글락큰을 파리로 보내서 새로운 미술작품을 그의 취향대로 마음껏 사오도록 했다. 그 후, 가을철에는 자기 자신이 파리로 갔다.

이 필라델피아의 새로운 부호 기업가 반스는 화가 친구가 추천하는 르노아르와 세잔느의 작품을 무조건 사들이기 시작하였고, 뿐만 아니라 파리에서 새로 사귄 미술감식가 레오 스타인이 전적으로 인정하는 피카소와 마티스를 비롯하여 그 외의 많은 새로운 작품들을 대담하게 사들였다.

또, 제1차 세계 대전 이후부터는 파리의 유명한 화상 폴 기욤이 소개하는 젊은 화가들인 블라망크, 모딜리아니 혹은 수틴의 작품을 구입했고 세잔느를 발굴한 화상 볼라르의 손을 거쳐서도 작품을 다량 구입했다. 그야말로 음지에서 양지로 옮겨지는 새로운 세대 화가들의 작품을 반스는 대량으로 대서양 건너편으로 실어 날랐다.

문화원의 모델이 된 재단의 창립

반스는 그 후에도 틈만 나면 파리에 나타났는데, 예를 들어 1914년 초에만 르노아르 작품 24점, 세잔느 작품 12점과 피카소 작품 12점을 한꺼번에 사들여 정열적인 수집방법을 보였고 이에 대해서 파리의 화상들은 경악했으면서도 그를 열렬히 환영했다.

그는 남들이 알아주지 않는 동시대 작가들의 창작품을 열심히 구입하는 특별한 수집가였을 뿐만 아니라 한편 미국과 같은 민주국가에서는 국민을 어떤 방법으로 교육시키느냐에 따라 나라의 흥망성쇠가 좌우된다는 신념을 강하게 가졌던 사람이었다.

그래서 제임스(Willam James)와 드웨(John Dewey)같은 당대 미국의 철학자들이 주장하는 새로운 민주교육 이론 즉, 실용주의적 학습으로 '일상적인 행동에서부터 이해력의 구체적인 적용'과 '교육에서부터 미래 행동을 위한 지능의 기초 닦기' 등등 누구나 참여할 수 있는 '현장학습' 같은 교육방법에 철저히 동감하고 있었다. 이런 점이 단순한 미술품 수집가들과는 근본적으로 다른 점이었으니 그는 이 교육 방법을 새로이 실행에 옮기고자 미술강의 시간에 자기의 수집품을 내놓고 현장학습용으로 적극적으로 쓰일 수 있도록 했다.

그는 각종 프로그램을 짜서 자기가 이제까지 긴 시간 동안 노력해 모아온 미술품들을 보여주었고 미술 창작품에 대해 토론을 벌이는 감상법을 강의하고자 했다. 또한, 이 새로운 교육 방법을 대부분이 흑인들로 구성된 자신의 제약회사 공장 노동자들에게 우선 실천함으로써 그들의 정서함양을 고취시키고자 하였다.

이 프로그램들은 예를 들면, 루스(Bertrand Russe)의 〈자유스러운 사람의 창작현장(The Free Man's Workship)〉, 드웨의 〈우리는 어떻게 생각하는가?〉 혹은 산타야나(George Santayana)의 〈아름다움의 의미와 예술에서의 이성〉과 같은 것들이었다. 그는 몇 년 후엔 회사 근무 시간을 6시간으로 줄이는 데 성공하였고 남은 시간에 모든 직원들이 이 프로그램에 참석해볼 수 있도록 했다.

산타야나의 이론에서 큰 감명을 받은 반스는 글락큰의 작품과 함께 수집품들을 공장 내에 전시하였고 이로써 실제 작품 원본과 이론강의가 연결되어 열기 띤 토론장이 되는 효과를 경험했다. 그런가 하면 작품을 원하는 노동자들이 있는 경우, 재료비 정도의 염가로 팔기도 했다. 이들 노동자 그룹의 정서 여가활동은 차차 외부에도 알려지게 되었고 그는 강의시간을 더 늘려서 외부 사람에게도 참여의 기회를 주었다.

새로운 교육방식에 몰두해보고 그것에 매료된 반스는, 1922년 마침내 미술교육과 감상을 권장한다는 목적으로 '반스 재단'을 창립하기로 한다. 그는 펜실바니아 정부에 재단과 재단부설 교육기관 설립정관을 제출하였고 곧 설립허가를 받았다. 이후 여기저기 흩어져 있는 그의 모든 수집품을 재단건물 안에 모아서 전시하는 계획을 세웠고 재단 내 학교에서의 미술 강좌 개설을 부지런히 준비했다.

반스는 펜실바니아 근교 머리온에 미국에서 더할 수 없이 멋진 숲 부지를 확보하고 프랑스 출신 건축가 크레(Philippe Cret)에게 작품 진열에 편하도록 간략하게 한 르네상스 건축양식으로 재단 건물을 설계해주도록 주문하였다. 그는 이 작은 성채를 짓기 위한 건축 자재로 석회석 흰 돌멩이를 프랑스로부터 직접 배에 실어와 사용했다. 드디어 반스 재단은 1925년 3월 19일에 개관하였는데 개관 당시 이미 수백 점의 소장품을 진열하였고 이 소장품의 숫자는 반스가 죽을 때까지 계속해서 늘어났다.

이렇게 대중의 문화적 정서 함양을 목적으로 하는 재단과 부설학교가 세상에 처음으로 탄생하게 되었고 나중에 1950년대에 와서, 반스 재단의 설립취지와 내용에서 큰 힌트를 얻은 앙드레 말로 문화성장관은 프랑스 국민들의 문화 참여를 적극적으로 유도하기 위해 다목적 문화센터(문화원)를 그레노블에 세웠다. 그 후 프랑스는 전국적으로 주요 도시에 문화센터를 차례로 세우게 된다.

이것이 점차 전 세계 각 나라 각처에 파생되어 생겨난 문화원의 시초다.

반스의 의기소침

안타깝게도 반스의 원대한 목표는 그가 원했던 것처럼 모든 사람들로부터 찬동을 얻어내지는 못했다.

재단 건물을 짓는 동안인 1923년 봄에 그는 필라델피아 미술 펜실바니아 아카데미(현 펜실바니아 미술 아카데미)에서 피카소, 마티스, 수틴과 모딜리아니 등등 그의 수집품 속에서 자신이 직접 선정한 75점으로 전시회를 열었다. 그는 이 전시회 카탈로그에서 그가 열정적으로 모으기 시작한 아프리카 조각들과 아프리카 가면들이 모딜리아니의 작품 제작에 어떤 영향을 미쳤는지에 관하여 언급하기도 했다.

그러나 이 놀랍고 새로운 경향의 프랑스 미술 전시회에 대해서 곧 도하 일간

신문들은 반스에게 미친 짓을 한 것이라며 격렬한 비난을 퍼부었고 그로 인해 심한 심적 타격을 받은 반스는 오직 기존 질서만을 유지하려는 미술 관계자들, 전통적 입장을 고수하는 관람객들, 외골수의 미술 평론가들, 엉터리 미술사가들, 그리고 거기에 맞장구를 치는 미술관 관장들 모두와 완전히 결별하게 됐다.

걸핏하면 화를 잘 내는 성격의 반스는 더 이상 자기 소장품을 세상에 공개하지 않겠다는 결심을 했다. 그러나 오직 자기를 따르는 신봉자와 강의 프로그램에 부지런히 참석하는 수강자들에게는 관람을 허용했다. 그럼에도 불구하고 그런 관람객들도 믿지 못해서 관람자를 감시하기 위해 수위 복장으로 변장하고 뒤를 따라다니기도 하였는데, 관람객 중 재단 소장품에 대해서 몰상식하고 모욕적인 언사를 할라치면 가차없이 덜미를 잡아 끌어내 밖으로 내쫓았다.

이와 같은 관람억제의 규칙은, 그가 불의의 자동차 사고로 1951년 79세에 갑작스럽게 사망한 이후에도 그의 유언에 의해 유지됐으며 1960년에 와서야 겨우 법원의 결정을 얻어 일주일에 2번만 외부 사람의 관람을 허용할 수 있게 됐다.

그러나 1993년 파리 전시회 전까지는 도판으로도 외부 공개를 금지시켰고 외부전시를 일체 금지해 왔었기 때문에, 그의 방대하고 빛나는 미술 수집품들은 재단관람을 해 본 사람이 아니고서는 세상 사람들에게 거의 알려지지 않고 있었다.

파리 전시회에 전시된 회화부분의 주요작가와 대표작품

[인상주의 화가]

Pierre-Auguste Renoir(오귀스트 르누아르), 120여 점 소장 ("아무리 많이 가져도 결코 많을 수가 없다."고 말함)

Claude Monet(클로드 모네), 〈선상 아뜰리에〉

Edouard Manet(에두아르 마네), 배에 타르 칠하기

Henri de Toulouse-Lautrec(앙리 드 툴루즈-로트레크), 〈몽 루즈에서 – 로자 라 루즈〉

[후기인상주의 화가]

Paul Cézanne(폴 세잔느), 30여 점 소장; 〈트럼프 하는 사람들〉, 〈대목욕도〉

Paul Gauguin(폴 고갱), 루루씨

Vincent Van Gogh(빈센트 반 고흐), 죠셉 에티에느 룰렌

[신인상주의(점묘파) 화가]

George Seurat(조르주 쇠라), 〈포즈〉

[야수파 화가]

Henri Matisse(앙리 마티스), 1930년, 초청하여 창문 아래와 중앙 홀의 벽화 〈Danse〉 제작, 〈삶의 행복〉

[입체파 화가]

Pablo Picasso(파블로 피카소), 몇 점의 아프리카 가면이 연상되는 얼굴 외에는 입체파 그림전 초기 작품만; 〈고행자〉

George Braque(조르주 브라끄), 〈넵프킨〉, 〈칼과 배〉

Roger de La Fresnaye(로제 드 라 프레네), 〈부부생활〉

[표현주의 화가]

Chaim Soutine(카임 수틴), 〈빵 제조 견습공〉

[기타 화가]

Amedeo Modigliani(아메데오 모딜리아니), 아프리카 조각 영향; 옆에서 본 〈쟌느 에뷔테른느 초상〉

Henri Rousseau(앙리 룻소), 〈호랑이 공격을 받은 척후병〉

Giorgio de Chirico(조르조 데 키리코), 〈Barnes 초상화〉

'The Barnes Foundation 관람을 위한 소고'
참조 문헌 : 1993년 Paris Orsay 미술관 전시회 때의 비망록, 신문, 카탈로그 및 재단 Web Site

PART 4 | 02

루브르 박물관 유리 피라미드

　루브르 박물관의 새로운 출입구로 유리 피라미드가 완성됐을 때, 많은 사람들은 투시도가 처음 발표됐을 때 느꼈던 강렬한 인상보다는 못하다고 했다. 그렇지만 5년 전에 그 설계도가 발표됐을 때는 모두들 "야!" 할 정도로 멋있어했다.

　아이오 밍 페이(1917-2019)는 비장의 유리 피라미드 설계도면을 지니고 미떼랑 대통령 집무실로 자신만만해서 들어갔다. 페이는 설계도를 테이블 위에 펼쳐 보이기보다는 설계도와는 상관도 없을 프랑스 역사와 파리 날씨에 관해서 얘기하기 시작했다.

　프랑스와 미떼랑은 대통령에 취임하자마자 세계에서 제일 큰 궁전(宮殿)인 루브르 궁 전체를 박물관으로 만들려는 계획을 세웠다. 루브르 궁 측면의 일부를 차지하고 있는 재무성이 다른 곳으로 이사가면 루브르 박물관은 루브르 궁 전체를 차지하게 되는데 그때는 박물관 명칭도 지금까지의 '루브르'에서 크다는 뜻인 '그랑 루브르'로 바꿀 심산이었다. 이런 정보를 입수한 페이는 확장될 그랑 루브르의 입구에 걸맞겠다고 생각한 유리 피라미드를 주문도 받지 않고 혼자 슬며시 설계하고는 파리에 와서 그것을 보여 주겠다고 느닷없이 미떼랑에게 면담을 요청했다.

1969년도에 페이는 파리 근교 도시, 라 데팡스에 새롭게 고층 빌딩을 집중적으로 세우는 마스터플랜에 응모했었으나 채택되지 못했는데 그때의 일에 대해 한이 맺혔던 것 같다. 뉴욕의 마천루를 동경해 마지않는 프랑스는, 1950년대 초반부터 파리 서쪽 세느 강 건너편 벌판인 라 데팡스에 뉴욕과 흡사한 초고층 사무실 빌딩 신도시를 세울 공사를 시작했다. 그곳엔 파리를 방어한다는 뜻이 담긴 〈라 데팡스〉라는 조각이 광장 한 군데에 세워져 있었었는데 신도시 이름을 정할 때 그 조각 이름을 땄다. 마스터플랜에 응모했다 떨어진 지 20여 년이 지난 후, 페이는 이번엔 미떼랑 대통령에게 루브르 박물관 확장을 돕는 적합하고 중요한 설계도가 있다고 하면서 면담을 자청했던 것이다. 페이는 그때 워싱턴의 내셔널 갤러리 동관(東館)을 설계하여 큰 명성을 얻고 있었고 미떼랑은 세계적인 건축가로 군림하고 있는 페이를 무시할 수가 없다는 생각에 '무슨 설계도를 만들었길래 그럴까?' 하면서 30분 동안만 그를 만나주기로 했다.

프랑스가 미술의 중심지로서 마지막 자존심을 과시해 보려는 듯 파리에 퐁피두 센터를 신축하여 1977년에 현대미술관으로 요란하게 준공했다면, 미국은 그 다음 해 그것에 질세라 워싱턴 내셔널 갤러리 동관을 신축해서 개관했던 것이다. 그런데 아이로니컬하게도 퐁피두 센터가 현대적 미국 건축양식을 본떠 싸늘한 강철과 유리를 사용한 것과 반대로 페이의 설계는 전통적 유럽 건축 양식을 따라 육중한 석재를 사용한 것이었다. 그때 한창 전 세계 탁구 선수권 대회를 중공 선수들이 모조리 제패하고 다니던 때라서 매스컴들은 프랑스와 미국이 핑퐁식 문화 경쟁을 하고 있다고 빗대어 보도했다. 중국 탁구에 빗댄 것은 페이가 중국 태생의 미국 건축가이기 때문이었을 것이다. 페이는 1917년에 광동에서 태어나서 2살 때부터 홍콩에서 살았고 18살 때 미국으로 건너갔다. 그리고 엠아이티 공과대학에서 건축 공부를 했으며 37살에는 미국 시민권을 취득했다.

페이는 내셔널 갤러리 동관과 서관을 연결할 때 지하로 통로를 만들면서 천장 창을 만들어 자연광선을 끌어들였다. 나는 1980년 뉴욕에서 개인전을 열면서 워싱턴 내셔널 갤러리를 관람하러 갔을 때, 서관에서 동관으로 가는 지하 복도에 드문드문 만들어 놓은 천장 창이 유리 피라미드로 처리돼 있는 것을 인상적으로 보았고 밖에 나가서도 내려다본 적이 있다. 천장 창을 피라미드 모양으로 해서 지상으로 돌출시켜 놓는 것이 그냥 평면 창으로 하는 것보다는 더 많은 외광을 실내로 끌어들일 수 있어 효과적일 것이었다. 페이는 그때 그렇게 실험해 본 후, 그 조그만 유리 피라미드를 이집트 사막에 서 있는 피라미드 원형대로 확대하여 투명하게 만들어 보고 싶었던 것이 분명하다.

그는 마침내 내부 골조구조를 완벽하게 구축시킨 유리 피라미드 도면을 완성해서는, 그것을 세울 이상적인 장소로 루브르 박물관 정문 앞 안뜰 나폴레옹 꾸르를 첫 번째 장소로 지목했다. 나폴레옹 꾸르는 샹젤리제 쪽을 향하여 ㄷ자(字) 모양으로 열린 루브르 궁의 중심 안뜰인데, 거기서부터 보이는 일직선상의 전망은 까루젤 개선문 아치 속을 지나 클레오파트라의 바늘로 불리는 꽁꼬르드 광장 우뚝 솟은 룩소의 오벨리스크를 정가운데로 잡아 놓고 있다. 룩소(Luxor)의 대(大)오벨리스크는 거기서부터 2 킬로미터 뒤에 있는 에뚜알 광장의 개선문을 좌우로 정확히 가르고 있으며 개선문 아치 밑으로는 또다시 6킬로미터 떨어져 있는 박애의 문(門), 그랑따르슈까지 일직선상으로 치닫는 기막힌 시각을 가지고 있으니 파리 도시의 축(軸)을 열고 있는 기점이 나폴레옹 꾸르이다. 페이는 이집트 유물이 지하에 많이 전시된 루브르 박물관과 룩소의 오벨리스크가 똑바로 보이는 나폴레옹 꾸르야말로 유리 피라미드가 있어야 할 정확한 장소라고 꼽아 놓았던 것이다.

20세기에 들어서서 전위미술가들은 그들의 새로운 미술운동을 벌일 때마다, '미술관 속의 미술은 죽은 것이나 다름없고 미술관은 미술의 무덤 그 자체'라고 매도하면서 우리는 그런 죽은 미술을 계승할 아무런 의무가 없노라고 외쳤다. 그렇지만 운명적으로, 전위미술가들도 나중엔 미술관에 들어가 파묻혀야만 했다. 베르디의 아이다는 억울하게 국가반역죄를 뒤집어쓰고 피라미드 속에 생매장 당해야 하는 라다메스를 따라 몰래 피라미드 속에 숨어 들어갔고 그들 둘만의 영원한 사랑을, 신(神)들의 영혼이 영원히 숨 쉬는 무덤 속, 피라미드 속에서 이루고 말았다.

피라미드에 대해 그런저런 생각이 많아서였는지는 모르지만 페이는 미술의 무덤이라는, 미술의 영혼이 쉬고 있을지 모르는 루브르 박물관을 밖에서 잘 들여다 보이게 보물 상자의 뚜껑을 열어젖히듯 개방하였는데 현대인 관람객들과 더 가깝게 숨쉬게 하려는 의미로써 유리 피라미드를 생각해 낸 것일 수도 있다. 만약 애석하게도 프랑스가 유리 피라미드 세우기를 마다한다면 페이는 설계도를 둘둘 말아 런던 대영박물관으로 달려갈 참이었다.

보여주겠다는 도면이 도대체 무슨 도면인지 미떼랑은 속히 보고 싶었으나, 페이가 도면을 펼칠 생각은 하지 않고 엉뚱하게도 프랑스 역사의 위대성이 어디 있으며 파리의 고약한 겨울 날씨는 일조량이 매우 부족하다든가 하면서 계속 딴전을 부리는 것을 말릴 수는 없었다. 브리핑 준비를 철저히 해오기도 했지만 페이가 프랑스 역사와 파리 날씨에 관해서 해박한 지식을 달변으로 쏟아 놓는 바람에 미떼랑은 30분만이라고 약정한 시간을 스스로 어기고 그날 무려 4시간 동안이나 면담을 계속했다.

1190년 필립 오귀스트 왕(王) 때부터 짓기 시작한 루브르 궁(宮)은 800년 동안 왕들과 황제들에 의해 증축에 증축을 거듭해서 세계 최대의 왕궁(王宮)이 됐지만 루브르 궁이 아무리 크다고 할지라도 대(大)왕궁으로서보다는 〈라 조꽁드(La

Joconde, 일명 모나리자)〉나 〈밀로의 비너스〉처럼 보석 같은 미술품을 잔뜩 소장하고 있는 세계 최고 최대의 박물관으로서 세상에 명성이 더 나 있는 것이다.

루이 14세가 베르사이유 궁으로 옮겨가면서 텅 비게 된 루브르 궁에서는 내부를 치장하고 수리하기 위해 동원된 떠돌이 예술가와 장인들이 궁의 한쪽 편에 거처하면서 일을 했으며, 왕들의 거실 쪽은 당대의 문학가, 건축가, 과학자, 화가, 조각가들로 구성된 아카데미시엥(예술원 회원)들이 차지하고 있었다. 1699년부터는 아카데미 회원들이 스스로 그들의 작품 전시회를 궁에서 열기 시작하였고 그때부터 루브르 궁은 미술관-박물관으로 출발할 인연을 맺기 시작했다. 18세기 초 계몽주의 시대 박식한 사람들의 창안으로, 왕들이 세계 각처에서 모아 들인 수집품을 체계적으로 정리해 전시하게 되면서부터 루브르 궁은 세계적인 박물관으로서의 면모를 조금씩 갖추어 나갔다.

프랑스와 1세는 그림을 수집하기 시작한 최초의 왕으로 레오나르도 다 빈치(1452-1519)의 〈라 조꽁드〉를 비롯해서 라파엘로와 티치아노(1488-1576)의 작품 등 12점의 그림을 수집해 놓았다. 시기와 질투에 시달리던 말년의 레오나르도 다 빈치를 프랑스와 1세가 프랑스로 초청해서 여생을 보내게 했을 때, 다빈치가 유일하게 프랑스에 지니고 온 작품이 지금은 세상의 보물이 된 〈라 조꽁드〉였다. 루이 14세도 무려 2500점에 달하는 그림을 수집했다. 이후 루브르 궁이 정식으로 박물관으로서 문을 연 것은 루이 16세가 아직 단두대에 올라가기 전인 1793년이었다.

나폴레옹도 정복지에서마다 노획한 미술품과 조공으로 받은 미술품들을 이집트 원정 장군인 드렁 장군과 스땅달로 하여금 선별해 정리하도록 했고 루브르 박물관 소장품을 많이 불려 놓았다. 루브르의 또 하나의 귀중한 보물이 된 〈밀로의 비너스〉도 1820년에 지중해 밀로 섬의 어떤 밭에서 농부의 쟁기에 걸려 발굴되자마자 곧바로 루브르 박물관으로 날라다 놓은 것이다. 그 후에도 프랑스 정부는, 유산으로 물려받은 미술품을 유족으로부터 계속 기증 받았고 국고금으로 끊임없이 사들이기도 하여서 현재는 루브르가 보유한 소장품이 35만 점에 달하니 이를 크게 자랑하게 된 것이다.

역사와 날씨로 대통령의 혼을 쏙 빼놓은 후, 페이의 결론은 다음과 같이 간단했다.

'루브르는 박물관 규모로도 세계에서 제일 크거니와 소장품도 제일 많아서 세계 최고 최대의 박물관임을 누구도 부정할 수가 없다. 소장품이 얼마나 많은지 한 개 한 개를 10초씩만 들여서 본다 하더라도 다 보려면 열흘인지 이십일인지를 밤낮으로 보아도 다 못 볼 정도로 많다고들 사람들은 말한다. 그렇게 많으니 현재도 루브르 박물관이 크긴 크지만, 소장품의 반 정도 밖에는 진열을 못하고 있어서 더러는 진열품을 교체하면서까지 교대로 진열해왔어도 여태까지 한 번도 진열 못한 게 많아서 많은 소장품이 창고 속에서 먼지를 그대로 뒤집어쓰고 있다고도 한다. 그런 사정을 잘 알고 계시기 때문에 대통령께서 박물관의 소장품 전부를 일시에 진열해 내려는 박물관 확장 계획을 세우신 것으로 들었다.'

마침내 장광설을 끝낸 페이는 이제 설계도를 보일 준비가 됐다고 생각하고 대통령이 조바심 내면서 기다린 비장의 설계도면을 테이블에 꺼내 펼쳐 놓았다. 설계도 옆에 투시도 도면도 나란히 놓았다. 투시도 도면은 유리 피라미드가 이미 나폴레옹 꾸르에 실제로 세워진 현장 투시도였다. 미떼랑은 테이블에 놓인 설계도와 투시도를 번갈아 보면서 피라미드가 상상을 초월한 투명한 유리 구조물인 데에 크게 놀랐다. 눈에 번쩍 띌 정도로 빛나 보이는 거대한 투명 결정체로서의 유리 피라미드는 나폴레옹 꾸르 한가운데에서 웅장한 루브르 궁을 매력적이고 화려한 분위기가 들도록 바꾸어 놓고 있어서 미떼랑은 단박에 매료됐다. 그런 미떼랑의 표정을 읽으며 페이는 재빨리 설명을 보충해 나갔다.

'루브르 박물관이 확장된다면 관람객들을 위한 휴식공간도 지금보다 훨씬 더

커져야 한다고 생각한다. 장시간 박물관 속에서 시간을 보내는 관람객들이 이용할 레스토랑, 카페테리아, 까페를 비롯해서 책방, 도서실, 자료 열람실, 기획 전시실, 회의와 강연을 열 수 있는 크고 작은 강당에서 기념품 상점까지. 나폴레옹 꾸르의 지하는 필요한 부대시설을 만들어 넣기에 아주 적합한 장소이며 그곳에 세울 유리 피라미드는 자연광을 내부로 한껏 끌어 들여오는 뾰족하고 거대한 천장 역할을 하게 될 것이다.'

그러나 페이는 유리 피라미드를 그랑 루브르의 기본 현관으로 하면 딱 좋겠다는 의견은 자신 있게 내놓지 못했다. 그 대신 '유리 피라미드는 시야를 가로막지 않아서 루브르 궁 본래의 모습을 어느 쪽에서 보든지 전혀 손상시키지 않을 것이다.'라고만 강조해 말했다.

생각 중에 눈을 깜박거리기 잘하는 미떼랑은 유리 피라미드가 참 희한한 걸작 구조물이라고 선뜻 건축가에게 말하고 싶었을 테지만, 공들여 들여다보는 체 한참 동안 본 후에야 뒤로 물러서면서 '이 피라미드의 키가 루브르 궁 높이보다 높은데 키를 좀 줄여서 궁보다 낮게만 해준다면 우리가 이 피라미드를 세우는 결정에 대한 연구를 당장 시작하겠다.'고 마침내 단언했다. 그러자 노련한 페이도 피라미드의 높이를 낮추어 달라는 미떼랑의 신중한 제안을 즉석에서 흔쾌히 응낙해버렸다.

이렇게 하여 페이는 피라미드의 도면을 다시 그렸고 최종적으로 35.42미터 정사각형 밑면에 높이가 21.64미터인 유리 피라미드로 결정됐다. 그물망 같은 내부 골격은 스테인리스 철강으로 구축됐고 긴 직경 2.9미터에 짧은 직경 1.9미터인 마름모꼴의 유리창은 빛을 받으면 보석처럼 빛나도록 유리창 두 겹 사이에 흰색을 가미하여 특수 제작됐다. 피라미드는 총 675개의 마름모꼴 유리창을 가지게 됐다.

유리 피라미드의 도면과 투시도가 대중에게 공개되었을 때, 새로운 것을 좋아하면서도 매우 보수적인 성향이 짙은 프랑스 사람들은 이에 대해 모두가 다 좋다고 찬성하지는 않았다. 세간의 여론은 그 찬반을 놓고 왈가왈부하다가 어쨌든 간에 찬성 쪽이 우세한 가운데 1985년, 건축공사가 시작됐다.

그러나 피라미드가 들어 설 자리인 나폴레옹 꾸르 한복판을 파헤치기 시작하자 큰 문제가 생겼다. 지하에 루브르 궁 이전 옛날 도시의 흔적과 함께 중세 때 일부 파묻혀 사라진 루브르 궁의 자취가 나타난 것이다. 루브르 궁 쪽으로는 궁 본래의 주루(主樓)와 궁 외호(外濠)가 노출됐고 까루젤 개선문 쪽으로는 샤를르 5세가 쌓은 성벽이 원형 그대로 나타났다. 세느 강에 잠겼던 성벽은 크게 잘 재단된 직육면체 석재들로 쌓여있어 무미건조하고 싸늘하게만 보이는, 그야말로 그냥 튼튼한 성벽이었다. 육중한 성벽은 강 모래사장 위에 긴 참나무 목침을 쭉 깔아 돌의 받침으로 놓고 그 위에 석재를 층층이 쌓아 올려 특이해 보였는데 이는 무게 때문에 각각의 돌들이 모래에 점점 파묻혀 들어가는 현상을 고려한 것이었다. 마치 스키를 탈 때 스키가 몸무게를 편편하게 나누어 사람이 눈 속에 파묻혀 들어가지 않도록 돕는 것과 같고, 나무는 물속에 일단 잠기면 절대로 썩지 않는다는 성질을 알고 이용한 것이다.

나무가 물에 잠겨 있으면 나무가 살아있는 것과 같이 썩지 않는다는 영구적 성질을 이용해서 만들어진 대표적인 도시가 베네치아라면, 베네치아를 모방해서 세운 세인트 피터스부르그도 늪지대에도 수많은 나무 말뚝을 박아서 지반을 고정시킨 후 그 위에 도시를 세운 것이다. 이 루브르 궁 성벽의 밑받침으로 사용된, 세느 강 물속에 잠겨있던 나무가 전혀 변하지 않고 그대로 출토된 것이었다.

나폴레옹 꾸르 지하에선 그 시대에 쓰였던 도기 그릇들과 그 옛날 왕실에서 쓰였던 유물들도 마구 쏟아져 나왔다. 옛날 것이라면 사족(四足)을 못쓰는 프랑스인들은 이제는 유리 피라미드를 세운다는 목적보다도 유물을 하나라도 더 찾아내는데 혈안이 되었고 급기야는 유물 발굴단이 발족됐다. 유물들은 카루젤 개선문을 지나서 뛸르리 공원 방향 쪽으로도 자꾸만 출토돼 나왔기 때문에 그쪽의 모든 곳이 파헤쳐졌고, 카루젤 개선문이 무너질 것을 염려하게 되어 튼튼히 보수하는 공사까지 하여야 했다. 유리 피라미드가 서있는 아래쪽 지하공간만 이었던 페이의 생각과 달리 그가 맡은 지하공간은 예상치 않게 넓어졌고 그야말로 광활한 지하공간이 유물 발굴단에 의해 생겨났다. 이 지하공간이 지금의 걀르리 뒤 까루젤 뒤 루브르(Galerie du Carrousel du Louvre)라고 부르는 루브르 궁의 고급 지하 회랑 상가이다.

유리 피라미드 착공 일 년 후인 1986년, 미떼랑은 본격적으로 그랑 루브르 마스터플랜을 시행했다. 그는 루브르에 있던 재무성이 이사를 가면서 생기는 옛 재무성 자리를 지금의 리슈리유 전시관으로 개조하는 설계와 유물을 파내어 텅 비게 된 지하공간의 실질적인 활용을 위한 설계 계약을 페이와 맺었다.

이때, 유리 피라미드의 위치가 루브르 박물관의 한복판이라는 이점을 내세워 유리 피라미드를 그랑 루브르의 기본 출입구로 하자는 페이의 착상이 정식으로 채택됐다. 실제적으로, 나폴레옹 홀로 불리게 된 유리 피라미드 밑은 박물관 동남북(東南北) 전시관으로 쉽게 접근할 수 있는 중앙지점이었다. 〈밀로의 비너스〉가 있는 쉴리 관, 〈라 조꽁드〉가 있는 드농 관, 재무성 자리였던 리슈리유 관, 그리고 서쪽 카루젤 뒤 루브르를 놓고 볼 때 정중앙에 위치하기 때문에 이곳을 출입구로 정하면 관람객들의 관람을 매우 편하게 할 것이었다. 페이는 나폴레옹 홀은 관람객들이 일시에 물밀듯 밀려들더라도 너끈히 모두 받아들일 수 있도록 넓고, 그곳으로부터 관람객 각자가 관심을 갖고 먼저 찾아가 보고 싶은 전시관 쪽으로 향할 수 있는 이점이 있기 때문에 방문객들의 관람시간을 많이 절약해 줄 수 있다고 생각했다.

한편에서는 발굴단들이 유물을 찾느라 땅속을 계속 파헤쳐 나가고 있는 가운데 유리 피라미드 공사는 느릿느릿 4년 동안 진행된 후, 1989년 드디어 완성을 보았다.

외부와 차단되어 있다는 폐쇄적인 피라미드에 대한 고정관념을 완전히 깨트리고 속까지 투명하게 보이는 개방적인 외관을 가지고 태어난 유리 피라미드는, 가볍고 투명하여 엄숙하게 둘러싸인 육중한 루브르 궁과 극명한 대조를 이루고 있으면서도 거부감이라고는 찾을 수 없이 서로가 잘 조화되었고 이로써 페이는 참신한 독창성을 더욱 뽐낼 수 있게 됐다.

유리 판에 뒤덮인 어마어마하게 큰 사각뿔 천장이 금방 하늘과 맞닿을 듯 놀랍도록 높은 공간으로 연출된 나폴레옹 홀은, 대단히 넓고 수많은 마름모꼴 유리창을 통하여 루브르 궁을 잡고 있는데 일부러 유리 그물 액자에 넣어 분할시킨 것처럼 보이기도 하고 스테인드글라스를 보는 것 같기도 하여 매우 화사하게 분장하고 있다. 이제 페이와 동시대 사람들은 피라미드의 문을 통하여 미술의 영혼이 영원히 숨쉬고 있는 무덤, 루브르 박물관 속을 들어가 살아있는 그들 미술품의 영혼을 만나 보고 나올 수 있게 된 것이다.

준공 후 루브르 유리 피라미드는 고전적 건축과 현시(現時)의 건축이 이룬 조화 중에서 가장 빼어난 조화로 인구에 회자되었고 파리 시는 에펠탑에 유리를 덮어 씌운 듯 투명한 고대 이집트적 명물을 또 하나 자랑하게 됐다.

그랑 루브르가 개관한 지 얼마 안 돼서 프랑크푸르트에 사는 친구 박재희가 파리에 온다는 연락을 해 왔다. 차를 달려 파리로 온 친구는 나를 보자마자 아이들과 함께 그랑 루브르를 구경하러 왔으니 문을 닫기 전에 지금 루브르 박물관에 당장 가보고 싶다고 했다. 친구는 그랑 루브르에 가보고 싶어 애태우는 이유를 이렇게 말했다.

루브르 박물관에 유리 피라미드를 세웠다는데 그것을 어떻게 세웠길래, 그리고 또 박물관 속을 어떻게 넓히고 개조했길래 독일의 유명 주간잡지 《스테른(Stern)》이 그 잡지책 전권의 반 이상을 할애해서 무려 70여 페이지에 달하도록 그랑 루브르 개관에 대한 기사를 특집으로 취급했다는 것이다. 독일에서 그렇게 크게 특집기사로 취급한 문화 기사는 처음일뿐더러, 문화시설에 투자하고자 하는 데는 매우 인색하기로 소문난 독일인들이 지금 그 문화 기사를 읽고는 깜짝 놀라고 있다는 것이다. 프랑스 정부가 그랑 루브르를 만드느라고 퍼부은 예산을 쉽게 따진다면 뉴욕에 있는 쌍둥이 빌딩을 두 개나 세울 수 있는, 그렇게 많은 돈을 루브르에 쏟아 부은 것인데 박물관 같은 보이지도 않는 잠재적 성격의 문화 교육 시설에 그렇게 많은 예산을 마구 퍼붓는 프랑스 정부의 대담한 문화정책을 최고 최대로 평가하면서 독일 정부도 독일의 후손들을 위해서 프랑스의 문화정책을 거울삼아 배워야 되는 게 아니냐는 주장을 《스테른》 잡지가 매우 열정적으로 썼다고 했다. 그런데 그런 어마어마한 예산을 퍼붓고 지상 위에서 볼 수 있는 결과가 겨우 유리 피라미드 하나뿐이라니 어떻게 된 심판이길래 그러냐 한다고도 했다.

루브르 궁은 원래 거대한 직사각형으로, 사방 둘레를 철벽같이 뼁 둘러친 무한궤도로 만든 대대적인 궁전이면서 그 외양 자체가 애초부터 튼튼한 성벽처럼 만들어졌다. 그 튼튼한 성벽은 늑대 사냥을 하기 위한 성벽이란 뜻인 '뤼빠라(Lupara)'라고 불렸고 거기서부터 유래하여 루브르 궁이란 명칭을 얻었다. 궁궐 안에는 다섯 개의 안뜰이 있는데 그 중에서 가장 큰 안뜰이 꾸르 나폴레옹이다. 그를 비롯해서 꾸르 카레(Cour Carré), 꾸르 비스꽁띠(Cour Visconti), 꾸르 르피엘(Cour Lefuel), 꾸르 쀼제(Cour Puget) 그리고 꾸르 모를리(Cour Marly) 이렇게 네 개의 작은 내정(內庭)이 루브르 궁에 딸려 있다.

지금 유리 피라미드가 세워진 내정이 나폴레옹 꾸르인데, 나폴레옹 꾸르는 1871년, 샹젤리제 쪽을 향해서 뛸르리 공원을 가로막고 있던 루브르 건물의 한 변이 화재로 불타 없어지는 바람에 ㄷ자(字) 모양으로 한쪽이 완전히 터져

버렸다.

　재무성 청사가 있었던 루브르 궁 북쪽 뿌제 내정과 모를리 내정에 유리 지붕을 씌워 전시장으로 만들 계획을 포함하는 박물관 마스터플랜도 페이가 도맡아 설계하고 개조했다. 네모난 내정 궁전 건물에 ㅁ자(字) 유리천장을 얹어서 꾸민 전시장은 마치 온실 내부와 같았고 그곳에 배치된 큰 나무들과 진열된 대형 조각품들, 관람객들이 앉아 쉴 수 있도록 벤치를 여기저기 놓은 모양이 건물 안의 야외공원 같은 분위기를 창조했다. 페이가 내정에 유리 지붕을 덮어 씌워서 전시장을 만든 것은 박물관을 더 넓히려는 의도도 있었겠지만 여름의 강한 햇빛을 천장 유리창을 통하여 훨씬 누그러진 부드러운 빛으로 만들어 박물관 내부로 들어오게 함으로써 온화한 분위기를 창조해 낼 방편이었다.

　그는 또한 궁전의 컴컴한 내부를 더 밝고 명랑하게 하기 위해서 북쪽 편 루브르 궁과 면한 리볼리 한길의 창살이 많은 구식 창문을 간소화해 단순하고 시원한 십자형 창살로 바꾸었다. 한편 내정 쪽으로 난 창문들은 아래위 사방으로 더 넓힌 뒤 역시 십자형 창살에 대문짝만 한 붙박이 창으로 바꾸었는데 이는 내정의 유리 지붕으로부터 눈부시게 내리쬐는 빛도 넓은 창을 두 번째로 통과하며 전시장 내부로 은은히 흘러 들어오도록 할 목적에서였다. 결과적으로 페이가 일한 리슈리유 관의 전시실들은 다른 관들보다 내부가 훨씬 밝아졌고 시원한 감각을 띤 현대식 전시공간으로 변했다. 현대적 전시공간의 창조자 페이는 외부 햇빛을 완전히 차단하고 에너지를 낭비하면서까지 인위적인 전깃불 조명만을 고집하는 요즘 미술관–박물관들의 대체적인 경향과는 달리 자연광선을 끌어들임으로써 미술품들이 부드럽게 보이도록 하는 마술을 부렸다.

　페이가 기존 창문을 대형화하고 무게가 꽤나 나가는 철조 골격으로 유리천장을 건물에 얹어 놓을 수 있었던 것은 루브르 궁의 두껍고 성벽처럼 튼튼한 벽이 그것을 지탱해 줄 수 있기 때문이었다. 그는 답답한 벽을 따라 올라가는 에스컬레이터를 설치할 때에도, 꽉 막힌 벽을 원형(圓形)으로 뚫고 중국식 원형 공간을 창조해 시야를 넓혀줌으로써 관람객들이 폐쇄된 궁궐 안에 있다고 생각해 갑갑함을 느끼지 않도록 세심히 배려했다.

영국 봉건주의 시대에는 한때, 잘 살고 못 사는 정도에 대해 어떤 기준을 척도로 삼아 백성들에게 세금을 물려야 할지 몰랐을 때가 있었다. 이때는 집에 유리창이 몇 개 달려 있나를 따져 빈부 차이를 헤아렸고 세금을 물렸었다. 그런 원시적인 안목으로 본다면 페이가 뜯어고친 유리가 많은 리슈리유 관은 매우 부자 나라의 박물관처럼 보일 것이다. 어렸을 때 읽은 동화책에, 바보 나라 사람들이 집이라고 다 짓고 보니 창문을 미처 만들 생각을 하지 않았으니 집 속이 영 캄캄해서 살 수가 없었고 생각다 못해 모든 식구들이 차례대로 세숫대야를 들고 밖에 나가 햇볕을 쬐어 받아 담은 후 뚜껑을 얼른 닫고 집으로 다시 뛰어들어와 뚜껑을 열고 하는, 정말 바보 같은 행동을 하루 종일 반복했다는 우스운 얘기가 있기도 했다.

페이는 루브르 박물관을 확장하고 우연히 무진장한 유물이 나온 지하공간을 박물관 전시실로 창조해 내는 데에 있어 '빛'이라는 명제를 열쇠로 사용한 것이 분명하다. 빛을 지하로 끌어들인 유리 피라미드를 완성한 페이는 전문 시공회사인 미셀 마카리에 의존해서 지하공간 공사를 시작했다.

미셀 마카리의 토목건축술을 통해 지하공간에는 엄청나게 큰 볼륨이 창조되었는데 그 큰 볼륨은 고급 상점가, 특별전시장, 강당, 629대의 승용차와 80대의 관광버스를 수용하는 지하주차장 등등 박물관의 부속시설들이 넉넉히 자리를 잡고도 남는 공간이다. 웅장한 매머드 콘크리트 지하공간 위 지상에 카루젤 개선문이 있다고 해서 그 지하공간은 '카루젤 뒤 루브르' 라고 따로 명명되었다. 그 화려한 현대식 지하궁전, 카루젤 뒤 루브르 속에서 유명한 오뜨꾸뛰르 패션쇼, 현대 작품을 위한 살롱전 등 괄목할만한 각가지 문화행사가 매년 정기적으로 열리게 되었고 이곳은 파리의 새로운 명소로 자리잡았다. 그 명소, 십자형으로 된 회랑에도 외광을 끌어들이기 위해서 페이는 또 한 번 기발한 착상을 했다. 그것이 바로 유명하고 유별난 역(逆)피라미드이다.

그 역피라미드는 십자형 회랑 한복판 천장에 불안정한 듯 달려있다.

나폴레옹 꾸르의 유리 피라미드 입구를 통해 박물관에 들어와 나선형 계단으로 내려가면 나폴레옹 홀인데, 그 홀에 내려온 관람자들은 박물관 안내 책자를 찾고자 안내소로 향할 것이다. 안내소에서 박물관 지도를 받아 든 관람자들은 안내소 뒤쪽, 깊숙한 회랑을 통하여 회랑에 꽉 차서 넘친 거대한 역삼각뿔 수정 덩어리를 보고 놀라게 된다. 그러나 관람자들은 그것이 하늘의 색깔을 안고 있는 유리로 된 역피라미드임을 금방 알아차릴 것이다. 거꾸로 매달린 유리 역피라미드는 그의 심장 안에 하늘빛을 그대로 껴안고 있으면서 사방으로 빛을 은은히 내뿜고 있는 것이 하나의 커다란 수정체인 양 보이니 그 형체가 매우 신비할 것이다.

크레타 섬의 크노소스 궁전 내부에 빛을 끌어들이기 위해, 미노스(Minos) 국 건축가들이 궁전과 궁전 사이에 일부러 틈을 내 빈 공간을 창조해서 빛이 아래층까지 끌려 내려오도록 한, '빛의 우물'을 만드는 지혜를 발휘한 것처럼 페이도, 유리로 된 역피라미드를 천장에 매달아 프리즘 역할을 하도록 했고 빛을 지하로 끌어들여 그 속에 고여 있도록 함으로써 또 하나의 '빛의 우물'을 만들어냈다. 콘크리트 지하 궁전과 기막힌 조화를 이루는 유리 역피라미드의 빛은 고체 덩어리로 얼린 것처럼 차갑고 투명해 보이고 역피라미드에서 사방으로 은은히 뿜고 있는 신비한 빛은 시선을 집중시켜 마치 이곳이 대성당의 십자형 중앙 홀인 듯 착각하게 한다.

나는 페이가 피라미드를 거꾸로 해 놓은 까닭에 대해 생각에 생각을 거듭하면서, 육신은 땅속에 묻히는 것이고 영혼은 하늘에 올라간다는 생각에 이르러서는 '피라미드는 육신을 위한 지상의 무덤이고, 역피라미드는 영혼을 위한 우주의 무덤으로 생각한 것이 아닐까?' 하는 결론에 도달한다. 거꾸로 매단 피라미드를 올려다보면서 하늘이 영혼의 무덤이라고 해석한 페이의 기막힌 연출에 나는 나대로 감탄하는 것이다.

1993년, 그랑 루브르가 개관된 직후 일본 천황 부부가 처음으로 프랑스를 방문했는데, 일본 천황은 프랑스에서 꼭 보고 가고 싶은 곳이 있다면서 방문 스케줄에 꼭 그랑 루브르 방문을 넣어 달라고 요청했다. 천황은 파리로 향하는 비행기 속에서 프랑스 정부가 지금 남에게 제일 자랑하고 싶어서 못 견뎌 하는 것이 무엇인지를 알게 됐기 때문이었는데, 누가 누구에겐가 자랑하고 싶어서 죽겠을 것을 보여 달라고 할 때 그런 요구가 상대방을 얼마나 기쁘게 하는 것인지 정곡을 짚은 것이다. 그렇지 않아도 빡빡한 일정 때문에 그랑 루브르 방문을 미처 일정에 넣지 못하고 있던 프랑스는 얼마나 좋았던지, 천황의 마지막 일정이 끝나는 날 밤 11시에 그랑 루브르 문을 활짝 열고 박물관 전 직원이 다 나와서 천황을 맞이하도록 했다. 근무시간 이외에는 별도로 일하기를 죽어라 싫어하는 프랑스인 관습으로는 여간 예외적인 일이 아닐 수 없었다.

그런가 하면 지난 4월 7일, 영국 여왕 엘리자베스 2세는 유로스타 편으로 도바 해협을 건너 파리에 도착, 바쁜 일정 속에서도 그랑 루브르 방문을 빼놓지 않았다. 엘리자베스 2세가 프랑스를 방문한 것은, 역사적으로 두고두고 앙숙관계였던 불란서와 영국이 1904년, 이제는 양국 간 싸움을 그만하고 화평하게 지내자며 체결한 영불 화친조약의 100주년을 기념하기 위해서였다. 개선문 무명용사 묘지 참배, 전형적인 파리의 야시장 한군데 구경, 그리고 툴루즈의 에어버스 제작공장을 방문하는 것이 영국 여왕의 프랑스 체류 일정이었다.

I.M. 페이는 마지막 고별 기자회견에서 설명할 때까지도 역피라미드에 대해

확고한 자신이 없었던 같다. 왜냐하면 '만약에 역피라미드가 자꾸만 보아서 보기에 싫증이 난다면, 완전 조립식으로 만들어졌으니 언제고 간단히 철거할 수 있고 철거하는데도 시간이 얼마 걸리지 않는다'고 말했기 때문이다. 파리 사람들이 역피라미드를 싫어할지도 모른다는 생각에서 나온 말이며 겸손이었다.

페이는 두 개의 유리 피라미드를 안팎으로 닦아야 하는 문제까지도 용의주도한 프로그램으로 잘 처리해 놓았다. 한편, 그는 역피라미드를 설치하고 나서 바닥 약 110cm 높이 정도까지 내려온 피라미드의 뾰족한 점이 잘못하다간 아이들의 정수리를 찌를 수도 있어 위험하다고 생각했다. 그것을 어떻게 처리하느냐에 대해 고민하다가 떠올린 제일 쉬운 방법은 접근을 못하도록 밑에 방책을 치는 것이었으나 이는 역피라미드가 보이는 시야를 망가트리니 나쁜 아이디어라고 여긴 페이는 작은 피라미드를 대칭으로 세워 놓는 방법을 선택했다. 피라미드의 규모에 눈익은 우리는, 역피라미드 밑의 작은 피라미드를 작게만 보지 않고 있다. 역피라미드는 우주에 심은 피라미드이고 그것과 대칭을 이룬 작은 피라미드는 이집트 사막의 피라미드 원형처럼 상상해 볼 수 있을 것이다.

1993년, 유리 역피라미드까지 준공한 페이는 무려 10년 동안 일했던 루브르 박물관과 이별하고자 하는 기자회견을 가졌다. 페이는 박물관 확장에 참여해 그동안 해놓은 일에 대하여 자세히 설명했다.

그날은 공교롭게도, 그가 라스베이거스에 있는 한 호텔 앞 광장 지하주차장에 빛을 집어넣기 위해서 천장에 검은색 조그만 피라미드 창을 준공하는 날이기도 했다. 페이는 파리에서는 무슨 까닭으로 피라미드를 투명하게 했으며 빛이 넘치는 캘리포니아에선 왜 선글라스를 낀 검은 피라미드를 만들었는지도 설명했다.

10년이란 세월을 루브르에서 보낸 페이는 긴 시간 차근차근히 설명을 끝내고 기자들에게 질문이 있냐고 물었다. 만장한 기자들은 질문할 게 하나도 없다면서 모두 일어나 장내가 떠나가도록 긴긴 박수를 보내어 루브르 박물관에 공헌한 그의 노고와 건축가로서의 성공을 찬양해 주었다.

PART 4 | 03

에펠탑에서 에펠탑이 되기까지

작년 여름이었나 보다.

파리로 진입하는 고속도로에서 보이는 에펠탑 꼭대기는 검은 연기를 뿜고 있었다.

'일레븐 셉템버(September 11 attacks) 이후 프랑스에서라면 테러범들의 좋은 목표는 에펠탑일 수 있다고 모두들 믿는데…' 하면서 재빨리 뉴스 방송으로 다이얼을 돌리니 지금 일어난 에펠탑 화재를 실황중계하고 있었다. 사고 원인을 잘 모르겠다던 방송은 잠시 후, 탑 전망대 바로 밑 부분에서 전기 합선으로 불이 일어난 것 같다며 지금 수백 명의 방문객들이 층계와 엘리베이터를 통해 탑 밖으로 대피 중이라고 했다. 멀리 차창(車窓) 밖으로 보이는 검은 연기는 공연히 베를린에서 히틀러가 파리 총독에게 전화를 걸어 "파리는 불타고 있는가?"라고 했던 다급한 질문을 연상시켰다.

화실로 돌아온 나는, 창가에 서서 연기를 계속 뿜어 대고 있는 에펠탑을 딱한 마음으로 바라볼 수 밖에 없었다. 잠시 후 검은 연기가 회색 연기로 바뀌면서 완전히 진화됐다. 그날 저녁 뉴스는 에펠탑 화재사건으로 시끄러웠다. 에펠탑의 조명을 이렇게 저렇게 하도 요란하게 여러 번 바꾸더니 전깃줄에 무리가 있었던 모양이다. 지난 1월 말에는, 후 진 타오(胡錦濤) 중국(中國) 대통령의 프랑스 방문을 맞아 도착하는 날부터 떠나는 날까지 나흘 동안 에펠탑을 빨간색으로 조명했다.

에펠탑은 7년마다 한 번씩 부식을 막기 위해 페인트칠을 해야 했는데 그 기회를 이용하여 에펠탑의 색깔은 이제까지 일곱 번 가량 바뀌었다. 아닌 게 아니라 새빨강으로도, 샛노랑으로도 칠해 놓았던 적이 있었다. 점잖게 지금의 탑 색깔이 된 것은 1950년대였다.

이제는 세계적인 조명술(照明術)을 자랑이라도 하듯이 페인트를 50톤씩이나 들이지 않고도 밤만 되면 탑 색깔을 마음대로 바꾸어 놓고 있는데, 지난 2000년을 전후하여 연말 연초 며칠 간은 시차를 두고 칠면조처럼 번갈아가며 색을 바꾸는 희한한 조명을 한 적도 있었다. 그때 나도 2000년을 기념하겠다고 칠면조 조명의 한 색깔이었던 초록색 에펠탑을 유화로 그려 놓았다. 나는 빨간색 에펠탑의 야경을 언짢아하면서 '저 색깔 한참 보게 생겼군.' 했었는데 중국 대통령이 떠나자 마자 본래의 황금빛 찬란한 크리스털 조명으로 되돌려놓아서 여간 다행이 아니었다.

중국 대통령을 특별히 환영하느라고 그랬겠지만, 다른 국가 원수가 방문할 때는 기껏해야 샹젤리제 대로 양편에 방문한 나라의 국기를 쭉 게양해 줄 뿐인데 이번에는 그것은 물론이고 밤의 에펠탑을 빨갛게 물들였을 뿐만 아니라 일 년 내내 여러 행사를 줄줄이 벌이겠다고 금년을 아예 '중국의 해'로 정했고, 중국 설날에 맞춰서는 110미터나 되는 대룡(大龍)을 천진(天津)에서부터 배로 실어 날아 샹젤리제에서 용(龍)춤을 추는 대(大)퍼레이드를 펼치도록 선심을 썼다. 그런 환대를 받아 기분이 좋아져서 인지는 모르겠지만 어떻든 간에 후 진 타오는 툴루즈에 가서 신형 에어버스를 21대나 샀다.

관광객의 방문을 끊임없이 받아서도 그렇지만 아무튼 에펠탑은 프랑스의 돈벌이를 위해서 밤낮으로 뛰는 탑이다. 에펠탑은 원래 세워진 지 20년 후인 1909년, 서운하게도 계약조건에 따라 리벳(rivet)을 뽑아내고 허물어서 연병장이었던 터를 원상 복구해 육군사관학교에 되돌려 주어야 했다. 그렇게 처참하게 해체(解體)될 운명에 처했을 때, 무선 통신대 대장 귀스타브 페리에라는 통신사가 앞장서서 일부러라도 저렇게 높였어야 할, 송수신 탑으로서의 절대적인 필요성을 주장하였고, 그 주장이 옳다고 또 사방에서 인정해주는 바람에 구사일생으로 탑이 살아남게 됐다.

하마터면 사라질 뻔 했던 에펠탑은 그 후로 1916년 대서양 횡단 무선전화, 1918년 라디오 방송, 1957년 TV 안테나(24미터) 설치가 이루어졌고 이를 비롯하여 기상관측, 항공관제 역할 등등을 수행하며 갈수록 지대한 가치를 지니게 됐다. 더군다나 에펠에게 다행스럽게도 탑의 우아함에 대해 이렇고 저렇고 의심을 품는 사람이 아무도 없게 됐다. 1972년에 열리는 뮌헨 올림픽 때에는, 시(市)가 높이 500미터에 가까운 장대 같은 텔레비전 송신탑을 세우려 했으나 설계도를 꼼꼼히 들여다보던 당시 뮌헨 시장(市長)은 아무리 높게 하더라도 에펠탑보다 더 높게 할 수는 없다고 단호하게 반대하는 바람에 그 높이를 줄여야 했다. 에펠탑은 파리의 상징인 동시에 유럽의 상징이라고 못 박아 버린 것이다. 뮌헨 시장의 그런 뜻이 있은 후엔 유럽 어느 곳에서도 에펠탑보다 더 높은 건축물은 생기지 않았다.

새로운 세기(世紀)를 맞아 21세기엔 자연(自然) 보호운동을 더욱더 강력히 밀고 나가야 한다는 의미로서 녹색운동가들이 나무로 만든 에펠탑 복사품을 파리

동쪽에 세우는 계획을 한참 의논들을 하더니 흐지부지 돼 버린 일도 있었다. 또 몇 해 전에는, 점점 더 많아지는 방문자들에 대비해서 에펠탑 지하에 몇 층짜리 휴게시설로 카페테리아, 식당, 극장 등을 꾸민다는 도면을 그렸던데 어떻게 되어가는지 그 뒤엔 소식이 없다.

미국에 선물한 자유의 여신상의 골조를 구축했고, 오베르뉴 넓은 계곡에 높은 다리(가라비 고가교)를 완성한 '철의 마술사' 귀스타브 에펠은 파리에서 열리는 만국박람회장에 1884년부터 구상해 온 300미터 높이의 기상천외(奇想天外)한 철탑을 세우는 계약을 맺었다. 그 만국박람회는 프랑스혁명 100주년을 기념하는 행사였다. 오베르뉴에서 552미터 다리로 수평 구조물 설치에 성공한 에펠은 언젠가는 수직 구조물로 높디높은 철탑을 세우고 싶다는 충동을 느꼈을 것이다. 태고적(太古的)부터 천국(天國)에 닿으려고 쌓던 바벨탑(塔)도, 하늘을 찌르는 고딕 성당도, 사람들이 하늘에 품고 있는 동경의 발로가 아니었던가! 높은 산(山)이 많은 나라에서는 별 신통한 생각이 아니었을지 모르지만 대서양(大西洋), 북해(北海)까지 산지사방(散地四方)으로 허허벌판과 구릉뿐인 파리의 세느 강가에 우뚝 솟은 높은 탑을 세워 보겠다는 생각은 에펠의 머리에 그리 어렵지 않게 떠올랐을 것이다.

파리 시(市)가 세느 강변을 매번 만국박람회 전시장으로 이용한 이유는 전시장을 찾아 다녀야 하는 방문객을 쉽게 운송해 낼 수 있는 페리 보트라는 교통수단이 있기 때문이었고, 강변에 세웠던 전시장들 중에서 허물기가 아까운 여러 중요한 대형 건축물들이 남겨져 있기 때문이기도 했다. 그 대표적인 건물이 에펠탑 건너편에 있는 인류학 박물관, 해양 박물관, 극장 그리고 씨네마떽끄(영화 필름 보관소) 등의 문화시설이 잔뜩 들어가 있는 반원형 빨레 드 샤이오(Palais de Chaillot, 샤이오 宮)이다. 분수와 함께 에펠탑을 더욱 돋보이게끔 좋은 전망을 제공하는 샤이오 궁은 1937년 파리 만국박람회를 위해 지은 것인데, 양쪽으로 날개처럼 벌어진 각 건물 위 회교사원의 미너렛(minaret) 형태의 어울리지 않던

첨탑만 허물어 제거하기로 한 뒤 남은 것이다.

에펠은 탑 공사를 시작하면서 "프랑스는 이제 자유, 평등, 박애의 삼색기(三色旗)를 300미터 위에 높게 게양할 수 있는 유일한 나라가 될 것이다!" 라고 외쳤지만 유명 지식인 300명은 탑 높이와 같은 숫자를 가리킨, 이른바 〈300〉이라는 항의문에 서명하고 탑 건설에 반대하기 시작했다. 그 유명 인사들은 우리가 잘 아는 샤를르 구노, 기 드 모파상, 알렉산더 듀마 1세 그리고 파리 오페라를 설계한 샤를르 가르니에 같은 대(大)예술가들이었다.

그런가 하면 300명의 조립공들이 250만 개의 리벳으로 7,300톤의 철재 토막을 연결하는 아슬아슬한 공중 곡예를 보기 위해서 호기심 많은 구경꾼들이 날마다 공사장에 몰려왔는데, 구경꾼들 대부분은 아무런 쓸모가 없는 미련한 짓을 장난 삼아 한다고 믿었으며 심지어 인근 주민들 중에는 '저것이 언젠가는 넘어지고 말테지.' 하면서 동네를 떠나 이사 가는 사람까지 생겼다.

그러나 공사는 2년 후에 잘 끝나서 건립자 이름을 따서 에펠로 탑 이름을 정하였고, 1889년 3월 31일 부르델이 만든 에펠의 흉상을 탑 밑에 세워놓고 낙성식을 거행함으로써 뉴욕 맨해튼에 크라이슬러 빌딩이 세워지는 1930년 이전까지 세계에서 제일 높은 건축물로 자리 잡았다.

탑 무게는 1평방 센티미터 당 4킬로그램으로 탑의 네 다리로 분산되어 있고 기온에 따라 15센티의 높이 오차가 생기며 탑의 정상은 강풍에서 12센티 폭으로 흔들릴 것으로 정확히 계산됐다. 에펠은 30센티 크기의 모형을 만들고 그것을 한치도 틀림없이 정확히 확대시켜서 우아함과 견고성이 완전하게 일치된 경이적인 작품을 만들어 낸 것이다.

그러나 그의 독창성에도 불구하고 세간(世間)의 반향으로는 대성공을 거두지 못했다. 20세기 초에 와서야 현대성과 속력(速力)의 상징으로서 또한 신세기(新

世期)에 맞춘 예술로서, 쟝 꼭또와 아뽈리네르는 시(詩)로 찬양하였고 피사로, 듀피, 위트릴로, 스라, 마르께, 들로네, 샤갈은 그림으로 찬양했다. 무엇이든 유명한 것이면 모방해내는 것으로 알려진 일본인들은 1958년, 에펠탑을 동경타워로 둔갑시켜 333미터의 높이를 가진 탑을 동경에 세웠다.

'엠파이어 스테이트 빌딩 런업(Empire State Building Run-Up)' 대회같이 10분 이내의 기록을 세우려고 1567 계단을 뛰어 올라갈 필요는 없지만, 에펠탑의 전망과 구조를 즐기기 위해서는 1652 계단을 천천히 올라가 보거나 유유히 내려와 보는 것이 좋을 것이다. 다리 힘에 자신이 없는 방문객은 엘리베이터를 타고 올라갈 수 있는데, 이때 순식간에 펼쳐지는 파리와 파리 근교의 놀라운 조감도는 마치 소인국(小人國)에 도착한 것 같은 착각을 일으킬 것이다.

탑 꼭대기 에펠의 집무실에 가면 귀스타브 에펠과 토마스 에디슨, 두 천재가 만나 환담하는 모습의 밀랍인형을 볼 수 있다. 에디슨은 새로운 발명품 유성기를 박람회에 출품하러 왔다가 탑 꼭대기까지 올라갔고 유성기 한 대를 선물로 주면서 에펠과 만났다. 두 천재가 만나는 자리에는 〈300〉 항의문에 서명했던 샤를르 구노도 함께 있었다.

귀스타브 에펠은 항의문 〈300〉에 동조하며 탑에 반대하는 인사들에게 2년 내내 다음과 같이 항변했다.

"내 생각으로는, 이 탑은 저 자신의 아름다움을 반드시 가질 것이라고 봅니다. 우리들은 엔지니어들이기 때문에 그렇게 믿고 있습니다.
우리가 한낱 엔지니어에 지나지 않기 때문에 오직 견고하게만 할 줄 알아서 수명이 오래가도록 하려는 노력만 했지, 구조물의 아름다움에 대해서는 따져 볼 능력이 전혀 없다는 말씀이고 그래서 우아한 탑으로는 절대로 만들지 못할 거라는 말씀들이시죠?

저 받침대들과 들보들이 갖고 있는 확고부동한 기능은 아름다움의 신비를 이루어 내는 조화의 조건으로는 부적당하니까 아름다움하고는 거리가 멀다는 그런 말씀들일테지요?"

에펠의 이 예언적인 언어 '기능의 미'에 대해서는 한참 후 1919년이 되어서야 비로소 바우하우스(Bauhaus) 화파에서 연구해야 할 문제로 제기됐다.

후세 건축가들은 많은 사람들이 보기 싫어하거나 사용하기에 불편한 건물을 신축해 놓고도 그것을 실패작으로 자인하는 대신 에펠탑도 처음엔 누구나 싫어하지 않았느냐는 문구로 자신들을 쉽게 비호한다. 마치 졸작도 시간이 흐르면 걸작이 된다는 듯이 우기는 것이다.

그러므로 무지몽매한 세상 사람들과 창작자 사이에서 중요한 역할을 해야 한다고 자임하는 비평가들 그리고 매스컴에서 일하는 문화부서의 기자들은, 예술의 진위를 캐고 가려서 세상에 전해주는 의무를 완벽히 완수하기 위해서 그 진위를 구별할 줄 아는 참다운 식별력을 꼭 지녀야 하는 것이다.

그것만이 인류에 공헌할 수 있는, 훌륭한 예술가와 예술의 탄생을 돕는 길이다. 그래서 감동을 일으키게 하는 작품만이 예술임을 전해야 할 것이다.

PART 4 | 04

건축가에 대한 사형제도 부활을 외치는 루치니

우주탐사 로봇 '스피릿(Spirit)'과 '오퍼튜니티(Opportunity)'가 화성(火星)에 착륙했고 생체의 존재 가능성을 말하는 물이 그곳 지하에 있을 수 있다는 소식을 접하면서 머지않아 화성에서도 '판도라의 상자'가 열리게 될 것 같아 가슴이 아프다. 50년 후가 될 지 100년 후가 될 지 내 생전은 아니지만, 언제고 화성에 관광단지가 생길 테니 그것이 판도라의 상자를 여는 것이 아니고 무엇이랴!

그런 나는 지금 화실 창문을 통하여 에펠탑이나마 싫증 내지 않고 바라볼 수 있으니 다행이다. 낮이나 밤이나 비가 오나 눈이 오나 에펠탑은 언제나 우아하고 아름답다. 내가 너무 편애하는지는 몰라도 퐁피두 센터 같은 건축물과 내 창문이 마주했다면 나는 내내 커튼을 드리우고 살았을 것이다.

어느 날 한밤중에 TV를 켰다. 잠이 오지 않았다.

낯익은 배우가 가족과 함께 정원에 나와 있는 화면이기에 눈길이 갔는데, 가꾸지 않은 정원 풀밭엔 이끼 낀 고목(古木)이 한 그루 서있고 뒤로는 조용한 시골마을이 나무숲 사이로 틈틈이 보였다. 약간 허풍쟁이 같은 외모를 가진 배우는 베르나르 피보의 신간(新刊) 문학을 소개하는 환담으로 아카데미시엥(학술원 인사)과 문인들 사이에서 좌중을 사로잡았던 재담꾼이고 나는 웅변가로서의 그에 대한 인상이 깊었었다.

배우는 지금 풀밭 한쪽에 서서 어느 연극 대사인지를 열심히 외우고 있었고, 그의 아내는 소쿠리 속에서 널따란 침대보를 꺼내 빨랫줄에 널고 있으며 그 집 딸아이는 풀밭에 앉아 그림책을 뒤적이고 있었다. 그 정경은 마치 평온한 전원생활상을 보여주는 한 폭의 그림이었다.

그러다 배우는 슬며시 중앙에 있는 고목 아래로 옮겨 가더니 갑자기 소리를 지르기 시작했다. 핏대를 세우며 난데없는 주장을 하는데 그 연설인즉슨 오래전에 폐지된 사형제도를 부활시켜야 한다는 외침이었다. 그러면서 사형제도를 부활시키긴 하되 건축가들에게만 해당시킨다는 조건을 달며 열변을 토하고 있었다.

"여기를 보라! 여기는 이끼 낀 고목들과 함께 옛날 마을이 고대로 남아 있다. 집 생김새부터 창문과 기와지붕, 또 조그만 교회당과 얕은 종탑까지도 한번도 우리를 위압적으로 억누르면서 위세를 부리거나 우리의 비위를 거스르지 않고 자연 속에서 자연과 동일한 자세로 서있지 않은가!

이 얼마나 우리를 평화롭게 하면서 사랑스러운가!

그러나 도시 쪽으로 조금만 나가 보라! 새 건물들이 흉측스럽게 버티고 서서 도시의 미관과 뭇사람들의 심성을 해치고 있고 저마다의 신식(新式) 외관을 으스대면서 우후죽순으로 자리잡고 있다.

한번 그렇게 세워진 건물들은 우리가 싫거나 좋거나 항상 보아야 하고 건물에 순종하여야 한다.

그리고 그 속에 억지로 갇혀서 생활해야 하는 사람들을 생각해 보라! 우리 인간사에서의 새로운 비극은 건축가가 설계랍시고 조잡하고 추악하게 정해놓은 그런 공간에서 비롯되고 있다.

그러므로 나는 도시에는 절대로 나가고 싶지가 않은 것이다!

사람에게 위협과 혐오감을 주는 건물을 설계하는 건축가들을, 어서 사형제도를 부활시켜서 그들이 건축 작품이라는 미명 아래 세울 때마다 체포해서 사형에 처해야 한다고 생각한다.

나는 사형 폐지운동에 적극적으로 가담해서 찬성했지만 사형제도는 건축가들에게만은 남겨 놓았어야 했다. 완전히 폐지해 버린 것은 잘못된 것이니 어서 부활시키자!"

얼굴이 벌게져 아무도 없는 허공을 향하여 쉴 새 없이 손을 내저으며 웅변조로 외쳐 대니, 아까부터 그림책만 뒤적이던 딸아이가 참다못해 "아빠! 아무도 듣는 사람이 없잖아요, 아빠도 참! 들어줄 사람이 있어야 하는 것 아니에요!" 하면서, 빨래를 널고 있는 엄마를 보고 아빠가 지금 정신이 돌지 않았느냐는 듯이 머리에 손가락을 대고 빙글빙글 돌렸다. 엄마는 남편이 그러거나 말거나, 딸아이가 답답해하거나 말거나 아랑곳하지 않고 콧노래를 부르면서 널어놓은 빨래만 매만지고 있었다.

건축에 문외한인 자신이 공개석상에 나가서 울분을 토해 봤자 아무 효과가 없을 테니, 횡포를 부리는 건축가와 도시설계가들에 대한 사형제도 부활을 나름대로 목이 터져라 외치고 있는 것이 틀림없었다. 상대방 없는 허공에 삿대질을 해서라도 가슴을 후련하게 하려는 뜻이 역력했다.

한바탕 열변을 토한 파브리스 루치니는 이탈리아 이민 2세로 1951년에 파리에서 태어났다. 그는 어려서부터 학교 공부에는 관심이 없었으나 아무에게나 얘기를 잘 꾸며대는 이야기꾼이었다. 어린 루치니는 몽마르트르에서 청과상을 하는 아버지를 돕느라 "싱싱한 야채 사세요!", "과일 사세요!"를 외치며 웅변술을 익혔다. 혼자서 독서에 빠진 그는 차차 프랑스어의 동사 변화와 문장구조에 관심을 가졌고 《발자크》와 《프루스트》를 읽었다. 그 다음엔 문학에 열정을 갖고 《라 퐁텐느》, 《보들레르》, 《셀린느》, 《니체》를 탐독했다.

제대로 된 졸업장이 없어 할 일을 못 찾던 루치니는 친구가 하는 미용실 '살롱 드 콰피르'에 나가서 살롱 손님들에게 꾸민 얘기를 들려주는 이야기꾼 노릇을 하여 푼돈을 벌었다. 얘기를 하도 재미있게 잘 꾸며댔기 때문에 이발소는 항상 만원이었고 심지어는 이발할 일 없이도 손님들이 그의 재담을 들으러 올 정도였다. 프랑스 이발소에서는 머리를 깎고 손질을 하면서 주위들은 얘기라도 무슨 얘기든 줄줄 해주지 않으면 손님이 없기가 십상이다. 프랑스 일간지 《르 피가로(Le Figaro)》는, 그래서인지 신문 명칭을 일부러 〈세빌리아의 이발사〉의 이발사 이름인 '피가로'로 택했음직하다.

루치니가 열을 올리는, 모더니즘을 지향하는 현대건축의 문제점에 대해서 공공 석상에서 많은 토론이 벌어지고 있는 것은 어제 오늘의 일이 아니다. 지적되는 문제점 중에 하나는 새로운 건축이 너무나 실리, 실용 위주로만 되어 미관을 생각하지 못한다는 것이다. 세상엔 '저것 좀 안 보고 살았으면…' 하는 건물이 수두룩하고 그 책임이 건축가들에게 있다고 추궁을 당할 때면 건축가들은 하나

같이 자기도 건물주만 잘 만나면 모양이 썩 좋은 혹은 환경친화적인 건물을 얼마든지 설계할 수 있었다고 항변하고 있다.

라디오에서 흘러나오는 음악이 시끄러워 듣기 싫다면 라디오를 끄면 될 것이고, 미술품이 도대체 추해서 보기 싫다면 전람회장을 빠져나오면 될지 모른다. 그러나 노출된 건축물은 그렇게 피할 수가 없다.

집은 거주지로서 인간생활에서 꼭 필요하기 때문에, 자칫하면 마음에도 없는 억지 공간에 갇혀서 그곳에 맞추어 사느라 고생하기 마련이고 더 잘못하다간 오랫동안 운명적으로 그렇게 살아야 하기 때문이다.

고전으로 여기는 전통적인 건물과 닮게 설계한다면 건물(建物)을 짓겠다는 개인이거나 정부 관리들은 건축비가 너무 많이 든다고 모두 싫다고 하면서, 미적 감각은 상관할 것 없고 실용적으로만 설계해서 건축비용이 적게 들게 해 달라는 요구를 한다는 것이다. 여기서 말하는 전통적인 건물과 닮게 한다는 것은 그 구태의연함을 지켜야 한다는 의미가 아닐 것이며 살면서 오랜 경험을 통해 가치를 얻게 된 편안함과 편리함을 말하는 것이고 그런 건축양식이 가지고 있는 아름다운 요소를 지적하는 것이다.

그렇다면 건축가들은 환경에 딱 알맞고 아름다운 건축물을 얼마든지 설계할 수 있다는 것인데 과연 그런 실력들이 있는지 간혹 의심스럽다. 왜냐하면 건물주를 아주 잘 만난 건축가가 설계비나 건축비에 구애 받지 않고 마음껏 창의적으로 실력 발휘를 했다는 건축물 중에서도 사람들에게 그런 의심을 불러일으키게 하는 건축이 있기 때문이다. 그래서 루치니는 목청이 터져라 저리도 아우성을 치는 것이다.

PART 4 | 05

피카소가 그린 꼬레에서의 학살

1950년, 한국전쟁에 연합군이 참전하자 스탈린(1878-1953)은 이것을 미 제국주의자들의 새로운 침략으로 선전하기에 바빴다.

피카소는 우리 민족 동족상잔의 비극인 6.25동란을 비난하는 그림을 그려 〈꼬레(코리아)에서의 학살〉이란 제목을 달아 전쟁의 참상을 고발하는 양 세상에 내놓았다. 프랑스 공산당에 입당한지 얼마 안 된 피카소가 당에 충성심을 보이기 위해서 그린, 미국 GI들이 일방적으로 남의 나라 땅에 짓밟고 들어가 무고한 백성을 무참히 죽이는 학살행위를 보여주는 그림이었다.

이 그림은 한 화가가 자기 조국의 재난을 애국적이고 인간애적인 면에서 그린 것이 아니라, 어느 머나먼 나라의 비극을 그저 피안의 불처럼 바라보고 취급한 선전용 그림이었다. 공산주의자들은 세계적 천재화가가 제작해 놓은 이 좋은 자료를 걸핏하면 반미주의 사상을 부추기는 프로파간다에 이용하기 시작했고, 1980년대에 와서는 한국 내에서 풍미한 반미운동의 시위자들도 이 그림을 널리 악용하는 바람에 뒤늦게 국내에 잘 알려졌는가 하면 미국 어느 좌파 역사학자는 이를 그의 책《한국전쟁》의 표지화로 쓰기도 했다.

나는 이 그림을 파리에 오자마자 어느 전시회장에서 우연히 보고야 제목을 알았는데, 그 후에도 파리 피카소 미술관 계단 내려가는 구석에 걸려있는 것을 몇 번 더 보았다. 나는 이 그림의 제작 과정과 작품으로서의 가치가 있고 없음을 더 덧붙여서 설명하기 전에, 들라크로아(1798-1863)와 고야(1746-1828)가 전쟁의 참상을 고발한 경우를 예로 들고자 한다.

들라크로아의 〈시오의 학살(Massacre de Chios)〉

침략자의 만행을 기록한 시사성 있는 작품 중, 들라크로아가 그린 〈시오의 학살〉의 제작 동기와 제작할 때 그의 열정이 어떤 것이었나를 보는 것은 피카소가 〈꼬레에서의 학살〉에서 공산당의 프로파간다에 충실하기만 했던 무책임한 면이 무엇이었는가를 쉽게 비교해 알아내는 방법이겠다.

1822년 4월, 지중해 에게 바다에 있는 시오 섬을 침범한 터키 군대는 섬주민을 2만 명이나 참혹히 학살하고 여자와 아이들은 모조리 잡아갔다. 이 만행은 몇 달 후 그곳 그리스 임지에서 귀향한 부티에 대령의 메모에 의해서 프랑스에 알려지기 시작했다. 오늘날은 9.11테러행위를 TV 화면을 통해 현황 중계로 볼 수 있으며 세계 구석구석에서의 대사건을 발생과 동시에 매스 미디어를 통해서 듣고 보고 있으니 현대인들은 그런 무서운 사건에 무척이나 무뎌있다고 치자. 그러나 그때까지만 하더라도 유럽인들에게 두 달 뒤에나 알려진 시오 섬에서 있었던 학살 소식은 시간이 갈수록 놀라운 사건이었다. 전 유럽인들은 야만인들이 그들의 정신적 고향인 그리스에서 무참하게 만행을 저질렀다는 것에 분노했다. 그러면서 그때 낭만주의 사조에 젖은 젊은 세대의 예술가들은 이러한 분노와 울분을 그들의 창작품 속에 승화시켜보려는 자극을 강하게 받았다.

낭만주의 화풍 운동을 시작한 들라크로아는, 이 소식이 다양한 색채 구사와 운동감 있는 구도를 만드는 테마에 적합하다고 생각하였고 대형 화폭에 시오섬 학살 사건을 고발하는 기록화를 그렸다. 이 참상을 되도록 충실하게 재현하고 싶었던 들라크로아는, 자진해서 모델이 되어주겠다는 많은 친구들과 부티에 대령의 세세한 증언, 사방에서 구해 온 동방의 의상, 터키군 복장, 각종 소도구 그리고 지중해의 기후와 지형을 이해할 수 있는 현지에서 그려진 수채화들까지 8개월 동안 만반의 준비를 하였으나 방년 26살의 아직 새파란 청년작가로서 이 그림에 착수하여 잘 완성해 낸다는 것은 너무나 벅찬 도전이 아닐 수 없었다.

이 작품이 1824년 살롱전에 발표됐을 때, 그의 새로운 낭만주의 화풍에 대한 평가는 엇갈렸다. 정확한 데생과 요지부동의 안정된 구도를 고집하는 보수적 고전주의 화가 그로(1771-1835)는 이 작품을 보자마자 이 그림은 '시오의 학살'이라기보다는 차라리 '회화에 대한 학살행위'라고 맹렬히 비난했다. 그러나 이 작품이 보여준 침략과 학살에 대한 분노의 효과는 관람객들에게 큰 감동을 주고도 남았고, 더구나 감동이 컸던 것은 화염에 휩싸인 어지러움뿐인 구도가 낭만파 화풍과 맞아떨어지며 만들어진 비극적이고 참담한 전쟁터 분위기가 침략전쟁을 완전히 증오하게끔 만들었다는 것이다.

고야의 〈5월 3일의 총살형〉

고야의 〈5월 3일의 총살형〉의 경우도 다음과 같았다.

1808년 5월 2일, 나폴레옹 군대에 대항하여 스페인 구국 전쟁에 불을 당기게 된 거센 민중 시위가 일어났다. 고야는 전쟁과 인간의 어리석음으로 고통 받는 조국의 운명에 대해 매우 애가 탔다. 시대의 반항적인 화가였던 고야는 마침내 나폴레옹 친위대가 성난 군중들의 폭동을 너무도 잔악하게 진압하는 과정을 목격하였고 이에 격분한 나머지 스페인 모든 국민에게 시사하는 바가 매우 큰 그림을 그려 〈5월 3일의 총살형〉이란 제목으로 발표했다.

5월 3일, 나폴레옹 군대는 수많은 시위 군중을 닥치는 대로 체포해서 밤새도록 짐승 살육하듯이 모조리 총살하는 만행을 저질렀는데 고야는 그것을 매우 드라마틱하고도 처절하게 묘사했다. 총부리 앞에서 두 손을 높이 쳐들고 살려달라고 눈길로 호소하는 무력한 민간인들과 그들의 가슴을 향해 발포를 해대는 장총, 계속된 총살형으로 넘어진 시체 위에 시체가 덮이고 또 덮이는, 그리고 붉은 피는 흐르고 흘러서 진흙 땅에 미처 스며들 틈새 없이 철철 흘러내려가는 잔인한 묘사는 고야의 분노가 그때 얼마나 컸던가를 잘 말해주고도 남는다.

이것은 회화사 속에서 '억압된 자유에 대항하는 군중'을 주인공으로 내세운 최초의 그림이었고, 나라의 독립을 위해 죽어간 희생자들에 대한 경의와 함께 그날이 스페인 역사 속에서 치욕의 기념일인 것을 잊지 않고 영원히 기억할 수 있도록 의도한 작품이었다. 이 기록화에서 고야는 그의 특출한 재능을 또 한 번 여실히 증명해 보였다.

피카소의 〈게르니카(Guernica)〉

그러면 피카소가 먼저, 시사성 있는 그림으로 성공한 대작 〈게르니카〉의 경우엔 어떨까?

피카소는 〈꼬레에서의 학살〉을 그리기 전에 〈게르니카〉를 제작하여 전쟁의 참상을 알리며 휴머니티를 강조한 중요한 현대화가로 이미 자리해 있었다. 높이 3미터 51에 폭이 7미터 52나 되는 〈게르니카〉는 스페인 시민전쟁을 흑백색으로 그려 세상에 고발한 대작이다.

1937년 4월 26일 아침, 스페인 독재자 프랑코(1892-1974) 총통은 반란자들에게 본보기를 보여주기 위해 스페인 공군을 지원 중인 악명 높은 히틀러 전투부대에게 명령을 내려 반란군의 도시 게르니카에 무차별한 폭격을 퍼붓게 했다. 바스크 지방의 이 조그만 도시는 순식간에 폭파돼서 완전히 잿더미가 되었고, 부상자들은 말할 것도 없고 수많은 노인과 부녀자, 아이들이 무참히 목숨을 잃었다.

프랑스 스페인대사관 문정관이자 시인인 호세 베르가민은 1937년 파리 세계박람회 스페인관에 출품할 작품을 피카소에게 주문하면서, 무엇을 주제로 그리든 간에 아주 강력한 주제로 내용을 담아야 한다는 조건을 붙였다. 무엇으로 강력한 내용의 '세기의 대작'을 만들까 한참 궁리 중이었던 피카소는 이때 게르니카가 폭파된 소식을 들었고, 마치 신문기자가 특종 기삿거리를 만난 듯 야망에 불타올라 이 세느 강 좌안 골목길 그랑 오귀스땡에 임시로 마련된 아뜰리에에서 조국의 이 같은 참상을 고발하겠다는 착상을 했다. 그는 신문에 난 폭격 맞은 현장 사진 세 장을 토대로 60여 장의 크로키를 했다. 그것들은 이미 죽은 아이를 부둥켜안고 뛰고 있는 엄마, 참혹하게 부상당한 말, 그의 작품에 많이 등장하는 황소 머리, 화염에 뒤덮인 집, 깨져 부서진 동물 머리와 폭파하는 폭탄을 연상시키는 날카로운 전구 빛 등등이었다.

그는 이 크로키를 작품의 토대로 삼으면서도 시사적 사건을 단순히 옮겨 놓는 것을 넘어서 현 사회가 처해있는 인간의 황폐된 모습을 더더욱 강조해보려고 의도했다. 그래서였는지 작품 속엔 폭탄이 터지거나 폭격기가 보이는 폭격장이 아니고 여인들이 무엇으로부터인가 고통 받는 듯 일그러진 모습만 있을 뿐인데, 흑백으로만 처리된 것이 잉크 냄새가 잔뜩 나는 일간신문을 방금 펼쳐든 순간이든지 아니면 환등기로 확대한 흑백 사진이든지 간에 마치 대문짝만한 기사제목 하에 지금 어디에선가 일어난 고난의 사건을 크게 보도해 고발하고 있는 듯한 느낌을 주는 것이었다.

폭격을 받아 신체가 일그러진 주인공들의 모습을 여태껏 이 세상에 한 번도 존재하지 않았던 가장 처참한 인물상으로 표현하려고 매일 고심에 고심을 거듭하던 피카소는, 어느 날 친구 집에 갔다가 그 집 정원을 빙빙 돌더니 무슨 생각을 했는지 어느 순간에 느닷없이 대나무 뿌리를 뽑아서 무작정 그것을 스케치하였고 그 스케치를 처참한 인물상의 기초로 삼았다.

그때 일여 년 전부터 피카소와 동거를 시작한, 피카소가 그린 초상화들에서 늘 우는 여자의 모델이 된 젊은 사진작가 도라 마르(1907-1997)가 〈게르니카〉의 모든 제작 과정을 사진으로 찍어 라이프 사진잡지에 소개해서 세상에 먼저 간접적으로 널리 알려지게 하는 역할을 해주었다. 아뜰리에 공간이 너무 모자랄 정도로 큰 이 대작은 파리박람회가 끝난 후의 보관 장소를 물색하여야 했는데 그러던 중 뉴욕 현대미술관으로부터 돌려달라고 할 때까지 보관해 전시하겠다는 제안을 받았다. 피카소는 현 독재자 프랑코가 죽자마자 곧 자기의 조국 스페인에 돌려주어야 한다는 조건을 걸고 빌려주었고, 스페인 정부는 작가의 소원대로 1974년 프랑코 사망 후 줄기찬 요구 끝에 불후의 명작이 된 〈게르니카〉를 마드리드에 찾아다 놓았다.

피카소의 〈꼬레에서의 학살〉

그러나 피카소가 그린 〈꼬레에서의 학살〉은 우리 민족에게나 그리고 모든 현대인에게나, 전쟁의 참상에 대하여 시사하는 바가 큰 또 한 장의 고발장이라고 볼 수는 없다. 그저 한때 공산당원이었던 그가 당에 충성심을 보이기 위해 공산주의 프로파간다에 입각하여 충실히 그린 선전용 그림일 뿐이었다.

우리 조국의 동족상잔의 비극인, 공산화를 사주 받아 일어난 기습적인 침략을 저지하기 위해 개입한 UN 연합군을 단지 학살만을 자행하는 휴머니티에 역행하는 전율의 군대로 바꾸어 제목을 붙인 것은 참으로 유감스러운 일이 아닐 수 없다. 이것은 피카소가 〈게르니카〉를 제작할 때와는 정반대로 선배 화가들의 기본적인 본분이었던 참상에 대한 울분을 작품으로 승화시키려는 애절한 의도가 전혀 없는 작업이었다. 화가라도 피카소같이 일단 명성을 얻고 나면 그림을 선전에 부합하여 이용해도 좋다는 것인지 매사에 약삭빠른 파렴치한 짓도 세상은 어여쁘게 봐 주고 마는 것인가 보다.

피카소는 당시 프랑스 사회의 풍조였던 좌익사상을 가진 많은 지식인들 대열에 당당히 끼어들려고 해서였는지, 느닷없이 입당서에 사인을 하고 프랑스 공산당 당원이 됐다. 그러나 열성당원들은 피카소의 입당을 매우 달갑게 여기지 않았는데 그 이유는 피카소 동지가 노동자 계급의 입장을 적극 지지하는 것은 의심치 않지만 그의 화풍이 난해하고 모든 형상을 일그러뜨려 놓아서 어지러울 뿐만 아니라 흉악하게도 보여서 많은 사람들에게 혐오감마저 일으키게 하는데 이러한 그의 작품 경향에 대해 당의 지도층이 묵인한다는 점 때문이었다.

〈꼬레에서의 학살〉을 살피면, 화면 중앙 소실점을 향해 난 꼬불꼬불한 길 끝의 화염이 먼 고장에서도 살육행위가 행해지는 것처럼 암시하고 있으며, 앞쪽 왼편에 무고한 양민이 서있고 오른편으로는 신식 장총을 들고 그 양민들을 겨누고 있는 어마어마한 체구의 군인들을 배치해 놓았다. 이 구도는 앞에서 말한 고야의 〈5월 3일의 총살형〉의 구도를 여지없이 그대로 베낀 것이다. 구석에 몰려있는 헐벗고 굶주린 백성들은 임신부 둘, 아이를 부둥켜 안은 엄마, 국부와 젖가슴을 손으로 가리고 있는 젊은 여자, 머리를 파묻고 임신부에 매달린 어린 아이, 공포에 질려 뛰어 도망가려는 아이 그리고 공포를 모르고 놀고 있는 천진한 아이. 그는 이들을 모두 벌거벗겨서 왼쪽 화면에 배치했다. 외계인 인듯 로보트처럼 보이는 군인 여섯 명이 꼿꼿이 서서 양민을 향해 기관총을 겨누고 무자비하게 난사하려는 자세로 오른쪽 화면을 차지하고 있다. 그런데 이상하게도 이 그림의 모두가 맨발이며, 이집트 벽화에서처럼 측면으로 보이게 발 모양을 해놓고 있다.

1951년도 '사롱 드 메'에 출품한 이 작품에 대하여 게르니카의 참상을 고발할 때처럼 한국전쟁의 참상을 고발한다고 피카소는 말했지만 이것은 어디까지나 소련의 프로파간다를 돕는 그림이었음이 분명했다. 그래서 그렇겠지만 제목을 보지 않으면 이것이 당시 극동의 한반도 전쟁에서의 살육행위인지 아니면 다른 대륙에서 일어난 살육행위인지를 전혀 알 수가 없다. 왜냐하면 다른 요소는 고사하고라도 주인공들인 아녀자들을 한국 사람이라고 읽어 볼 수가 없기 때문이다. 그들은 서양 사람이고 서양 아이들이지, 동양 사람이 아니다. 나는 피카소가 동양 사람을 그릴 줄 몰랐다고 생각하지 않는다. 이렇게 그려 놓음으로써 아무 제목이나 붙일 수 있는 것이어서 그때마다 긴요하게 쓸 수 있는 선전용 포스터로 하나의 대표적 모델이었을 뿐이다.

피카소는 이 그림을 그릴 땐, 선배화가들이 역사적 사실들을 무슨 목적으로 왜 기록하려고 했는지에 대해서 생각하기를 거부해버렸다. 그는 한낱 공산당원으로서 당의 지침을 충심으로 따르는 열성당원이자 그런 환쟁이이고 싶었을 따름일 것이다.

피카소의 스탈린 초상화

피카소는 스탈린 초상화를 그리면서 미술과 정치는 원래 잘 어울리지 않는다는 사실을 다시 한번 절실하게 깨달았을 것이다. 스탈린 사망 소식이 전해져 왔을 때, 루이 아라공(1897-1982)이 발행하는 공산당 주간지 《레 레트르 프랑세즈》는 우리의 친애하는 동무에게 경의를 표하는 뜻으로 피카소가 그린 스탈린의 초상화를 넣어 1953년 3월 두 번째 주 특별호를 즉흥적으로 간행했다.

아라공은 남불 발로리스에 있는 피카소에게 '인민의 아버지' 스탈린의 사진들을 한 묶음 급하게 전달해놓고 '과연 어떤 걸작 초상화가 도착될까?' 하며 초조하게 기다리고 있었다. 아라공의 성화같은 독촉으로, 이제는 좌익사상에 시들해진 피카소라 할지라도 할 수 없이 스탈린 초상화를 급히 그려서 올려 보냈다. 그러나 원고를 인쇄소에 넘겨야 하는 마지막 3시간 전에 겨우 공수되어온 스탈린 초상화는 편집인들 모두를 놀라게 했는데, 카리스마적 기질이 전혀 안 보이는 오직 보통 사람으로 그려진 스탈린 초상화를 보았기 때문이었다.

뿐만 아니라 그것은 막 서거한 위대한 노인의 준엄한 지도자 상이 아니고 콧수염을 아무렇게나 기르고 체구가 몹시 당당한, 그러면서도 어딘지 꼭 집어 말할 수 없는 멍청한 표정의 길거리 아무나의 한 젊은이 초상화였다. 《레 레트르 프랑세즈》는 발행시간이 촉박한 가운데에서 갈피를 못 잡아서인지 피카소를 무시할 수 없어서 그랬는지 예정했던 대로 그 초상화를 인쇄해버렸다. 그리고 편집인들의 놀라움은 곧 공산당원들의 분노로 바뀌었다. 《레 레트르 프랑세즈》는 '어떻게 우리의 '위대한 지도자 스탈린' 서거에 대해서 이렇게 불경스러울 수가 있단 말인가!'하며 연이어 빗발치는 항의에 시달렸다. 또 어떤 당원은 '피카소가 그린 초상화로 인해서 우리의 가장 위대한 지도자에 쏟았던 사랑과 경외하는 감정은 이루 말할 수 없는 극심한 상처와 충격을 받았다.'라고 한탄했다.

피카소는 이제 완전히 부르주아 화가로 몰렸고 소련 대사관으로부터도 격렬한 항의를 받아 그 항의를 감수해야 하는 고난을 치렀다. 사실주의 미술의 옹호와 발전을 위한 투쟁에 앞장섰던 아라공은, 이 초상화를 게재하도록 방치한 책임을 묻는 공산당원들에게 온갖 변명으로 답변하였고 이 한 점의 데생을 딱 1분밖에 볼 수 없었노라며 책임을 회피했다.

나는 언젠가 목탄으로 그린 이 스탈린 초상화를 전시회에서 처음 보았을 때, 우리나라를 분단케 한 장본인 스탈린의 얼굴에서 정말 바보 같은 멍청한 표정을 읽고서 그것이 얼마나 다행인 일이고 동시에 얼마나 통쾌한 일인지 몰라 했었다.

시간이 갈수록 칭송 속에 길이 빛나는 스페인의 거장 벨라스케스(1599-1660)는 필립 4세의 궁정에서 왕과 왕실 가족들의 초상화를 그릴 때, 마술의 필법으로 그리면서도 자신의 후원자가 보일락 말락 한 야릇한 표정을 짓도록 해 놓아 어딘지 모르게 조롱하는 듯한 느낌을 주었다. 피카소는, 스탈린 초상화를 그릴 때만은, 그 거장 벨라스케스의 진정한 후계자이고 싶었던 것 같다.

PART 4 | 06

피카소의 다섯 번째 여인, 도라 마르

피카소와의 만남

피카소의 다섯 번째 여인이며 모델이었던 도라 마르.

그녀는 피카소와 10년을 동거한 후 버림을 받아 정신병 치료를 받아야 할 정도로 심한 고통을 겪었다. 그럼에도 그녀는 피카소의 유물들을 60년 동안 고이 간직하였고 피카소를 만났던 화실 근처의, 그녀가 처녀적부터 살던 아파트에서 1997년 91세의 나이로 빈곤에 빠진 채 비참하게 죽었다. 죽으며 남긴 유언은 자기와 피카소의 모든 수브니르(souvenir)들을 경매에 부쳐 자기에게서 없애달라는 것이었다.

파리의 전형적인 음침한 잿빛 날씨였던 1998년 10월 25일, 도라 마르의 유물 전시회를 보기 위해서 파리 15구에 있는 나의 화실을 나섰다. 깡브론느 로터리에서 라오스 골목길로 해서 육군사관학교 건너편으로 프라타너스 노란 낙엽이 이리저리 뒹구는 샹 드 마르스 공원을 대각선으로 가로질러 엥바리드 광장으로 나가자 파리 7구에 있는 좁은 길 쌩 도미니끄로 접어들었다. 나는 급한 일이 아닐 땐 언제나 걷곤 하는데, 이곳까지는 걸어서 20분 거리였다.

이 길 중간에 위치한 화학관은 미술작품 전시장소와 경매장으로서는 그 이름이 도무지 어울리지 않는 장소다. 그러나 벌써 건물 울타리를 따라 사람들이 줄을 길게 서 있었고 그 줄은 길모퉁이에서 ㄱ자로 꼬부라져 있었다. 서둘러서 꼬부라진 줄 맨 뒤에 섰다. 시간이 갈수록 내 뒤로도 끊임없이 줄이 길어지고 있었는데 입장객을 제한하고 있는지 좀처럼 줄이 줄어들지 않고 있었다.

사람들은 아예 소설책을 읽거나 신문을 보거나 하였는데, 내 앞뒤의 여성들은 소곤소곤 어찌나 끝도 없이 소곤거리면서 반복해 말하는지 '혹시나 피카소의 목걸이 혹은 반지나 성냥갑 같은 것을 자기 핸드백 속에 들어있는 크레디트 카드로 살 수 있을지도 모른다'는 얘기들이 들렸다.

나는 세상에 처음 내놓아지는 피카소의 것, 도라 마르가 일생 동안 감추고 있던 유물들을 전시한다니까 어떤 것을 가지고 있었길래 하고 보러 온 것이지만, 어제부터 시작된 나흘 동안의 전시가 끝나면 연이어 삼 일간 도라 마르가 60년간 우상으로 간직했던 피카소의 물건들은 그녀의 유언에 의해 경매에 부쳐질 것이었다. 경매 회사는 세계 미술시장에서 큰 사건인 이와 같은 경매 행사에 구매자들의 열이 달아오르도록 지난달 9월 25일부터 삼 일간은 뉴욕 맨해튼에 있는 필립스(Philips)사 전시관에서 예비 전시회를 열기도 했다.

두 시간 넘게 기다려 전시장에 들어가긴 했는데 우선 그 엄청난 수량에 놀랐다. 손을 잠시도 쉬게 놔두지 않았던 피카소의 위대한 작가적 버릇을 엿볼 수 있었고 유품들에 나타난 그의 모든 장난끼에 압도됐다.

도라 마르는 '카탈로니아의 천재'와 사는 동안에 생긴, 그와 관련한 모든 흔적을 한 조각이라도 버리지 않고 다 모았다. 피카소 같은 천재도 자기 손이 닿은 모든 흔적들이 도라 덕분에 이렇게 고스란히 역사에 남게 되리라고는 생각 못했을 것이다. 대개 어느 작가든 가지고 있기에 너무 벅차든가 졸품이라고 종내 여겨지면 아예 불태워 없애버리고 마는 것 아닌가!

우는 여자와 게르니카

1936년 8월 1일이라고 날짜가 명시된 담채화 한 장은 도라 마르가 피카소를 만난 날임을 증명하고 있다.

피카소는 주름 잡힌 긴 흰 옷 차림에 월계관까지 쓰고 제우스 신으로 분장하였고 높은 대리석 의자에 앉아 애견 카스백을 무릎에 앉혀 놓은 채 긴 붓을 뻗쳐서 벽화를 그리고 있다. 그림을 그리면서 화실로 오기로 한 도라 마르를 기다리고 있는 중이다.

활처럼 휘어진 검은 눈썹에 스카프를 두른 젊은 도라 마르는 머뭇거리며 아뜰리에 문을 밀고 들어오고 있다. 이 젊은 여인의 집 근처, 세느 강 좌안 골목길 쌩 그랑 오귀스땡 가에 있는 이 화실은 바로 세기의 대작 〈게르니카〉를 그린 장소였다. 검은 머리, 검은 눈동자의 도라 마르는 쌀쌀맞은 데다가 약간 오만한 여성이었고 사진작가이며 화가이자 시인이면서 모델이기도 했으니, 이날 만나는 카탈로니아의 천재처럼 그녀도 한다하는 예술가였다.

초현실주의 예술가들과 친구이기도 한 도라는 미녀들이면 다 좋아하는 냉혈한 피카소를 유혹하기에 다분히 아름다운 여자였다. 그러했건만 55살의 피카소는 29살의 이 젊은 여자에게 정복당했음을 보이길 아주 싫어했다. 피카소가 열렬히 사랑한 도라 마르는 프랑스 사람인 어머니와 유고슬로비아 사람인 아버지 사이에서 태어났다. 뚜르에서 태어난 그녀의 본명은 테오도르 마르코비치였는데 초현실주의 예술가들 사이에서는 그냥 도라 마르로 불리고 있었다.

스페인 내란의 참상을 고발한 그림 〈게르니카〉의 뮤즈가 된 도라 마르는, 이 대작의 제작 과정을 사진으로 찍어서 세상에 간접적으로 먼저 알리는데 공헌을 했으며 동시에 피카소의 명화가 된 〈우는 여자〉 울보 시리즈 초상화의 장본인이었다. 한 여인과 한 도시의 운명적인 만남은 두 사람 사이의 비극적 사랑을 암시하고 있었는데도 도라 마르와 피카소, 두 예술가는 그들의 비통한 애정 전쟁이 9년 동안이나 계속될 것임을 전혀 모르고 있었다.

스페인 시민전쟁 전야에서부터 이어진 마드모아젤 도라 마르와의 연애는 조국에 대한 우려 때문에 불안한 감정을 느끼던 카탈로니아 화가를 더욱 열렬히 부추겼고, 제2차 세계 대전 기간 동안 어렵게나마 만남이 지속되다가 전쟁이 끝나자 그들의 사랑도 끝났다. 그리고 피카소는 새로운 사랑인 프랑스와즈 질로에게 가버렸다.

도라 마르는 처음부터 울고 있는 그런 여자는 아니었다. 처음엔 명랑하고 평온한 얼굴의 차분한 모습이었고 동시에 관능적이고 발랄하여서 그야말로 활짝 핀 꽃다운 모습 그대로였다. 초기에 그린 많은 데생과 도라에게 남긴 9장의 유화 중 7점의 초상화를 보면 그녀는 모습은 방금 만난 천재에게 새로운 영감을 안겨주는 출렁이는 지중해 쪽빛 파도와 같고 발랄하기만 하다. 또한 만난 첫해에 그린 일련의 초상화들을 보면 그녀는, 앞서 이별한 여인 마리 테레즈에게 깔려 있던 부드러운 윤곽이 얹혀, 육감적인 동시에 온화하면서 화사하고 시적인 우수에 젖은 분위기까지 자아낸다.

같은 해 9월에 남불 무쟁 해변가에서 지낼 때는 수두인신인 미노스의 괴물 미노타우로스로 변신한 피카소와 매혹의 도라가 성희를 즐기는 장면이 노골적으로 묘사됐다. 라비린토스 속의 괴물에게 잡혀간 도라는 사방이 빨갛고 노란, 활활 타는 엄청난 불길에 휩싸여 이글거리는 숯불 옆에서 야수 피카소의 넘치는 성적 위력 아래 에로티즘의 극치를 보이는 관능적 자세를 취하고 있다. 더구나 푸른색 잉크가 가미된 피부로 말미암아, 이 외설적인 그림은 황홀하리만치 열정적인 욕정을 더욱 부추기고 있다.

이 사랑의 초기 행복이 지난 몇 달 후 피카소는, 헤어진 마리 테레즈 월터를 불러다 꽃 왕관을 씌우고 도라의 옷을 입혀 그녀의 초상화를 그렸다. 왜 그랬을까? 이런 것이 정말로 알 수 없는 피카소적인 모호함이었다. 이것이 도라의 얼굴이 편하지 못하게 된 첫 번째 징조였다.

1936년 말에 그려진 초상화에서, 노랑 머플러에 파묻혀 눈 둘 곳을 잃고 기대어 있는 도라의 얼굴은 분을 잔뜩 바른 일본의 가부키 배우를 연상케 한다. 후에 도라에게 자리를 양보해야만 했던 마리 테레즈가 어린 딸 마야를 데려다 놓고 갔을 때부터, 그녀는 울음을 참으려 손수건을 깨무느라 얼굴이 뒤틀렸고 매일같이 눈물을 흘리다가 마침내는 '울고 있는 여인'이 돼 버렸다. 이때부터 피카소는 도라의 얼굴 〈울고 있는 여인의 초상화〉를 여러 폭 그리기 시작했다. 피카소는 도라와 헤어진 후에 '마음의 고통을 한없이 호소하면서 반항적으로 악을 쓰고 울기만 하는 그녀를 차마 볼 수 없었노라'고 변명했다.

1939년 1월 21일, 이상하게도 피카소는 같은 날 같은 방에서 책을 베고 누워 있는 똑같은 포즈로 마리 테레즈와 도라를 연달아 그렸다. 이 두 그림을 비교해 봄으로써 그가 두 여성의 특성을 얼마나 잘 구별해서 표현했나를 볼 수 있는데, 이는 인물화가 피카소의 수많은 여성편력이 새로운 영감을 얻기 위해서였다는 것을 설명해주고 있다. 마리 테레즈는 언제라도 피카소에게 순응하고자 하는 차분하고 맑은 눈매를 하고 곡선 투성이의 몸체로 똬리를 틀고 있고, 반면에 도라는 긴장감이 느껴지도록 첨예하게 대비된 색조의 배경 및 주변 분위기에 눈,

코, 입 등 신체기관이 여기저기로 분해되고 뒤바뀌어 언제 폭풍이 몰아닥칠 지 모르는 험한 형상을 하고 있고 손톱마저 뾰족하게 공격적으로 강조해 놓았다.

이처럼 도라의 찌그러진 눈물투성이의 얼굴은 그때 제작 중이었던 작품 〈게르니카〉에서의 주인공들이 됐고 이 주인공들은 온 세상에 고통의 절정을 호소하며 처참하게 울고 있다.

전 세계로 흩어진 도라 마르의 유품들

경매장에 모인 세계의 피카소 수집광들이 도라 마르가 60년 동안 간직하고 있던 우상들을 앞다투어 빼앗아 간 사건을 보고 나는 매우 착잡한 심정이었다.

피카소는 세기의 천재로 세계의 주목을 받았고 그의 작품은 부르는 게 값이었지만 도라 마르에게는 귀중한 수브니르이면서 우상이었기 때문에 그녀는 피카소의 흔적들을 한 점도 내다 팔지 못했다. 또한 그 수많은 피카소들을 자랑삼아라도 공개한 적이 없었기 때문에 세상에선 그 존재를 알지 못했고 피카소의 다른 모든 여자들처럼 도라 마르의 이름도 차차 잊혀져 갔다. 사람이 사는 방법은 각양각색이겠는데 도라 마르가 산 인생도 그 각양각색 중의 하나일 뿐이었다.

인생의 종막에서 신비주의적인 우수에 깊이 잠겨 번민한 도라 마르는, 피카소에게 배반당한 슬픔을 통절히 느끼며 자기와 마찬가지로 오직 슬픔 속에 잠겨서 수녀와 같은 일생을 살 다간 피카소의 여인들을 위해 자신이 간직해온 물건들을 유증하려고 했다. 마침내는 죽을 때 피카소에 관한 모든 물건들을 하나도 남기지 말고 경매에 부쳐 없애 달라는 유언을 남겼던 것이다.

그녀가 간직한 우상의 가치를 알고 있던 몇몇 가까운 친구들은 도라 마르에게 그렇게 궁색하게 살지 말고 한두 점만이라도 팔아서 여유를 가지고 살라고 줄곧 충고해줬지만, 그녀는 마야가 말한 대로 '잠을 편하게 자기 위해서' 한 점도 그렇게 하질 않았다. 도라 마르는 우상이 돼 버린 이 피카소들, 수브니르들을 혼자서 바라보고, 꺼내 보고, 만지작거리며 애인이 완전히 죽을 때까지 60년간을 소유해버린 것이다.

피카소는 장인으로서 아주 좋은 창작 태도를 가지고 있었는데, 누구와 대화 중이거나 식사 중이거나를 막론하고 아무 데서나 닥치는 대로 아무 종이든지 찾아내어 거기에 데생이나 크로키를 했고 주위에서 발견되는 어떤 재료로든지 입체나 평면 형상을 만들곤 했다. 도라와 사는 동안은 특히 더 그랬던 것 같다. 그렇게 하는 것이야말로 매일 울고만 있는 도라를 피할 수 있는 방법이었을 것이다.

유화, 괏슈, 판화, 피카소 사진, 책, 친필 서한과 문서, 사진 등등을 비롯하여 무가치한 물건에서 피카소의 손을 거쳐 값어치를 갖게 된 것들; 레스토랑 종이 네프킨, 찢어낸 종이, 혹은 가위로 잘라낸 종이조각에 그려진 물고기, 개, 고양이, 마스크, 해골 등 피카소가 즐겨 다룬 모든 소재들의 데생과 크로키와 채색화, 담배불로 지져서 만든 복슬강아지, 성냥갑에 그린 그림, 샴페인 병 마개와 병마개 철사로 만든 새, 평방 3센티 거울에 비친 도라의 얼굴, 무쟁 해변의 조약돌과 영토 조각에 주머니칼로 형상을 새겨 넣어 패물의 가치가 된 반지와 목걸이들, 그리고 수집가들이 늘 탐내는 종이조각품 등등이 진열장 속에 수도 없이 많이 들어있었다.

그리고 물론 전시장 안을 압도하는 도라의 눈부신 초상화 7점도 있었다.

동물 머리로 된 목걸이는 32만 프랑(약 7만 5천 불), 울고 있는 여인은 3천 7백만 프랑, 초록색 매니큐어의 도라 마르는 2천 3백만 프랑, 성냥갑에 그린 데생은 80만 프랑에 낙찰되어 팔려나갔다. 화가 도라 마르가 그린 검은 시선의 피카소의 초상화는 3만 프랑이 경매 시작 가격이었는데 놀랍게도 2백 70만 프랑에 팔렸다. 경매로 도라의 우상들이 산산이 흩어질 때 맨 앞줄에 앉아서 내내 지켜보고 있던 피카소의 딸 마야는 자기 변호사 롤랑 뒤마에게 "엄청나군!" 하고 소곤거렸다.

마야는 나중에 기자와의 인터뷰에서 도라가 남긴 모든 작품을 보면서 도라 마르가 나의 아버지를 얼마나 사랑했는가를 알았고 또한 헤어진 직후부터 얼마나 무서운 불행을 안고 살았는지 알게 됐다고 말했다.

도라 마르는 편안한 잠을 자기 위해서 이 모든 작품들을 임종 순간까지 자기 곁에 완전히 동결시켰던 것이다. 경매 목록을 만들려고 감정사가 도라 마르의 집에 들어갔을 때 상상 못하게 많은 피카소의 것들에 깜짝 놀랐었다.

발견된 유물들 중에는 그가 도라 마르와 살고 있지 않았던 때에 수집된 피카소도 상당히 많았다. 그녀가 가지고 있었던 수브니르들은 애인의 전 생애를 통한 것으로 전기 작가와 화상, 그리고 미술관 관계자들 다시 말해서 '피카소 절대 지지자'들에게는 보물 같은 것이었다. 그녀가 죽은 지 일 년 후 그녀의 우상인 수브니르들이 모두 흩어져 버리는 순간은, 10년 동안 피카소와 동거하며 얽히고 설킨 사랑과 미움, 온갖 감정의 희비극이 하나의 발레곡으로서 대단원의 막이 내려지는 바로 그 순간이었던 것이다.

PART 4 | 07

화가와 모델

내가 파리에 도착한 다음 해인 1972년, 피카소가 타계했다는 소식을 들은 한 무리의 심통쟁이 미련한 화가들은 "자, 우리도 이젠 좀 기를 펴고 활개를 칠 수 있게 됐다."고들 했다. 피카소는 살아생전에 온갖 명성과 부귀를 누렸을 뿐만 아니라 남들이 부러워할 정도로 여성편력이 심했기 때문에 많은 화가들이 그의 그늘 아래에서는 기를 피지 못한다고 생각하고 있었던 것이다. 또한, 피카소를 시기하던 많은 사람들은 시간이 지나고 나면 살아생전에 누렸던 화려한 명성도 흐지부지되어 그도 결국 잊히게 될 것이라는 생각도 했다.

그러나 사후 30년이 지났어도 피카소는 살아생전의 영광을 계속 누리고 있음을 본다. 그 한 예로, 자동차 회사 씨트로엥은 '자라(Xsara)'라는 이름으로 차를 생산하면서 그 모델 중 모노 에스파스(Mono Espace) 자동차의 이름을 '자라 피카소(Xsara Picasso)'로 명명하였고 잘 팔리는 차가 됐다. 이 차의 TV 광고에서는 로보트 공들이 공장장의 엄격한 감시를 피해 아무렇게나 차체에 페인트칠하는 모습을 보여준다. 자동차 모양이 특이하다는 것을 소비자에게 강조하기 위해 이런 선전영상을 만든 것이다. 이 광고를 본 장난꾸러기들이 길가에 주차된 자라 피카소를 보기만 하면 신이 나서 새 차에다 그래픽 낙서를 마구 휘두르는 바람에 차주들은 울상이 되었고, 보험회사는 이것에 대한 보상 문제를 놓고 고민한다는 뉴스가 나왔을 정도였다. '피카소'라는 단어는 이미 '이상한 것', '해괴한 것'이라는 뜻으로 일반화되어 있다. 남이야 어떻게 생각하건 말건 이상한 옷차림을 하고 괴상한 화장을 하고 다니는 여인을 가리켜 '피카소' 같다고 한지 오래다.

세상 사람들은 흔히 화가와 모델의 관계는 매우 친밀한 관계 이상일 것으로 오해하는데, 이는 왜냐하면 통속 소설가들이 소설 주인공의 직업을 설정하면서, 그 주인공의 행동거지를 자유자재로 편하게 하기 위해 화가를 선택하기 때문일 것이다. 소설의 주인공이 화가이기 때문에 유별난 생각과 부도덕한 행동을 펼쳐가더라도 이 스토리에 대해 독자들은 결코 비난하려 들지 않을 것임을 아는 것이다.

나는 오늘, 전시공간이 하도 비좁아 관객과 작품이 부딪쳐 터져 나갈 것 같은 뤽상부르그 미술관에서 열리는 모딜리아니 회고전을 관람하면서 113점이나 되는 인물화를 새롭게 발견했다. 프랑스엔 원래 모딜리아니의 작품이 많지 않았고 미국이나 딴 나라에 가서도 몇 작품씩 흩어져 전시돼 있는 것을 보았을 뿐이어서 대부분이 개인 소장품인 그의 초상화들을 어떻게 그토록 많이 모아 놓았을까 하고 놀라웠다.

저주받은 화가 모딜리아니가 그린 수많은 초상화와 누드를 보면서 그의 가난과 여성편력, 알코올과 마약에 휘말려 요절한 기구한 삶을 생각해 본다. 그의 막판 생애에 끼어든, 20대 순정의 애인 쟌느 에뷔떼른(1898-1920)이 그와 2년 밖에 같이 살지 못하고 그를 뒤따라 죽어야 했던 그런 비극은 과연 무엇일까?

전시회를 보고 난 후 집으로 걸어서 돌아오는 한 시간 반 동안 나는 그의 인생에 대한 이런저런 생각에 잠겼었다.

서양미술 역사는 우리 동양의 그것과는 매우 다르게 형성되어 왔음을 인물화에서 잘 볼 수 있다. 서양미술은 이집트 벽화, 그리스 조각, 로마 미술, 중세 종교미술에서와 르네상스(Renaissance, 문예 부흥)에서 강조된 것처럼 인본주의 사상에서의 인물화 중심 미술사다. 그러나 화가들의 전유물이었던 인물화 그리기 임무는 갑작스러운 사진기 출현으로 인하여 졸지에 중단되어 버렸다. 화가들은 이제 인물화를 그리는 것으로는 더 이상 돈을 벌 수 없다는 것을 알게 되어 절실해졌다.

인물화(초상화)는 그림의 주인공이 주제여서, 결국 그 그림들은 주인공 자신이 소유하는 작품이며 그래서 다 주문을 받아 그려지는 것이다. 모딜리아니는 꼭 닮게 그리는 초상화가 아니라 눈으로 볼 수 없는 내면의 세계를 강조하였는데 이 때문에 그는 누구의 주문도 받을 수 없었다. 그가 그린 초상화는 순전히 자기만의 작품 세계이며 순수한 창작품일 뿐이었다. 작품이 팔리지 않는 것은 모딜리아니 자신의 책임이었다.

오만 가지 형식과 기교를 취한 피카소의 난해한 작품들을 일관되게 보면 피카소도 초상화 작가였고, 인물화가였음을 알 수 있다. 그는 종래의 기법을 그대로 구사해서는 사진기가 가진, 찰각하는 순간에 대상을 완전히 포착하는 능력을 도저히 따라갈 수 없음을 알았고 그래서 아예 대상과 닮지 않은 딴 세계의 그림을 그리기로 작심하였을 것이다. 닮았다 안 닮았다 와는 상관없는 초상화, 가령 아프리카 가면을 씌워 놓은 초상화를 그리고 나서 가면처럼 변하지 않는 영원한 얼굴을 그렸다고 하는 괴변적 초상화, 그려 논 초상화의 주인공이 누구인가를 따질 수 없는 해괴한 인물화를 그리겠다고 마음으로 정해버린 것이다.

그러나 그에게도 그 해괴한 발상을 일으켜주게 되는 근원, 기막힌 영감을 얻을 수 있는 살아있는 대상인 모델은 필요했다. 동양의 산수화가에게 뛰어난 경지의 산수가 필요했듯이, 쌩뜨 빅트와르(Sainte-Victoire)산을 일생 연구했고 사과를 그려 세상을 깜짝 놀라게 한 세잔느에게도 표현할 대상인 사과가 필요했다. 정물로 구도 연구를 해서 새 세대의 정물화가라고 일컬어질 정도인 세잔느처럼, 혹은 반 고흐(1853-1890)가 보리밭에 앉아 보리밭을 그리고 까마귀를 그려 넣었듯이 인물화가인 피카소는 살아있는 모델이 없으면 아무것도 할 수 없는, 보고 영감을 얻을 대상이 절대로 필요한 화가였다.

그런데 가난한 무명 화가였던 청년 시절의 그는 몽마르뜨르 언덕 바또 라브와르라는 엉성한 화실에서 먹을 것도 땔 것도 입을 것도 없이 지냈는데, 집세까지 내야 했던 그가 어떻게 모델료를 지불할 수 있었겠는가! 그때나 지금이나, 선뜻 모델료를 지불하면서 생 모델로 하여금 포즈를 잡게 하고 그림을 그리는, 형편이 핀 화가는 드문 법이다. 원래 초상화나 인물화라는 것은 주문을 받아서 그려주고 돈을 받는 것 아닌가? 그래서 주문한 사람의 마음에 들게 묘사해야 하는 것이다. 반대로 모델료를 지불하고 그리는 그림은 모델과 닮게 그릴 필요가 없다. 닮았다 안 닮았다는 문제가 될 리 없고 오직 화가 마음대로 초상화를 만들 수 있다. 이것이 모딜리아니는 초상화가로서 실패하고 피카소는 성공한 이유다.

모델과 살던 세잔느는 50살이 넘어서야 아버지의 허락을 받아 결혼한다. 그의 부인의 초상화는 부인을 닮도록 그린 것이 아니다. 창작의 수단이었다. 한때 렘브란트(1606-1669)의 인기가 충천하여 부자가 된 것도 인물화 주문이 넘쳐서였다. 그러나 그가 모딜리아니보다 벌써 훨씬 전에, 작가의 독특한 개성이 묻어난 인물화를 그리기 시작하면서부터 주문은 끊겼고 그는 곧 가난뱅이 화가로 전락하여 붓 몇 자루와 성경 책 한 권만 남기고 죽었다.

인상주의 운동을 시작한 한 무리의 젊은 서양화가들은, 아카데미 전통을 배격하고 어디에 종속된 어용 화가이다 라는 탈을 벗어 던지며 맨발로 길거리를 뛰쳐나왔기 때문에 졸지에 빈털터리 신세로 화가 생활을 해야만 했다. 그들이 그림만 안 그리고 있다면 그야말로 돈 한 푼 못 버는 순 백수건달들인 것이었다. 지금도 그렇지만, 독립된 화가라는 게 자기의 생을 스스로 책임져야 하는 소위 전업 작가이겠는데, 그들은 그렇게 개성 덩어리의 순수한 작가로 출발했으면서 배짱 좋게도 그림 그려서 먹고 살 수 있기를 원했던 것이었다. 그렇지만 그것은 결코 쉽지 않은 일이니, 얽매인 전통에서 독립하고자 홀로 일어선 작가들은 곧 신세가 처량해졌다. 동정 받는 것은 절대 싫어하지만, 사랑도 해야지. 그러나 사랑을 시작하면 생존의 책임은 그때부터 곱절이 되는 것이니 그 곱절의 생은 감당 못하는 슬픈 사건이 일어나기 시작한 것이다.

　아버지를 데생 선생으로 둔 피카소는 화가라는 직업이, 돈 버는 직업이 아니라는 것을 알았을 것이다. 피카소는 17살 때 피레네산맥을 넘어 화려한 파리에 입성하고 난 직후부터, 화가는 그림을 그려 돈을 벌기는 포기할 수밖에 없다는 것과 고생문이 훤히 열려있음을 단번에 알아차렸다. 그래서 일상생활은 완전히 실질적이고 여성을 향해서는 철저히 점령적이어야 할 것임을 스스로 인정했다. 돈을 주고 모델을 모셔와서 시간당 얼마의 모델료를 꼬박꼬박 지불할 수도 없거니와 일정 시간 포즈를 취하게 하고 멀리서 뚫어져라 바라보는 것만으로는 모델을 이해하고 모델의 전부를 철저히 파악할 수 없으니, 이렇게는 걸작을 그려낼 수 없다는 사실을 남보다도 먼저 잘 알고 있었을 것이다.

　풍경화가 세잔느가 쌩트 빅트와르 산에 있었고, 고흐가 보리밭에 파묻혀 있어야 했듯이, 피카소는 그리고자 하는 여인이 있다면 모델의 내면과 외면 안팎을 완전히 정복할 능력이 먼저 있어야 한다고 판단했다. 그는 대상을 피상적으로만 파악해 가지고는 인물화 작가로서 도저히 걸작품을 만들어 낼 수 없다는 것을 알았다. 모델료를 지불하지 않고도 다년간 밤낮으로 여인을 모델로 쓸 수 있는 방법은 무엇이었겠는가? 그 여성을 사랑해서 완전히 점령하는 것뿐이리라. 그러니 이 수단은 피카소가 생각한 대로 바로 꿩 먹고 알 먹는 방법이었다.

피카소가 누구의 초상화를 그리겠다고 캔버스를 펼쳐 놓으면 노 땡큐 하면서 대부분이 다 도망갈 판이었다. 그게 어디 자기의 생생한 모습이던가. 너무 망측하여 꿈에 보일까 하였을 것이다. 그러나 정복된 모델은 아무런 퉁명스러운 반발 없이 묵묵히 모델 노릇만 할 것이었다. 그러니 피카소의 거의 모든 인물화 주인공들은 아무 불평을 할 수 없는 자기의 여인들이거나 자기의 아이들이었다. 자기 맘대로 아무렇게나 그려도 누구도 불평이 없었다. 꿀을 다 따먹으면 벌이 딴 꽃으로 옮겨가듯 냉혈한 피카소는 한 여인으로부터 더 이상 영감을 얻을 수 없다고 생각되면 가차없이 여인을 바꾸거나 이중생활을 시작했다. 피카소의 이러한 여성편력을 남성들 사이에서 좋게 얘기하려고 하면 그 또한 끝없는 이야기가 될 것이다. 창작은 여인과의 사랑으로부터 나온다 라든가 성적 쾌락은 얼마나 인생을 찬란하게 만드는가 라든가. 얼마든지 길게 미화시킬 것이다.

돈 때문일 테지만 피카소는 참으로 여복이 많은 행운아였다. 그러나 그의 여인들은, 맨 나중 한 여인만 빼고서는 참으로 불행해지고 말았다는 게 매우 이상한 사실이다. 더구나 사람들은 그에게 봉사한 모든 여인들을 생각하기보다는, 피카소라는 한 천재를 그보다 더 위대하다고 말할 것이니까 불공평하다고 생각되는 것이다.

PART 4 | 08

빈센트 윌렘 반 고흐

1

1890년 7월 27일 낮, 파리 서북쪽 약 30km 지점, 세느 강으로 합쳐지는 와즈 강(L'Oise)가에 면해 있는 오베흐 쉬화즈(Auvers-Sur-Oise) 마을 뒤편 언덕에 펼쳐진 밀밭에 서다.

탕!

한방의 총성이 밀밭 저쪽에서 허공을 뚫고 농부의 귀에까지 크게 울렸다. 그와 동시에 이삭을 쪼던 까마귀 떼들이 화들짝 놀라서 사방 하늘로 깍깍거리며 어지럽게 흩어져 날았다. 총성이 난 곳은 조금 전 지나온 밀밭 사잇길이었기에 그쪽으로 고개를 돌린 농부는 거기에 있던 화가가 허수아비처럼 비틀거리며 고꾸라져 주저앉음을 본다.

여느 때와 같이 화가는 낡은 화구를 짊어지고 마을 뒤편 위쪽에 있는 로마네스크 성당 앞을 지나 밀밭들이 널려 있는 벌판을 향하여 터벅터벅 언덕길을 걸어 올라갔다. 다 올라가면 거기엔 마을의 공동묘지가 있으며, 거기서부터 한없이 펼쳐진 밀밭 끝에는 화가의 무릎 높이까지 푸른 하늘이 내려와 이삭 팬 황금빛 파도치는 밀밭에 닿아 있었다.

프로방스와는 많이 다른 이곳 풍경들은 화가에게 새로운 힘으로 새로운 그림을 그리게 할 수 있었기 때문에 이곳에 도착한 후 날마다 화구를 짊어지고 여기저기 돌아다녔고 하루에 한 폭 꼴로 유화작품을 만들었다. 대단한 정열이었다. 이 마을에 도착한 후로 오늘의 캔버스는 정확히 68번째 것이었다.

그 대단한 정열은 떠날 줄 모르고 끊임없이 그에게 엄습하는 전율의 공포감을 떨쳐 버리기 위해 그것과 싸워 이기려는 피나는 노력에서 생기고 있었을 것이다. 어쩐 일인지 화가는 며칠째 이곳 밀밭에만 오고 싶었다. 그리고 어제 그렸던 밀밭을 오늘 또 그리는 것이었다. 화가는, 오늘은 어떤 일이 있더라도 어제 그린 것과 같은 밀밭이 아닌 다른 밀밭으로 정신차려 찬찬히 그려봐야겠다고 생각했었을 것이다. 그러나 그렇게 그리지 못하고 말았다.

쓰러진 화가 앞, 기우뚱한 낡은 이젤 위에는 어제의 밀밭보다 더욱 처참하게 그려진 밀밭이 미끈미끈한 기름을 번쩍이며 난폭하게 붓질이 되어있었다. 화가는 언제 어디서 구했는지, 권총을 한 자루 가지고 있었고 오늘 아침 방을 떠날 때 권총을 화구상자에 담아가지고 나왔다. 만약에 어제에 겪었던 견딜 수 없는 공포가 엄습해 올라치면 그 전율을 멈추어 보려고 권총을 사용하려고 했었나 보다. 화가는 자신이 프로방스에의 무서운 정신착란을 또다시 일으킬까 항상 전전긍긍, 안절부절한 어찌할 줄 모르겠는 예감을 얼마 전부터 심하게 느끼고 있었다.

북 프랑스 7월 말 밀밭의 하늘은 빛나도록 푸르르고 높았으며 추수때가 되어 이삭을 쪼아 대려는 까마귀 떼가 어지럽게 휘젓고 날아다녔다. 바다보다 낮은 나라 네덜란드의 척박한 땅에서 태어난 화가는 여기 농부들이 열심히 일하여 황금빛 수확을 이루는 기쁨이 있음을 남달리 부러워했다. 이 화가는 수확이란 게 아무리 해도 없었고 사랑하는 동생에게 죄를 짓는 것만 같았고, 더불어 자기에게 무서운 광란의 상태가 발작적으로 일어날 것만 같은 공포감이 잠자리에서 눈만 뜨면 맴돌았다.

　오늘 화가가 그린 그림은 먼저 그림보다 더 빠르고 난폭한 붓자국으로 표현된 지극히 혼란스러운 하늘과 밀밭에 아귀 같은 까마귀 떼들이 날고 있는 심상치 않게 무서운 그림이었다. 그것은 어쩐 일인지 파리로 올라오기 직전 프로방스에서 그린 그림 〈영원의 문〉을 연상케 하고 있었다. 방구석 한편 의자에 앉은, 주검을 앞둔 고독한 노인이 머리를 두 손으로 가득히 감싸고 절망으로 고개를 푹 숙인 그림이었고 그 그림의 제목을 〈영원의 문〉이라고 화가는 붙이고 올라왔다.

　이 까마귀가 있는 밀밭은 어쩌면, 그 영원으로 향한 문을 가리고 있는 커튼같이 보인다. 그러나 이 그림은 다름이 아니라 화가가 극도에 달한 자기의 이유 없는 슬픔과 고독의 극치를 알리는 조난 신호였다.

　아! 애석하게도 그 조난 신호는 그렇게 절박했건만 그것이 닿을 데가 어디란 말인가! 허공을 향해 최후의 조난 신호를 처참히 쏘아 올린 화가는 드디어 견딜 수가 없었고 미친듯이 자기 몸을 향해 방아쇠를 당겨서 권총을 터트렸다. 총상의 아픔이 자기를 미치게 하는, 이 무서운 상태에서 벗어나게 해주기를 진심으로 바란 것처럼.

　화가는 1853년 3월 30일, 네덜란드 준데르트에서 칼빈파 목사의 첫째 아들로 태어나 뒤늦게 그림을 그리기 시작했고, 그림을 그린 지 10년째, 젊은 37살의 빈센트 윌렘 반 고흐다.

빈센트는 16살이 되는 해 1869년 7월 30일, 헤이그에 있는 구필 그림 판매 회사(Goupil & Co)에 취직한다. 회사에서 일한 지 4년 후, 20살의 빈센트는 구필 런던지사로 전근되어 근무하는 중, 1875년, 쟝 프랑수아 미예(1814-1875)의 사망 후 열리는 미예 작품 경매에 참가하기 위해 파리로 출장을 간다.

파리에 도착한 빈센트는 유화작품 경매와 동시에, 드후오 경매장에서 수집가 에밀 가베에 의해서 따로 열리고 있는 가베의 수집품 95점의 미예의 파스텔화와 데생전시회에 가서 미예라는 화가를 처음 발견하고 그의 작품에 깊은 감명을 받았다. 감명을 두고두고 느끼기 위해서 동판화와 사진판으로 인쇄된 전시회 팜플렛을 한 부 사서 가방에 넣는다.

1876년 4월 1일, 빈센트는 구필 회사를 퇴직하게 되고 다음 해에는 암스테르담에 있는 신학교에 들어가서 신학공부를 시작하지만 1년 후 중단하고 평신도 자격으로 세속을 돌아다니며 신앙을 전하는 복음 전도사가 되었다. 너무나 광신자적인 빈센트의 행실을 놓고 고위성직자들은 그를 몹시 걱정을 하는 가운데 빈센트는 전도사의 길마저 중간에서 포기하고 만다.

그사이 1873년, 그의 동생 테오 반 고흐는 그의 삼촌 핸드리크가 경영하는 브뤼셀에 있는 구필 회사 분점에 취직했다. 테오는 그때부터 본격적으로 화상의 길을 걷게 되고 1878년 5월부터 11월까지 파리만국박람회에 참가한 구필 회사 전시장에서의 근무를 맡도록 파견된다. 그 후 파리를 좋아하게 된 테오는 다음해부터 파리근무를 자원하여 구필 회사가 세우게 된 파리 구필 지사에서 근무를 시작한다.

미예의 작품세계로부터 깊은 감명을 받은 빈센트는 화가가 되려는 꿈을 꾸고 있었고 1980년, 그런 뜻을 버리지 못하는 형을 감지한, 형과 운명을 같이하는 전설적인 형제로 역사에 남는, 동생 테오의 적극적인 부추김을 받으며 화가가 될 결심을 빈센트는 기어코 했던 것이다.

2

한 방의 총성이 터진 곳으로 뒤돌아 본 농부는 거기에 있던 화가가 힘없이 픽 쓸어지는 것을 보자 발길을 돌려 왔던 길을 거슬러 달려갔다.

화가라면 점잖게 화실에 들어앉아서 그림을 그려야 하겠건만 이 마을 사람들은 몇 년 전부터 자기네 한적한 마을에도 사생을 목적으로 화가들이 화구를 짊어지고 외지에서 찾아와 풍경을 찾아서 사방을 두리번거리는 것을 멀찌감치서 보면서 이상히 생각했지만 그래도 그동안 그런 화가들의 거동에 꽤 익숙해져 있었다.

군대에서 전초병 혹은 전위병들의 호칭인 '아방 가르드'라는 단어가 아직은 선구적인 예술운동을 하는 집단을 지칭하지 않을 때였지만 그때 그렇게 야외로 사생하러 다니는 화가들은 서양미술사에서 최초로 여겨져야 할, 다름 아닌 전위(적) 미술가들인 아방 가르디스트였다.

이들 아방 가르디스트들은 미술학교나 도제교육에서의 전통 계승을 위한 수업인 아카데믹한 미술교육을 배척하고 자기들 스스로 발견한 새로운 기법에 의해 대상을 파악해서 묘사하려는, 1874년 새로운 미술운동으로 명명된 인상파(인상주의 화파) 화가들이었고, 그 화가들은 그들의 그림에서 중요시 여기게 된 자연광선을 찾아 야외로 나가서 모든 물체의 표면이 태양광선에 의해서 어떻게 시시각각 변화하는가를 대기(大氣)의 변화와 함께 포착해 열심히 캔버스에 옮기고 있었다.

그래서 그 화가들은 도시를 떠나 자연속에 파묻히게 됐으며 그들 인상파 화가들 대부분이 세느 강 가 계곡에 여기저기 퍼져 있었다. 인상파 화가들을 야외로 나가게끔 도왔던 또 하나의 이유는 유화물감이 튜브에 넣어진 물감으로 생산되기 시작했기 때문이었고, 그래서 물감과 팔레트를 손쉽게 싸 들고 화실 밖으로 나돌아 다닐 수 있는 행동의 자유를 얻었다.

이미, 오베흐쉬화즈 마을엔 까미으 피사로와 폴 세잔느가 지나갔다. 피사로는 와즈 강 하류 쪽, 오베흐에서 멀지 않은 뽕뜨와즈에 자리잡고 있었고 세잔느는 엑스 앙 프로방스에서 파리에 왔다가 이곳에 와서 한동안 머물렀었다. 오베흐 마을 사람들은 자기들 마을에 젊은 네덜란드 화가가 두 달 전부터 도착해 있고 여인숙에 머물며 매일같이 그림을 그리러 다님을 소문으로라도 마을이 다 알고 있었다. 캔버스를 들고 화구를 짊어진 과묵한 홀란드인은 아무 말 없이 길에서 마을 사람들과 마주쳐 교차했고 순박한 시골사람들도 그런 화가가 와 있달 뿐이지 그에게 별 관심을 주질 않았다.

무슨 일이 화가에게 일어났을까 허겁지겁 달려간 농부는 총상으로 피 흐르는 상처를 한손으로 움켜잡고 고통에 허덕이는 뼈쩍 마른 화가가 넘어졌고 화가의 늘어진 다른 한 손엔 권총이 아직도 그대로 잡혀있음을 보았다.

무슨 일이 일어났는지를 금방 알아차리게 된 농부는 화가를 민첩하게 부축해 일으켜 세워 수레에 싣고 밀밭 사잇길을 나와 마을을 향해 내리막길을 미끄러지다시피 급히 내려가 그가 머물고 있는 여인숙으로 순식간에 달려갔다.

길가에 있는 시골식당 속을 향하여 빨리 나와보라는 농부의 소리침에 놀라 튀어나온 여인숙 주인은 그 농부와 함께 피 흘리는 화가를 어깨와 다리에서 떠받쳐 들고 좁다란 층계로 오르는 3층에 있는 그의 방 침대에 옮겨 눕혔다. 화가의 방은 초라한 여인숙 식당 3층 지붕 밑 방으로 빛들이 천창 하나가 비스듬히 하늘로 조그맣게 뚫려 있을 뿐이고 9미터 평방이나 될까 말까 하는 아주 작디 작은 마루방이었다. 화가를 침대에 눕힌 여인숙 주인과 농부가 들어간 방은 여기저기 널어진 캔버스와 함께 더 이상의 누구도 옴짝달싹할 여지가 없었다.

남에게 들려와 사경의 고통 속에 침대에 눕게 된 이 가련한 빈센트는, 정확히 10년 전 1880년 여름, 화가가 되기로 결심한 후 파리 드후오 경매장에서 사가지고 간 전시회 팜플렛에 인쇄된 미예의 파스텔화를 보고 데생으로 똑같이 복사한 그림을 처음 그리기 시작했다. 복음전도사를 중도에 그만 둔 빈센트는 기독교적인 사상과 범신론적인 사상이 머릿속에 내내 교차하게 됐는데 그 중요한 이유는 미예의 작품 세계 때문이었다.

1882년, 헤이그에 정착한 빈센트는 《쟝 프항수아 미예의 생애와 작품》이라는 제목의 미예의 전기를 읽고는 미예의 생애와 예술세계에 대해 더 많이 알게 되었고 그에게 깊이 빠졌다. 그 미예의 전기는 그림 수집가이며 화상이기도 했던 미예의 가까운 친구 알프헤드 상시에(1815-1877)가 대단히 상세하게 존경심에서 기록한 전기로서 미예가 죽은 지 6년 만인 1881년에 출판된 책이었다.

노르망디 지방 도버 해협, 그레빌에서 태어난 미예는 23살 때 파리로 가서 파리 미술학교를 다니고 화가가 되었고 33살 때부터 상시에를 알게 됐으며 그 후 그와 줄곧 친구였다. 34살 때, 미예는 농부를 주제로 한 첫 작품 〈키질하는 남자〉를 살롱전에 출품하고 난 후엔 아예 파리 남쪽 70km 지점에 있는 퐁뗀느블로 숲 근처 바흐비종 마을에 정착해 버렸다.

당시 바흐비종에는 철학자 쟝 작끄 룻소(1712-1778)가 외친 "자연으로 돌아가라!"로부터 영향을 받은 8명의 화가들이 모여있게 됐는데 이들이 미술사에서 사실주의와 인상주의 사이에 있었던 자연주의 화파였다. 쟝 작끄 룻소는 18세기 중반에 벌써, 인간이 완전한 행복의 전제조건을 갖추기 위해서는 소박하고 자연스러운 전원의 삶으로 다시 돌아가야 한다고 주장했다.

바흐비종에 처박힌 미예는 42살 때, 또 하나의 중요한 작품 〈이삭 줍는 여인들〉을 살롱전에 출품했으나 부르주아 인습에 젖어 있던 애호가들 사이에 그 작품이 취급한 주제를 놓고 왈가왈부하느라 격렬한 논쟁이 일어났고, 후세로 갈수록 만인이 사랑하게 될 작품 〈만종〉도 그해에 그렸다.

어느 미국인 애호가에 의한 주문으로 그린 〈만종〉은 밭일을 하던 한 쌍의 농부가 멀리 교회로부터 들여오는 저녁 종을 들으며 기도를 드리는, 보는 사람들로 하여금 세파의 근심걱정을 잠시라도 모두 잊게 하는, 하루의 밭 노동 중 한때의 평화로운 순간을 보여주는, 애정의 눈길에 찬 감동적인 그림이었기 때문에 만인의 사랑을 받게 될 그림이었다. 그러나 그 그림을 주문한 미국인은 영영 〈만종〉을 찾으러 다시는 미예 앞에 나타나지 않았다.

이처럼 미예는 농촌의 삶에 대한 느낌에서 소박한 것들이 지닌 아름다움을 존중하려는 정신으로 사람들 심금을 울리는 수많은 명작을 태어나게 했건만 구차한 농촌과 농촌사람들의 힘든 농사일을 주된 그림의 주제로 삼는다는 이유로 귀족적이며 고상한 취미의 미술애호가들로부터 끝끝내 철저히 외면당하는 바람에 궁핍한 생활을 꾸려나가야만 하는 값을 치렀다.

아이들이 주렁주렁 열 명 이상이나 달린 대식구를 거느린 미예는 천직인 그림 그리기를 계속하기 위해서 파스텔 수집가 에밀 가베가 주문하는 파스텔화를 의무적으로 많이 그려서 그에게 팔아야만 했다. 그러나 의무적으로 그렸던 그의 파스텔화도 아름답기로 치면 말할 필요도 없이 너무 아름답기만 했다. 미예가 그러한 말년까지 왔을 때, 자연주의 화파에 합류해 바흐비종에 와있던 미국인 화가가 귀국하면서 발표해 보지도 못한 미예의 작품 중 거의 8할이나 되는 많은 작품을 헐값에 사가지고 떠나버렸다. 그 미국인 화가는 화가이면서 동시에 돈 많은 의사였다.

빈센트는 소박하고 자연스러운 농촌의 삶을 아름답게 승화시킨 그러한 미예의 작품세계에 반했고 반한만큼 그처럼 훌륭한 화가이기 이전에, 미예를 자기가 배워야 할 인간상의 본보기처럼 여겼다. 빈센트는 농사꾼들과 같은 서민들의 영혼을 영원히 그림 속에 고정해 놓고자 한 미예의 세계를 따르는 화가가 되어야겠다고 생각했고 그림을 그리도록 자기를 인도해 주고 그림을 어떻게 그리라고 가리키는 미예를 자기의 새로운 아버지로 생각했다.

해양상업국가 네덜란드 사람답게 여기저기 여행을 해 본 빈센트는 산업혁명 이후 우렁차도록 공업화되고 산업화되고 있는 대도시들의 현대화의 양상과는 전혀 상관없이 생판 딴 세상에서 살아가고 있는 농촌사람들의 모습에 초점을 맞춘 미예의 세계에서 놀라운 감동과 충격을 느꼈다.

이미, 파리에 처음 갔을 때 드후오 경매장에서 미예의 소박하기 그지없는 바흐비종의 전원풍경들을 본 순간, 빈센트는 자기 나름대로 그림에서 성스러운 감동을 받아 "신을 벗어야 합니다! 여기는 신성한 땅이니 신을 벗고 걸어야 합니다!" 라고 했다. 그 미예의 그림들에서 예술성을 뛰어넘는 어떤 천상의 세계를 발견했던 것이다.

빈센트는 여태까지 미술이, 신의 세계를 그렸거나 귀부인의 초상화를 그렸거나 간에 위엄과 고귀한 아름다움을 재현해내는 그림만이 예술의 가치를 지닌 미술 작품인 줄 만 알고 있었다면 미예가 선택한 그림의 주제는 그런 것이 아닌, 미의 대상이 될 수 없었던, 예술가들이 취급할 수 없었던, 일천하기 짝이 없는 촌사람들이며 농사꾼들의 주변환경인 것이 너무도 놀라운 사실이었으며 미술의 대상이 미예와 같은 평범한 것일 수도 있다면, 자기도 능히 할 수 있는 일이어서 화가가 되고 싶다는 강한 충동을 그 순간 느꼈던 것이다.

빈센트는 복음전도사로 세상을 돌아 다닐 때 본, 레 미제라블(불쌍한 사람들)의 삶이 눈앞에 어른거렸으며 하루 일에 지쳐 기진맥진한 광부들의 비참한 형상들, 고귀한 가치로 이미 인정받고 있는 기존의 대상들과 똑같은 가치를 지녔는데도 불구하고 올바른 가치로 인정 못 받고 도외시 되어버린, 자연 속의 모든 평범한 대상들을 가치로 재현해 영원히 고정시켜 형상화하겠다는 충동을 느낀 것이다. 헤이그에서 누에넨 부모님 집으로 돌아간 빈센트는 그러한 첫 작품으로 시골집 초롱 등 밑 초라한 식탁에 식구가 둘러앉아 삶은 감자 그릇을 하나만 한 가운데에 놓고 감자만 먹는 저녁, 〈감자 먹는 사람들〉을 그렸다.

파리로 떠나기 직전, 앙베르에 있는 미술학교에 다녀보기도 한 빈센트는 재주가 없다는 선생님들의 참견 때문에 금방 그만 두고 혼자서 독학의 길을 내내 걸었다.

미예의 작품 중, 〈밀밭에 쌓아놓은 거대한 밀짚 단에서 곤하게 낮잠 자는 농사꾼 젊은 부부〉, 〈만종〉, 〈이삭줍기〉, 〈키질하는 남자〉, 〈삽에 의지하여 쉬고 있는 농부〉, 〈죽엄과 나무꾼〉, 〈그레빌 성당〉, 〈씨 뿌리는 사람〉, 〈쟁기질하고 씨 뿌리는 농사꾼 부부〉, 〈겨울철 까마귀 떼들〉, 〈첫 걸음마〉, 〈별들이 총총한 밤 하늘〉 등등, 그들 미예의 작품에서 특히 깊게 감명을 받은 빈센트는 10년 후 임종의 침대에 눕기까지 미예가 암시해서 가리킨 서민들의 영적 세계를 자기 방식대로 줄 곧 창조해 나갔던 것이다.

빈센트가 미예의 작품을 보고 그대로 복사 해 본 작품들은 〈밀밭에 쌓아놓은 밀짚단에서 곤히 낮잠 자는 농사꾼 젊은 부부〉, 〈씨 뿌리는 사람〉, 〈첫 걸음마〉였고, 미예의 주제에서 영감을 얻어 만든 작품으로는 〈감자 캐는 농사꾼 부인〉, 〈농사꾼 부인의 초상화〉, 〈영원의 문〉, 〈시골 사람들의 공동묘지〉, 〈씨 뿌리는 사람〉, 〈감자 심는 농군들〉, 〈밀짚단이 있는 밭〉, 〈풀 깎는 여인〉, 〈땅을 일구는 두 사람의 농사꾼〉, 〈하루 일과를 끝낸 농군〉, 〈겨울철의 까마귀〉, 〈별들이 총총한 밤 하늘〉이었다.

3

다른 화가들과 달리 반 고흐에게서의 특별한 사항은 반 고흐가 미술품들이 어떻게 유통되는가에 정통했던 사람이라는 점이다.

빈센트와 테오 형제는 삼촌들 덕택에 미술 판매 회사에서 일할 수 있었다. 빈센트의 아버지는 칼빈파 목사였지만 큰 삼촌과 셋째 삼촌 그리고 다섯째 삼촌들이 모두 그림 판매에 관여한 화상들이었다. 그 중 숙부 둘이 구필 회사에 있었다.

목사는 아들에게 자기 이름을 물려주려고 첫째 아들에게 빈센트라고 이름했는데 낳고 얼마 있다가 죽었고 그래서 둘째 아들이 빈센트라는 이름을 가지게 됐다. 빈센트의 여동생은 안나 코르넬리아였고 그 아래가 빈센트보다 4살 아래인 남동생 테오도루스로 식구들은 그를 테오(Theo)라고 줄여 불렀다.

헤이그에 있는 구필 그림 판매 회사에 취직되었던 빈센트는 15살 된 아우 테오와 편지를 교환하기 시작했고 일생 동안 동생에게 쓴 빈센트의 그 편지들은 후에 화가 빈센트를 이해하는데 크게 공헌하게 된다.

빈센트가 아직 구필 회사에서 일하고 있을 때, 테오도 16살이 되자 숙부 헨드리크가 경영하는 브뤼셀 구필 회사 지점 갤러리에 취직했고 취직이 되자마자 숙부의 추천을 받아 헤이그에 있는 구필 회사로 옮겨갔다. 그로부터 18년 동안 생애를 마칠 때까지 테오는 구필에서 줄곧 근무하게 된다.

화가로 새 출발한 빈센트는 그림 판매상에서 일하는 동생과의 편지 왕래로 화단이 돌아가는 상황과 미술 잡지책에 기재되는 미술평론에 관한 소식을 받으며 그림 그리기에 대한 끝없는 자극과 용기를 얻게 된다.

한번은 테오가 어느 이태리 작가의 작품을 1,070프랑에 구입했는데 일년도 되지 않아서 구입가격의 두 배가 넘는 2,250프랑에 판매하는 수완을 부려서 구필 회사에서 크게 인정을 받았고 그것으로 인해 충분한 월급을 받기 시작하게 되니 생활을 혼자서 완전히 영위할 수 있는 경제적 독립을 하게 된다. 1881년, 구필 회사는 파리에 지점을 설립하게 되는데 테오를 파리지점 지점장으로 발령을 내 전임시키는 바람에 파리생활에 돌입하게 됐고 그 다음해 1월1일부터는 봉급이 또 올라서 연봉 4천 프랑이 됐다. 그때 그의 나이는 약관 25살 때였다.

당시 프랑스 1884년도 통계에 의하면, 식구 넷을 거느린 숙련공의 생활비 지출이 연 1,263프랑이었다는 것과 1885년에 출판된 기 드 모파상의 소설 《벨 아미》에 나오는 철도원의 봉급이 연 1,500프랑이었던 것을 보면 테오가 벌써 꽤 많은 금액의 연봉을 받고 있었다는 것을 알 수 있다.

그런 많은 연봉을 받게 되자 테오는 형의 창작생활을 돕기로 결심하고 매달 100프랑씩 형에게 보내기 시작하더니 3년 후부터는 150프랑으로 올려서 보내주었다. 테오의 연봉은 해가 갈수록 점점 올라서 결국은 12,000프랑을 받게 되었기 때문에 매우 여유 있는 파리생활을 할 수 있었고 형에게 매달 150프랑씩 보내면서도 어머니와 여동생의 생활비까지도 꼬박꼬박 송금했다.

테오는 부모형제들을 돕고도 여유가 있게 되자 동시대 미술에 혜안을 가진 테오는 개인적인 사유소장품으로 아방 가르디스트들인, 인상파화가들의 그림들을 꽤 많이 사들이게 됐다. 그가 사들인 대표적인 작가들은 피사로, 모네, 로댕, 고갱과 스라 등의 작품들이었다.

화가로서 드디어 파리에서 데뷔하기 위해 빈센트는 1886년 봄, 몽마르트르 언덕 밑 동네에 사는 동생 집으로 왔다. 11년 만에 파리에 도착한 빈센트는 이번엔 새로운 미술운동을 일으킨 인상주의 화파 화가들을 만나게 되는데, 동생 테오의 갤러리에서 색채 발랄한 인상주의 화가들의 그림들을 접하고, 그들 새로운 그림들을 보자마자 홀란드에서 시꺼멓게 그리던 그림 〈감자 먹는 사람들〉을 그린 화풍으로부터 밝은 색채를 쓰는 화풍으로 급속히 변신한다.

그러면서 밝은 색상과 자연광선의 작용을 더 적극적으로 연구한, 점 찍음으로 색을 병치해서 분석하는 신인상주의 화가 스라와 시냑에 관심이 특히 많았지만 먼저 안 화가 친구 에밀 베르나르가 소개한 브르따뉴 지방 '뽕 따벵(Pont-Aven)' 화파라고 불리는 그룹 중에서 폴 고갱을 알게 되어 그를 자기의 새로운 미술 선생님으로 여기며 존경하게 된다.

또 한편으로는, 무렝 후즈의 화가 뚜르즈 로트렉을 알게 되었고 동시에 그때 파리에서 새로운 미술운동을 하는 모든 화가들 사이에서 대유행처럼 된 일본 목판화에 대해서도 관심을 기울이게 되면서 빈센트는 자기만의 개성있는 화풍과 기교를 구축하였고 더욱 무르익게 된다.

특히 서양미술사 속 전통에는 전혀 존재하지 않는 미지의 기법과 내용이 숨겨져 있는 일본 목판화의 진가를 잘 관찰하기 위해서 뤼 프로방스거리에 있는 이국적인 물건을 파는 상점에 가서 일본 목판화를 몇 장 구입하고 그 목판화를 자기 그림에 여러 번 넣어 그렸고, 공꾸흐 형제나 피에흐 로띠 같은 일본 문화 취향적 인문인들이 쓴 책으로부터 일본 문화의 취향 내지 일본의 미술이란 무엇인가에 대해 이해하려고 노력하였으며 이를 자신의 화풍에 이용하려고 했다.

빈센트가 즐겨 그리기 좋아하는 그림은 언제나 인물상이었지만 파리에서 그린 많은 풍경화들은 모델료를 지불할 수 없었을 때에 그린 것이다. 그 대신 파리 체류 중에 23장의 자화상을 그려서 완성한다.

그러나 이 파리 시절 자화상들은 아직도 처음 그림을 시작했을 때의 우중충하고 탁한 색깔로 넓은 붓 자국 터치를 낸 기법이었으며, 스라와 시냑의 신인상파 쪽 순수 색 병렬기법의 영향을 점차 받으면서는 앞으로 그가 선구자 역할을 할 표현주의 화풍을 자화상에서 예고하고 있었다.

PART 4 | 09

진시황 무덤 속 불멸의 병사들, 파리에 오다

2200년 전에 진시황제 무덤에 묻혔던 불멸의 병사들이 파리에 왔다.

파리의 삐나꼬떽끄에서는 2008년 4월 15일부터 9월 14일까지 〈영원한 불멸의 병사들〉 전시회를 열고 있다.

1974년 한 농부가 우물을 파려다가 우연히 발견하여 시작된 발굴은 1999년까지 계속되었고 지금까지도 멈추지 않고 있다. 2200년 동안 잊혀졌던 진시황제의 무덤 속 유물들은 세계 고고학계를 놀라게 하며 흥분시키는 일이 됐다. 이집트 피라미드보다 규모가 더 크고 정교한 유물들을 보게 된 서양인들이 이제까지의 세계 7대 불가사의에 이것을 보태어 세계 8대 불가사의로 불러야 한다고 이야기 할 정도로 상상을 초월한 기념비적인 것이 되어가고 있다.

실제 신장보다 약간 크게 만든 무덤 속 7000명의 병사들의 우아한 표정과 몸

짓은 도저히 2000여 년 전의 어느 조각가들이 공들인 일이라고 짐작할 수 없도록 정교하고 부드러운 그들만의 아름다움이 깃들여져 있어 놀라울 뿐이다. 지금 당장이라도 황제의 명령만 떨어지면 적을 무찌르려고 돌진하려는 자세에선 전장터에 용감히 나가 싸워서 죽을 비장한 각오를 읽게 하며 그들의 용모에서는 용맹스러움과 지혜로움이 풍기고, 그들의 시선은 어떤 향수를 담고 있는 것이, 아련한 옛날의 영원한 영혼을 가리키고 있는 것 같아 보인다.

진시황 무덤이 발견되자 중국은 그 발굴을 놓고 고민하다가 발굴을 시작하고야 말았는데 습습한 땅속에 갇혀있던 동상과 대부분 진흙으로 빚어서 구운 채색된 테라코타의 병사들은 햇빛과 바람에 노출되고 불과 몇 분만에 대부분의 채색이 다 날아가 버렸다는 것이다.

말이 끄는 전차부대와 보병들은 모두가 머리모양만으로 그 계급이 분간되도록 머리를 틀어서 한쪽으로 묶어 올렸으며, 그들의 자랑스러운 전진자세는 참으로 멋진 동양인들로 보여 우리에게 고마움이 느껴지도록 했다. 이 병사들에 대해 연구를 계속한 고고학자들에 의하면, 병사들은 모두가 똑같은 모델에 머리 모양새를 일일이 다르게 하거나 벙거지를 씌우거나 눈썹을 붙이거나 수염을 달아 모든 병사들의 표정과 자세에 개성을 부여했다는 것이다. 그들은 또한 각 가지 자세와 표정을 관찰하여 병사들 팔이 모두 2가지 형태뿐임을 알아냈다.

고등학교에서 중국이 중심인 동양사를 배울 때, 진시황제의 잔혹성을 듣고 어린 나이에도 전율을 느끼며 설마 그랬으려고 하고 의심했었다. 천하를 통일한 진시황은 스스로를 황제로 칭하며 중국 최초의 황제가 되었고 자신을 '하늘의 아들'로 자처하며 아방궁이라는 어떻게 형용할 수 없는 화려한 궁전을 짓고 북방의 오랑캐를 막는다며 만리장성을 쌓았다. 그리고는 아는 체 잔소리만 일삼는 골치 아픈 학자들이 보는 앞에서 모든 책을 불살라 없앴고 그들을 구덩이에 산 채로 파묻어 죽인, 이른바 '분서갱유' 사건을 일으켰다.

그리고 영원히 죽지 않을 불로초를 찾아 세상을 헤매면서도 죽더라도 생전에 영화를 누리겠다며 황제로 즉위하자마자 죄인 70만 명을 동원해 지하에 아방궁을 만들기 시작하였다. 7000명의 테라코타 병사들이 지키는 무덤과 똑같은 규모로 생전의 궁전을 지어놨으나 만만년을 이어 가겠다고 큰소리친 진나라는 고작 15년을 넘지 못했고 진시황은 즉위 10년, 나이 50살에 죽고 말았다.

그러한 포악한 독재자 군주 밑에서도 죽도록 일했던 훌륭한 예술가들이 있었음을 무덤 속의 병사들이 나와 세상을 돌아다니며 증명하고 있다.

길을 걷다

오른발 왼발 오른발 왼발, 한발씩 차례로 걸음을 떼며 앞으로 나아간다. 파씨(Passy)역을 향하는 전철이 머리 위를 지나고, 아치형 현관문의 고풍스러운 19세기 건물들이 줄지어 서있다. 한걸음 한걸음이 화가의 풍경을 바꾸어 놓는다. 오늘은 파리의 작은 골목을, 내일은 일–드–프랑스의 밀밭을, 돌길을, 강가를 걷고 또 걷는다. 가보지 않은 곳을 가고, 길을 헤매고, 돌부리에 균형을 잃기도 한다. 그래도 화가는 그의 튼튼한 두 다리를 믿으며 이내 균형을 찾아 간다. 그는 매순간 변하는 풍경을 두려워하지 않는다. 걸을 때, 비로소 세상의 중심이 될 수 있다는 것을 알고 있기 때문이다.

화가 오천룡이 만들어낸 세상은 수많은 질문에서 출발하고, 그가 문제를 풀어가는 방식은 투명하고 직선적이며 젊다. 그는 그럴싸하게 꾸며대거나 포장만 화려한 작업은 좋은 작품이 될 수 없음을 알고 있다. 지름길만이 정답은 아니며, 길을 잃어 멀리 돌아가더라도 한걸음씩 문제를 풀어가는 과정을 중요하게 생각한다. 팔순을 넘긴 노화가임에도 창작에 대한 그의 마음가짐은 갓 입학한 미대생처럼 항상 진심이고 최선이다.

땅을 다지다

그런 진지한 태도는 창작의 시작인 캔버스 만들기부터 하루의 일을 정리하는 붓세척까지 일관되게 나타난다. 작업의 모든 과정은 지켜야할 규칙과 표현의 자유로움을 줄타기하며 진전된다. 화가는 중세 수도사처럼 보이지 않는 곳부터 정성을 다하여 캔버스를 짜고, 바닥 작업을 한다. 뼈대를 만들고 살을 입힌다. 나무틀에 천을 고정하고, 아교와 카세인, 젯소를 입히는 이 번거로운 일이 그에겐 작업의 출발이다. 천에 그림이라는 목적을 부여하는 이 바닥 만드는 일은 반복적인 단순노동으로 이루어진다. 풀을 먹이고 스며들고 마르면 다시 바른다. 밑칠의 횟수만큼 건조시간은 길어진다. 하얀 캔버스와 마주한 그 기다림의 시간은 새 작업에 대한 기대와 고민이 교차하는 순간이다. 무엇을 어떻게 그릴 것인가. 모든 화가에게 숙명적으로 평생 따라다니는 이 질문이 오화백에게는 바닥 작업에서부터 시작된다. 어떤 선과 색을 담아도 다 받아줄 수 있는 단단한 바닥, 완성되는 순간까지 화가의 모든 궤적을 담을 이 사각형의 공간은 그야말로 작품의 기본이 된다. 평면을 마주하는 일에 기본에 충실할 것. 형식에 얽매이지 않는 현대미술에서는 고리타분하게 들릴 수 있는 이 말이 그에겐 창작을 이어가는 원동력이다.

그림을 일구다

오랜 가뭄 속 단비처럼 씨실과 날실에 아교풀과 석회물이 차례로 스며들며 대리석 같은 단단한 화면이 완성된다. 그곳엔 화가가 거닐고 쉬던 풍경과 그가 만난 많은 사람들이 선과 색으로 춤을 추게 된다. 1971년 도불 이후, 오천룡은 이전의 추상화 작업을 중단하고 구상화의 세계에 들어선다. 새로운 환경에서 스스로를 미술을 처음 시작하는 초심자로 돌려놓는다. 나는 왜 무엇을 어떻게 표현하는가. 동시대의 흐름이나 유행하는 화풍 너머로 평면에 대한 본질적인 질문과 마주하기로 한다. 작품의 제목부터 서정적 추상화 시절의 'Opus'1,2,3 같은 관념적인 것이 아닌, '과들루프 여인', '남자와 악기', '등을 보인 누드모델'처럼 분명하고 친절한 제목으로 바뀐다. 오천룡은 아카데미 그랑드 쇼미에르와 파리 국립고등미술학교에서 인물화 중심의 수업에 흥미를 느끼며 그만의 회화 세계를 열기 시작한다. 이 시기 그간 사용해온 화려한 색채들이 점차 사라지며 6년간 무채색조의 그림을 그린다. 거창한 수식어들을 밀어내고 잘라내며 최후의 순간까지 지켜내야 할 것은 무엇인가. 그는 자유로운 색채 사용이 혼란의 요소라 여기고, 색을 자제하며 화면 안의 구성에 집중한다. 선과 색의 관계나 면의 분할처럼, 그림에서 드러난 것과 감춰진 것을 자신만의 방법으로 운용한다. 이런 회화의 기본요소에 대한 연구는 화가가 선택한 유화라는 재료와 만나 더 큰 성과를 얻게 된다. 이전부터 유화를 주로 제작하여 왔지만, 무채색 시기의 유화는 앞으로의 작업에 초석이 되어준다. 일찍이 카라바조와 렘브란트의 작품처럼 명암대비가 강렬한 그림에 매력을 느껴왔던 화가는 빛이 주는 미묘한 변화들을 투명하면서도 견고한 유화로 표현한다. 유화 물감층이 중복되며 이루어지는 다양한 색변화, 형태를 벗어난 색면과 윤곽선은 이 무채색 사용시기부터 나타나기 시작한다.

꿈을 새기다 : Ô Line

무채색(couleur achromatique) 계열의 작업은 이후 회화에 대한 심도 있는 연구를 지속적으로 야기한다. 오천룡은 그가 새 터전으로 삼은 프랑스 파리에서 서구 유럽의 미술, 서양화를 제대로 공부하기로 한다. 인쇄된 화보 속의 그림이 아닌, 파리의 미술관과 갤러리에 걸린 명화들을 직접 보며 선배 화가들의 그림을 연구한다. 그러던 중, 대가들의 그림에서 형태를 결정짓는 윤곽선이 작가만의 고유한 표현을 이끌어내는 동인이라는 사실을 깨닫는다. 이때부터 형상과 배경을 나누고, 안과 밖을 창조하는 선(線)에 대한 연구에 천착하며 결국 자신만의 선을 만든다.

본인의 성을 따라 오라인(Ô Line)이라고 이름 지은 이 선은 흰색의 선 안에 검정색 선을 한 번 더 입힌 독특한 형태이다. 흰색 두 줄과 흑색 한 줄로 이루어진 세 겹의 선이 결국 하나의 선이 되는 것이다. 오라인은 기존 선의 의미를 벗어난 하나의 형태가 되는데, 검은색 선에 의해 고정된 흰색 선은 형상과 배경의 충돌을 완화해주며 동시에 그 둘의 차이를 극명히 드러낸다. 고려청자의 상감기법을 떠올리게 하는 오라인은 나이프로 다듬은 건조한 바닥화면 위를 대담하고도 힘차게 가른다. 거친 화면을 긁으며 새겨진 선들에서는 바삐 움직이는 나이프 소리가 들리는 듯하다. 단호하면서도 자유로운 오라인은 화면을 나누고 색을 가둔다. 그간 무채색 작업으로 절제되었던 색이 오라인과 함께 다시 등장한다. 오라인이 계획하고 지시한 공간에 색은 안주한다. 색은 종속된 공간 안에서 열심히 숨을 불어넣으며 제 역할을 다한다. 이때 색면은 울림을 낳을 뿐 선을 공격하지는 않는다. 선과 색과 면이 한 화면 안에서 각각 공존의 방법을 찾는다. 선이자 동시에 면인 오라인은 기꺼이 그림에 튼튼한 골격이 되어주고 색을 보호해준다. 화면을 구성하는 이 방법은 우리에게 프랑스의 많은 것을 떠올리게 한다.

프랑스에서 미술을 공부하고 그림을 그리며, 오천룡의 선, 오라인은 그가 의도했든 아니든 자연스럽게 프랑스 미술을 비추고 있다. 스테인드글라스의 색유리를 이어주는 검은 선, 유선칠보(에마유, Émail cloisonné)의 색채 유약과 금속선 그리고 퐁 타방파(Pont-Aven)와 나비파(Nabis) 화가들의 굵은 윤곽선이 그것이다. 프랑스 미술의 이 선(線)들은 원근감이나 입체감 같은 회화의 눈속임 효과를 배척하며 화면을 철저히 2차원 평면으로 만든다. 오천룡은 색면을 구분(cloison)하는 경계선들로 지나가는 연인의 속삭임을, 남매의 여유로운 오후를, 화려한 의상을 입은 무희의 이야기를 써 나아간다. 과감하고 자유로우며 확신에 찬 오라인은 그가 바라 본 당시 프랑스 문화를 반영하고 있다. 클래식 음악이나 영화, 서커스처럼 낭만적 소재들이 등장하고 중산층 가정의 평화로운 실내풍경을 보여주기도 한다. 90년대 작업 중 상당수가 흰색 배경 위에 다양한 색채의 면들로 구성되어있는데, 낭만적 성향의 내용에 비해 전반적 구성방법은 감성적이기 보다는 이성적이고 냉철해 보인다. 그가 바라보는 프랑스의 인상은 한국에서 상투적으로 생각하는 로맨틱한 인상과는 조금 달라 보인다. 혁명을 경험한 나라이지만 자유연애가 가능하고 사회주의 정당이 정권을 차지하며 동시에 고급 패션산업이나 고급 식문화 등으로 우리에게 알려진 예술의 나라 프랑스는 멀리서 보기엔 꽤나 개방적이고 즉흥적이다. 그러나 그 사회에 발을 들이면 자연스럽게 그 이면들을 보게 된다. 그들의 자유로움과 정열은 지켜야 할 것들에 대한 단호한 의지 위에서야 가능하다. 프랑스는 쉽게 변하지 않는 닫힌 사회구조를 갖고 있기도 하다. 그들은 오랜 역사를 통해 대를 이어 기술을 전하고 정보를 기록하고 모으며 차곡차곡 인프라를 구축해왔다. 합리주의와 계몽주의 철학처럼, 인간과 세계에 대한 이해를 이성적으로 접근하는 방식의 역사를 가지고도 있다. 한 나라의 문화가 절대적으로 이성적일 수도 절대적으로 감성적일 수도 없듯이, 그것은 매우 복잡하고 다양한 과정으로 생성된다. 그래서 로맨틱하고 감성 충만한 파리는 토론하기 좋아하며 냉소적인 파리이기도 하다. 이 시기 오화백의 그림은 감미로운 장밋빛 내용 위에, 감정에 어떤 동요도 없이 진실의 조각을 하나씩 맞춰가는 이성적인 면을 함께 드러내고 있다.

오라인이 본격적으로 등장하는 90년대 작품에는 꿈과 거울이 자주 등장한다. 꿈을 꾸듯 지그시 눈을 감고 무언가를 상상하거나 음악 감상과 독서를 하며 다른 세상에 빠져있는 인물들이 나온다. 그리고 '거울에 비친 여인'과 '화장하는 여인'에서는 거울에 반사된 또 다른 자아가 등장하고 대규모의 양면화 'Diptyque'에서는 두 개의 화면이 거울처럼 서로를 비추고 있다. 그림 그리는 일은 새로운 세계를 보여주는 일이다. 이성과 감성의 다리를 놓는 일이다. 이상은 현실을 반영하고 꿈은 내면을 비춘다. 거울 속의 나는 뇌가 인지한 나의 형상일 뿐, 실존하지 않는 허상이다. 오화백의 그림에서는 현실 너머를 꿈꾸는 상상력이 화면 곳곳에 다양한 장식적인 장치들로 펼쳐진다.

오라인이 그려놓은 파리지앵의 일상은 자유롭지만 즉흥적이지는 않다. 캔버스 바닥 천을 다듬는 일부터 시작하는 오화백은 그가 펼칠 세상을 미리 치밀하게 계획한다. 색면들 간의 크기와 위치를 계산하고 선의 과장할 부분과 절제할 부분을 정하며, 그림은 그가 정한 규칙 위에서 진행된다. 흰 바탕의 캔버스는 거울처럼 색면 조각들을 비추고 현실 세계와 꿈꾸는 세계를 이어준다. 세 겹의 선으로 확실하게 고정된 차갑고 단단한 색면들은 서로를 침범하지 않으며 있어야 할 곳에 있다. 기하학적인 선들과 화사하고 맑은 원색들이 화폭 안에서 상하좌우 균형과 조화를 이루며 고전적 면모를 감추지 않고 있다. 그럼에도 불구하고, 형상이 경직되어 보이지 않는 이유는 무희의 유머러스한 포즈나 인물크기만한 꽃잎과 잎사귀 등 예술가의 상상력이 이끌어낸 고유한 형식미 때문일 것이다.

색, 공간을 울리다 : 나뭇잎 연작

실내풍경화와 인물화뿐만 아니라 90년대 중반부터 오천룡은 나뭇잎 그리는 작업을 시작한다. 오라인과 색면으로 이루어진 일련의 작업들은 작가를 색에 대한 고민에 들게 한다. 그는 앙리 마티스가 남긴 색상의 절대적 가치에 대한 연구에 깊이 공감하며, 색상과 형태의 관계에 대해 집중한다. '나뭇잎 연작'들은 대다수가 대형 캔버스에 제작되었고, 커다란 흰색 바탕 위에 형형색색의 나뭇잎들이 포개짐 없이 일정한 간격으로 그려져 있다. 이 작업은 화면 전체를 보아야 그 진가를 알게 된다. 커다란 화폭과 마주한 순간, 각양각색의 나무 잎사귀들이 만들어내는 운동감과 공간이 보인다. 반달이나 송편, 아라베스크 문양 같기도 한 이파리들이 진공의 공간에 부유하고 있다. 오라인으로 분리된 각각의 개체들은 우주의 작은 입자가 되어 무한의 공간에서 운동감을 만들어낸다. 일찍이 마티스는 그림에서 색이 작용하는 방식에 주목했다.

'내가 모든 색조에서 찾아낸 관계는 색들의 살아있는 조화, 음악을 작곡할 때의 그런 조화를 낳아야 한다…다양한 색조는 서로를 악화시킨다. 내가 바른 이런저런 색들이 서로를 파괴하지 않도록 조화를 이루어야 할 필요가 있다. 그러기 위해서는 먼저 나의 생각을 정리해야 한다. 여러 번 수정을 거쳐 그림이 완전히 바뀐 것처럼 보일 때 까지 나는 그림을 계속 고쳐야 한다.'

마티스는 고유색의 가치가 그림 안에서 제대로 발현되려면, 그 색상과 이웃하는 색상과의 관계를 고려해야 한다는 가르침을 주었다. 오천룡은 이 선배 화가의 방법대로, 과학적 색이론을 따르기 보다는 관찰과 감각, 체험을 통해 색을 선택한다. 흰색 공간 위에 흰색 잎, 강렬한 자줏빛 이파리 옆에 희미한 연노란색 이파리, 밝은 하늘색 잎 옆에 짙푸른 색의 잎… 나뭇잎들은 제 모양과 색을 바꿔가며 보는 이의 시선을 부단히 움직이게 한다. 낙엽이 곱게 지는 가을날, 숲길을 걸으며 만나는 단풍 비처럼 오천룡의 잎들은 우리를 선과 색이 춤추는 공간으로 안내한다. 같은 패턴의 형상들이지만 들여다보면 어느 하나 같은 것이 없고, 각각의 형상은 그가 소유한 색으로 서로 다른 에너지를 뿜어낸다. 개성이 가득한 오천룡의 잎사귀는 우리 인간들의 모습과 많이 닮아있다. 관계를 통해 형성되는 자아처럼, 커다란 이파리는 작은 이파리로 인해 부각되고 화려한 원색의 잎은 주변의 묵묵한 무채색의 잎에 의해 움직인다. 잎맥을 따라 완벽한 좌우대칭을 이루고 있는 이파리들은 우리네 인간처럼 그 자체로 충분한 하나의 우주이기도 한다. 8년이라는 긴 시간, 화가의 끈질긴 노력으로 만들어진 나뭇잎 연작은 간결한 형태와 화려한 색채들이 경쾌하게 조화를 이루는 조형교본과도 같다.

경계를 넘다 : 서예풍 풍경화

선과 색이라는 회화의 기본요소에 대한 연구로 점철되어온 오천룡의 작업은 그의 학구적인 면모와 작가적 고집을 보여준다. 프랑스에 도착한 후, 그가 이전의 작업방식과는 결별하고 처음 시작하는 마음으로 임했던 것은 '제대로' 일을 해보겠다는 결의였다. 그는 언제나 그림에 진심이었다. 미술사와 미술재료에 대한 공부로 자신을 갈고 닦으며, 화려한 테크닉으로 순간 사람들의 시선을 끄는 그림보다는 단단한 바닥 만들기, 물감들의 특성에 대한 이해나 형과 색의 관계처럼, 회화의 본질에 대한 추구가 우선이었다. 그렇게 삼십여 년 열심히 달려온 화가는 나뭇잎 연작 후, 1년 동안 작업을 중단한다. 기대에 미치지 못하는 화단의 반응과 대중의 무관심이 그를 지치게 만든 것이다. 화가는 그때를 이렇게 설명한다. '그냥 쉬고 싶기만 했다. 그래서 1년간 그림을 그리지 않고 빈둥거리며 놀았다. 놀다보니 그것은 어려웠던 작업일보다 더욱 힘들다는 것을 알았다.' 무관심으로 인한 좌절이 그를 지치게 하였지만, 그보다 더 힘든 것은 그림을 그리지 않는 일이었다. 화가에게 작업을 중단하는 것보다 더한 고통은 없을 것이다. 그는 다시 붓을 들고 거리로 나가기 시작한다. 처음 파리에 정착해 거리 곳곳을 사생하던 행복한 시절을 떠올리며, 보이는 대로, 붓 가는대로 자유롭게 그리기로 한다. 마치 서예가가 화선지 위에 붓을 놀리듯이, 오천룡은 파리의 골목골목을 신나게 재구성 해 나아간다. 오스만대로, 퐁뇌프 다리, 에펠탑... 그는 그간의 갈증을 해소하듯 거침없이 선을 긋고 색을 입힌다. 갖고 싶던 미술재료를 처음으로 선물 받은 어린 시절의 어느 날처럼 매일매일 그릴 것이 넘쳐났고, 온전히 그림 그리는 사람, 화가로 숨 쉬는 시간들이었다. 자유롭게 그리다보니 그간 응축되어있던 필력이 다양한 모습으로 발화한다. 오라인의 엄격함과 분리된 색면이 점차 서로 스며들고 융화되어 꿈틀거린다. '마르셀-빠뇰 공원'과 '노트르담 성당'에서는 선과 색이 완전히 독립적으로 존재하면서도 조화를 이루고 있는 것을 볼 수 있다. 그가 '서예풍 풍경유화'라고 칭한 2년간의 그림들은 막다른 골목에서 만난 새로운 풍경처럼, 그간의 조형적 고민을 뛰어넘는 기회가 되어 준다. 빠른 붓터치의 생동하는 파리 거리와 일-드-프랑스 시골마을 풍경들은 나뭇잎 연작에서 보여주었던 팽팽한 긴장과 힘의 관계에서 잠시 벗어나 화가의 감각을 모든 통제에서 해방시키는 듯하다. 그는 이 사생 풍경화들이 구시대적인 그림 같아 공개하기가 꺼려졌었다고 말한다. 그러나 있는 그대로를 보고 그리는 것이 시대의 문제이겠는가. 화가는 눈으로 관찰하고 온몸의 감각으로 그린다. 오천룡의 도시 풍경에서 우리는 그동안 그가 이해하고 체득한 회화에 대한 생각이 의도하지 않고도 무의식적으로 표현되었음을 알 수 있다. 장고의 고민 끝에 색면을 배치하던 습관은 그가 빠르게 붓질을 할 때에도 화면 깊은 곳을 지탱하고 있다. 이미 체화된 균형감, 조화, 생동감 등은 절제된 표현에서 뿐만이 아니라 과장되고 복잡한 표현에서도 똑같이 드러난다. 화가는 그림으로 좌절하고 그림으로 희열감을 느낀다. 슬럼프를 뛰어 넘게 한 이 자유로운 풍경화들은 그에게는 꿀맛 같은 쉼터였고, 결국 표현방식에 또 다른 장을 열어주는 계기가 된다.

비움으로서 채우다 : 선묘화

지난 2년, 거리 위에 쏟아 부은 그림에 대한 그의 열정은 새로운 형식을 이끌어 내는 힘이 되어준다. 그는 풍경화를 그릴 때에도 선과 색에 대한 고민을 놓은 적이 없다. 회화의 기본요소만으로 평면을 충만하게 하는 것, 오천룡은 그간 그의 머리를 떠난 적 없는 이 과제에 집중하기로 한다. 선(線), 선이다. 이제는 오 라인이 전면에 나서서 색면 위를 긁고 새기고 힘차게 가른다. 빨간색, 파란색, 녹색의 색선들이 빠르게 유연함을 뽐내기도 하고, 굵고 둔탁하게 별안간 멈춰 서기도 한다. 그의 작업실을 가득 채우던 음악이 그림 안으로 들어왔다. 쇼팽의 피아노 협주곡이, 베토벤의 교향곡이 화면 위에서 화려한 색실로 연주된다. 실내 풍경으로, 나뭇잎으로, 여인으로 변신한 음표들은 화면을 오선지 삼아 우리의 시선을 화면 안으로 안내한다. 가볍고 경쾌하며 힘이 넘친다. 선과 색에 대한 그간의 연구가 최소한의 형태와 최소한의 색으로 집약되어 나타난 것이다. 이전의 구획된 색면들은 화면 전체가 되어버리고, 선은 색이 되고 색은 선이 되었다. 선과 색이 더 이상 분리되지 않고 하나의 형태로 융합된 것이다. 결국 명암과 양감은 종적을 감추고 색선만으로 완전한 평면이 되었다. 주관과 객관을 종합하려한 19세기 말 종합주의(Synthétisme) 화가들이 표현하고자 한 회화를 멀리 동양, 한국에서 온 화가가 기운 생동한 필력으로 완성한 것이다. 미술의 역사에 박학다식한 화가는 많은 선배화가들을 관찰하고 연모하며 그들이 남긴 회화 언어에서 작업의 실마리를 찾아 나아갔다. 선만으로 대상을 묘사할 수 있어야 한다는 윌리엄 터너와 앙리 마티스는 오천룡의 스승이었고, 발튀스, 샤갈, 세잔은 조언을 아끼지 않는 마음의 친구였다. 그들을 배우며 과장과 절제, 열정과 냉철함을 화면 안에 녹여내어, 단순하며 동시에 충만한 오천룡의 그림 세계를 펼친 것이다. 또한 그의 여유롭고 서정적 면모는 자연스럽게 고려시대 보물, 청동 은입사 물가풍경 무늬 정병(국보 92호)을 떠올리게 한다. 산들바람에 나부끼는 수양버들, 호숫가를 한가로이 노니는 오리와 그 위를 가로지르는 기러기 떼들이 은실로 그려진 정병의 무늬는 오천룡의 그림과 많이 닮아있다. 정병 풍경이 단순한 몇 개의 선만으로 바람에 흔들리는 나뭇잎 소리를 들려주는 것처럼, 오라인이 만든 풍경에도 모자라지도 넘치지도 않는 절제된 감성이 묻어난다. 열린 선과 닫힌 선의 강약, 전체이자 부분인 여백이 공간에 숨을 불어넣으며 생동감을 느끼게 한다. 그야말로 유화라는 서양의 전통 회화재료를 사용하여 한국 옛 문인의 기개와 여유로움을 상기시키는 절묘한 기법이다. 지구 반대편에 있는 프랑스에 체류한지 어언 오십 여년의 세월이 되었음에도, 화가의 내면에 잠재하던 한국의 정서는 그렇게 자연스럽게 그림에 스며들어있었다. 선과 색의 융합은 오천룡이 체득한 동서양 문화에 대한 폭넓은 이해에서 가능한 일이었다.

오늘을 이어가다

화가는 붓을 세척하며 하루를 마무리한다. 수건으로 붓에 남아있는 물감을 제거하고, 붓 세척액으로 남은 찌꺼기를 녹여내고, 마지막에 비누로 한 번 더 닦는다. 그 날의 작업량만큼 붓과 팔레트를 세척하는 시간은 길어진다. 이 귀찮은 노동이 화가에게는 하루 노동의 결과인 작품을 객관화하는 시간이다. 아침, 젯소를 바르며 천을 다지는 일로 시작된 고민은 저녁에 붓을 빨며 그 성공의 유무가 검토되고 미심쩍음과 성취감 사이 그 어딘가에 있는 결론을 이끌어낸다. 내일 이어갈 작업을 위해 오늘을 마주하는 신성한 시간이다. 엄청난 작업량에도 오천룡의 팔레트는 항상 말끔하게 정리되어있다. 오랜 시간 기름이 스며들어 반질반질해진 그의 나무 팔레트는 작업을 대하는 그의 생활태도를 보여준다. 자유로움과 힘이 넘치는 작업의 이면에는 지킬 것은 지키는 작가의 완고함이 있다. 그는 허공에 돌아오지 않는 화살을 날리는 모험을 두려워하지 않으면서도, 화가로서의 원칙을 잊지 않으며 감성과 이성의 양날을 조율한다. 자신과의 싸움을 멈추지 않는 백발의 노신사 오천룡은 사무엘 울만의 시 〈청춘〉을 떠올리게 한다.

청춘이란 인생의 한 기간을 말하는 것이 아니라 마음가짐을 말한다 / 장밋빛 뺨, 앵두 같은 입술, 하늘거리는 자태가 아니라, 씩씩하고 늠름한 의지력, 풍부한 상상력, 불타는 정열을 말한다 /(하략)

화폭 위에서의 그의 의지와 상상과 정열은 그로 하여금 말을 처음 배우는 유아로, 첫사랑에 가슴 졸이는 소년으로, 불의에 분노하는 청년으로 만든다. 오 라인은 어제와 오늘을 잇고, 안과 밖을 이으며 앞으로도 우리를 계속 꿈꾸게 할 것이다.

– 홍현아 화가, 조형미술학 박사 (파리 8대학 조형미술학과)

자화상, 유화, 60×73cm, 2010

작품 25점 — 68년간 연대별 변천사

여인과 파랑새, 유화, 81×65cm, 2005

나뭇잎, 유화, 130×162cm, 1999

덕수궁, 수채화, 66×50cm, 1958

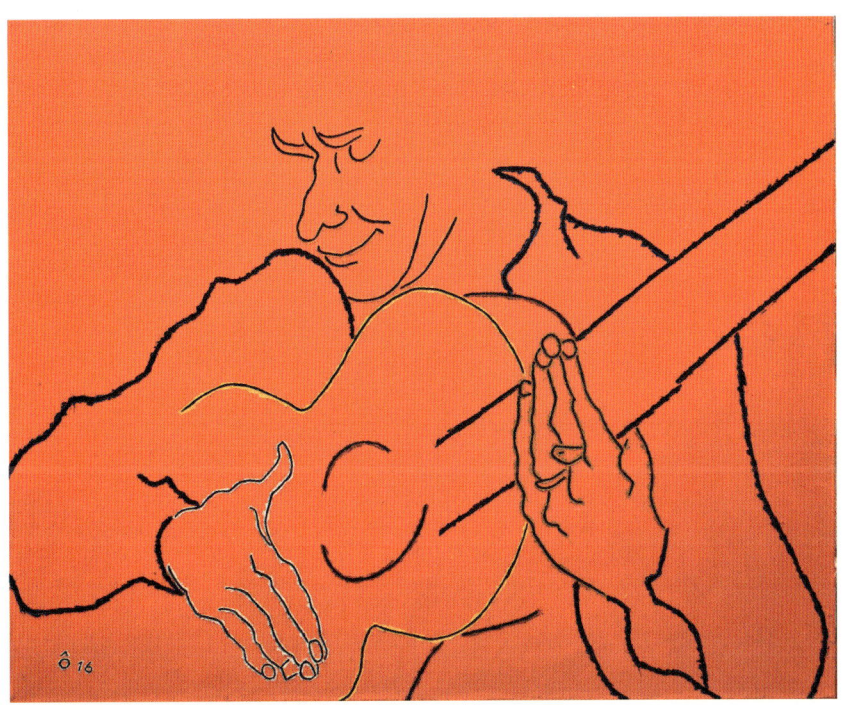

기타리스트, 유화, 81×65cm, 2016

화려한 튤립, 유화, 100×81cm, 1985 (김창세 소장)

온실, 수채화, 54×38cm, 1957

누드, 유화, 146×113cm, 1963

첼리스트, 유화, 146×113cm, 1963

의자에 앉아있는 누드, 유화, 116×91cm, 1962

다섯 번째 꿈, 봉주르 마리 / 파화 어천룡

두 여인, 유화, 146×113cm, 1962

앵그르 대로, 유화, 46×38cm, 2002 (오세종 소장)

포옹, 유화, 66×54cm, 2016

청둥 오리, 유화, 50×60cm, 2014 (김용원 소장)

마을 길 1, 유화, 146×113cm, 2012

꽃, 먹과 수채, 66×50cm, 1999

쌩뜨-빅뚜아르 산, 유화, 73×57cm, 2008 (김창세 소장)

하얀 초상화, 유화, 65×81cm, 2019

낙엽 비 1, 유화, 81×65cm, 2005

낙엽 비 2, 유화, 81×65cm, 2005

마을 길 2, 유화, 146×113cm, 2012

마을 길 3, 유화, 146×113cm, 2012

안경 낀 여인 1, 유화, 65×81cm, 2019

안경 낀 여인 2, 유화, 65×81cm, 2019

꽃병, 수채화, 58×38cm, 1960

다섯 번째 꿈, 봉주르 파리

글쓴이	오천룡
펴낸이	유정융
펴낸곳	주식회사 동학사

1판 1쇄 2025년 8월 29일

출판등록	1987년 11월 27일 (제10-149)
주소	04083 서울 마포구 토정로 53(합정동)
전화	02-324-6130, 6131
팩스	02-324-6135
홈페이지	www.donghaksa.co.kr / www.green-home.co.kr

ⓒ 오천룡, 2025

ISBN   978-89-7190-916-4   03810

- 저자와의 협의에 의해 인지를 생략합니다.
- 잘못된 책은 바꾸어 드립니다.

※ 이 책은 도서출판 삶과 꿈에서 발행한 『서울의 햇빛, 파리의 색채(1판 1쇄 2021년 11월 15일)』를 ㈜동학사에서 제목과 표지를 변경하여 새롭게 발행한 것입니다.